高等院校秘书学专业精品系列教材

办公室工作与管理

BANGONGSHI GONGZUO YU GUANLI

（第五版）

主编 ◎ 黄良友

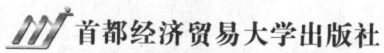
首都经济贸易大学出版社
Capital University of Economics and Business Press
·北京·

图书在版编目(CIP)数据

办公室工作与管理 / 黄良友主编. -- 5 版. -- 北京：首都经济贸易大学出版社，2021.8
ISBN 978-7-5638-3241-5

Ⅰ.①办… Ⅱ.①黄… Ⅲ.①办公室工作-高等学校-教材 ②办公室-管理-高等学校-教材 Ⅳ.①C931.4

中国版本图书馆 CIP 数据核字(2021)第 127438 号

办公室工作与管理(第五版)
黄良友　主编

责任编辑	陈雪莲
封面设计	砚祥志远·激光照排　TEL：010-65976003
出版发行	首都经济贸易大学出版社
地　　址	北京市朝阳区红庙（邮编 100026）
电　　话	(010)65976483　65065761　65071505(传真)
网　　址	http://www.sjmcb.com
E-mail	publish@ cueb.edu.cn
经　　销	全国新华书店
照　　排	北京砚祥志远激光照排技术有限公司
印　　刷	北京市泰锐印刷有限责任公司
成品尺寸	170 毫米×240 毫米　1/16
字　　数	321 千字
印　　张	15.5
版　　次	2008 年 2 月第 1 版　**2021 年 8 月第 5 版**　2023 年 1 月总第 11 次印刷
书　　号	ISBN 978-7-5638-3241-5
定　　价	39.00 元

图书印装若有质量问题，本社负责调换
版权所有　侵权必究

第五版前言

为更好地适应秘书、管理等相关专业教学和办公室工作者的实际需求,给他们日常办公室工作与管理提供更加精准的指导,提升其专业知识、操作水平和终身学习能力,我们按照《国务院关于加快发展现代职业教育的决定》《职业教育提质培优行动计划(2020—2023年)》《全国大中小学教材建设规划(2019—2022年)》《教育部关于"十二五"普通高等教育本科教材建设的若干意见》等文件新要求,遵循教育部首届全国教材工作会议和全国职业教育大会精神,落实高等学校本科教学质量与教学改革工程的安排,增强精品意识,打磨经得起历史和实践检验的精品教材。

为此,制定了吸收学科新成果、增强职业实践和终身学习能力等标准,经多人反复研读,查缺补漏,整合办公室工作与管理相应新成果,搜集、鉴别有利于终身学习和职业发展的优质信息。本次修订,在更新、补充、撤换、调整内容的同时,也删减了不宜内容,同时注重文字的排版,推敲语句、锤炼字词。

本次修订,重庆师范大学曾敏灵、姜磊、张紫月、王越、向玲萍、黄巧丽、周虹宇、刘伦澳、雷晓雨,按照标准和规范,更新相关知识,反复精心研读,字斟句酌,优化精炼字词。其中,黄巧丽、周虹宇为组织展开、落实修订标准和成果整合做了大量工作。

随着信息技术的快速发展,办公室工作与管理的新成果不断涌现,本书应及时吸收、整合、更新相关知识,诚望秘书专家、办公室工作者和广大读者一旦发现书中不足,或有改进良策,随时致函491542594@qq.com,共促办公室工作与管理教学科研的更好发展。

黄良友
2021 年 5 月 18 日

目 录

CONTENTS

第一章　办公室管理概论 / 1
　　学习目标 / 1
　　引　言 / 1
　　第一节　办公室 / 1
　　第二节　办公室工作 / 6
　　第三节　办公室管理 / 15
　　小　结 / 27
　　复习思考题 / 27
　　实训题 / 27
　　拓展向导 / 28

第二章　办公室环境管理 / 29
　　学习目标 / 29
　　引导案例 / 29
　　第一节　检查办公环境 / 30
　　第二节　维护办公环境 / 31
　　第三节　布局办公环境 / 36
　　小　结 / 49
　　复习思考题 / 49
　　实训题 / 49
　　拓展向导 / 49

第三章　办公室时间管理 / 50
　　学习目标 / 50
　　课前测试 / 50
　　第一节　办公室时间运用概述 / 51
　　第二节　办公室时间运筹方法 / 54

第三节 办公室工作时间运用艺术 / 60

小　结 / 64

复习思考题 / 64

实训题 / 65

拓展向导 / 65

第四章　办公室用品管理 / 67

学习目标 / 67

引　言 / 67

第一节 办公用品预算 / 67

第二节 办公用品采购 / 71

第三节 办公用品库存管理与发放 / 78

第四节 办公设备的使用与保养 / 83

小　结 / 98

复习思考题 / 98

实训题 / 99

拓展向导 / 99

第五章　办公室信息管理 / 101

学习目标 / 101

引导案例 / 101

第一节 办公室信息概述 / 102

第二节 办公室信息的收集 / 108

第三节 办公室信息的整理 / 113

第四节 办公室信息的传递 / 119

第五节 办公室信息的存储 / 129

第六节 办公室信息的开发利用与反馈 / 133

小　结 / 140

复习思考题 / 141

实训题 / 141

拓展向导 / 141

第六章　办公室事务工作(上) / 142

学习目标 / 142

引导案例 / 142

第一节 通信联络工作 / 143

第二节　文书工作　/ 152
　　第三节　会议办理工作　/ 158
　　第四节　印章和介绍信管理　/ 167
　　小　结　/ 170
　　复习思考题　/ 171
　　实训题　/ 171
　　拓展向导　/ 172

第七章　办公室事务工作(下)　/ 174
　　学习目标　/ 174
　　引　言　/ 174
　　第一节　安排值班工作　/ 174
　　第二节　办理上司临时交办的事项　/ 177
　　第三节　差旅事务　/ 180
　　第四节　现金使用与保管　/ 184
　　小　结　/ 186
　　复习思考题　/ 187
　　实训题　/ 187
　　拓展向导　/ 188

第八章　办公室保密工作　/ 189
　　学习目标　/ 189
　　引　言　/ 189
　　第一节　办公室保密工作基础知识　/ 189
　　第二节　文件保密　/ 200
　　第三节　会议保密、新闻报道保密与计算机保密　/ 203
　　小　结　/ 208
　　复习思考题　/ 209
　　实训题　/ 209
　　拓展向导　/ 209

第九章　办公室工作自动化　/ 210
　　学习目标　/ 210
　　引　言　/ 210
　　第一节　办公自动化概述　/ 210
　　第二节　办公室局域网　/ 213

第三节 资源管理自动化 ／217
第四节 事务处理自动化 ／230
小 结 ／234
复习思考题 ／235
实训题 ／235
拓展向导 ／235

参考文献 ／237

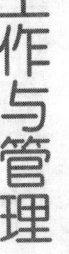

办公室工作与管理

第一章 办公室管理概论

学习目标

- 识记:办公室、办公室管理的概念
- 了解:办公室的分类,办公室工作的基本内容、特点,办公室机构设置
- 明确:办公室的作用、职能,办公室管理科学化,办公室管理规范文本
- 掌握:办公室工作程序,做好办公室工作经验荟萃

办公室是秘书工作的基本场所,对办公室的概念、分类和职能等知识的准确把握,是秘书从业的基础。秘书工作主要表现为办公室工作,其内容繁杂,作用重大,程序严明,是秘书职业的主要内容。办公室规范管理是实现办公室高效运转的关键,做好办公室管理,对实现秘书职责,辅助管理,起着至关重要的作用。本章是办公室工作与管理的理论概述,对全书起着指导作用。

第一节 办公室

一、办公室的概念

办公,即办理公共事务,具体指办理日常程序性工作、管理人员和信息等工作。办公离不开办公室、桌椅、文具等设备,脑力劳动与体力劳动兼具是其明显的特点。

办公室则是办公的场所,也指一个单位具体设置的综合性的职能机构,是协助单位首脑处理专门事项,辅助和协调本单位整个日常工作事务的部门,是指挥、控制整个单位工作的中心部门,和联络上下左右、沟通四面八方的枢纽和窗口。实际表现有多种含义:①广义上,办公室泛指一切办公场所,与教学用的教室、生产用的车间等有显著的区别。②狭义上,办公室指某一类职业人员或某一级职务人员的办公场所,如编辑办公室、护士办公室、经理办公室、校长办公室等。③专业上,办公室指党和政府等国家机关、企事业单位、社会组织内辅助管理的综合办事机构。级别高

的称办公厅,如中共中央办公厅、重庆市人民政府办公厅,中级或基层的称办公室,如四川省内江市人民政府办公室、北大方正集团公司办公室等。④特定上,办公室指某种专门的独立工作机构。如国务院台湾事务办公室、重庆市城乡统筹办公室等。

总之,办公室是党政机关、社会团体和企事业单位内办理行政性事务的综合部门,直接协助上司综合办理行政事务和辅助管理日常事务。

组成办公室的必备条件有:

- 办公目的。根据组织的发展目标制定总的办公目的和具体的工作目的。
- 办公人员。根据办公目的,选配适宜办公的人员。
- 办公地点,办公的地理位置,主要指专用场地、房间。
- 文职工作。每一个办公室都有大量文字记录、书写,文件收发、复印、传递、计算统计、管理等文职工作。
- 设备条件。硬件包括办公专用空间、电话、打字机、复印机等,软件包括办公自动化系统、文书档案管理系统、信息收集与处理系统等。

二、办公室的分类

分类是认识事物的一种重要手段。为深刻认识和理解各类办公室的性质,掌握办公室工作与管理的知识,必须对数量庞大、规模不等、功能各异的办公室予以分类。可从以下两个角度对办公室进行分类。

(一)按办公室工作性质分类

根据办公室的工作性质,可把办公室分成以下三类。

1.确定型事务处理工作的办公室。在这类办公室中,工作人员所从事的工作基本上是程序性工作,即有规则的、重复性的工作。这类办公室主要从事信息的收、发、存储、转换和加工处理等,其事务、数据处理是确定的,工作容易实现自动化。如收发室、档案室、保管室、医院的病历室等都属于此类办公室。

2.非确定型决策处理工作的办公室。在这类办公室中,工作过程是根据上级指示,结合本组织、本系统的实际情况,进行研究和决策,制订出适合本组织、本系统的实施计划,再通过决定、命令、通知等形式下达给下级机构,并以多种手段去贯彻执行。在执行过程中,要根据执行情况随时修改计划,以适应变化了的环境和情况,从而不断完善决策。如行政首脑机关的政策研究部门、军事决策部门的作战室、企业里的计划部门、国家计划的管理部门等都属于此类办公室。

3.混合型处理工作的办公室。在这类办公室中,既有确定型事务处理工作,又有非确定型决策处理工作,或介于两者之间的其他工作,所以又称混合型办公室。这类办公室的工作,一部分处理过程是确定的,一部分处理过程是不确定的。如各部委的职能管理部门、基层领导部门的办公室等均属于此类办公室。

(二)按办公室具体承担的业务分类

按照办公室具体承担的业务,可把办公室划分为以下五种类型。

1. 数据处理和文字处理办公室。这类办公室主要承担文件生成、信息检索、计算、存储等工作。
2. 传递功能办公室。这类办公室主要以电话、会议、会谈、文件等方式,对信息进行分发或传递。
3. 实时管理办公室。这类办公室主要安排会议或会谈的时间、程序、地点等。
4. 判断决策办公室。这类办公室主要承担文件的报审、批准,问题的讨论、确定等。
5. 行政工作办公室。这类办公室主要负责行政事务管理、办公事务管理、人力资源管理以及会计管理四个方面。

三、办公室的作用

办公室是组织的中枢和要害部门,其作用主要有以下几种。

(一)枢纽作用

在一个组织中,办公室是沟通上下、协调左右、联系各方,保证机关工作正常运转的枢纽。

办公室虽然与其他职能部门同属一个序列,但办公室直接辅助管理工作,是管理的中介层,而其他职能部门是管理层、执行层。在组织中,领导者是首长,首长依赖办公室指挥全局,推动各职能部门运转。办公室秉承上司意图,组织、实施管理。

(二)中心作用

办公室是指挥、协调整个组织工作的中心部门,代表上司处理全局性的问题,起一定的领导作用。办公室在横向关系的协调中,往往带有领导性质,体现组织的一定领导意图。

办公室又是一个组织的信息网络中心,是各种信息的交汇点和集散地。党和国家的方针、政策,上级机关的指示、指令,本组织的总体规划、目标管理、领导决策以及各种重大事件、重大活动过程中所形成的文件资料,下属各个部门贯彻实施领导决策的情况和反映,各方面的动态、情报资料等,上下左右、四面八方的信息,都在办公室汇集和综合,使办公室发挥出信息中心的综合效应。

(三)窗口作用

办公室是联络上下左右、沟通四面八方的"窗口"。对于上下级和其他兄弟组织来说,办公室是信息网络中心,处于联络站的地位,主要负责接收、处理上级和兄弟组织的来文来函,接待上级领导的视察,处理各种公务往来,接待人民群众来访等。

组织与外界的联系,一般都首先要经过办公室,外界对本组织的第一印象也常常是看办公室的精神面貌、思想作风、管理水平与工作效率等。本组织得到外界的各种信息,也首先是靠办公室这个"窗口"。

除了以上三个作用,办公室还有调节功能作用和保证作用,办公室可以使一个组织和集体等各方面力量形成合力,使整个工作井然有序,同步运转,促使大政方针、路线政策得以贯彻执行。

四、办公室的职能

从办公室的作用,可推出办公室的如下职能。

(一) 服务协调

1. 服务职能。办公室主要是做好"三服务"工作。

(1) 办公室要为本级上司服务。做好参谋助手,协助上司处理日常事务,进行调查研究,收集、整理信息为上司决策及下级实施提供依据,以及完成上司交办的任务等都属于办公室服务的内容。

(2) 办公室要为同级各部门服务。办公室承担着文印、文件管理、档案管理、印信管理等任务,这些都是服务性工作。办公室人员应强化服务理念,尽职尽责地为同级各部门服务。

(3) 办公室要为下级组织和公众服务。办公室为下级组织服务,主要体现在日常工作的联系中,如对下级组织的请示要及时办理,及时答复。当然,对下级组织的公文处理、调查研究等工作进行指导也属于服务的范畴。为公众服务主要体现在认真地处理公众来信,热情地接待公众来访,耐心地听取和征集公众意见、建议等方面,这是直接的服务。因为我们的各级机关都是为公众服务的,所以为上司工作服务,为上级、下级和同级组织服务,从广义说,实际上也是为公众服务。

2. 协调职能。这是办公室工作的主旋律,是为领导、为机关、为基层服务的切入点。办公室的综合协调职能主要表现在以下方面:

(1) 统一步调。上司在实施决策前必须进行说服工作,如果涉及全局,还要向全体人员进行动员。在决策实施过程中,要不断与相关方面交换意见,以打消隔阂,消除疑虑。因此,为使工作顺利进行,办公室要积极配合上司进行上述统一步调的解释说服工作。

(2) 化解矛盾。办公室是一个综合机构,处于相对超脱的地位,能站在公允的立场上来进行劝解和协调。凡是非明确、界限清楚的问题,办公室应当旗帜鲜明,坚持原则;凡属局部利益与全局利益的冲突,应当要求相关部门做出局部利益的牺牲,在可能的情况下适当照顾局部利益;凡属局部利益与局部利益的冲突,应要求双方以大局为重,互谅互让。

(3) 合理安排。一个系统能否在执行决策时和谐运行,这同工作安排是分不开的。办公室平衡、合理的安排各项工作会使各方都满意。

（二）管理指导

1.管理职能。办公室的管理职能,指运用经济的、法律的、行政的和其他手段来管理组织部门事务。

2.指导职能。办公室的指导职能,主要体现在传达、制定有关方针、政策,指导下属机构的工作上。要根据宪法、法律以及党和国家在一定时期内的总方针、政策,针对特定的社会问题制定出具体的、个别的方针政策,或者对上级有关部门的政策做出阐释,并结合本地区、本部门的实际情况提出具体贯彻执行的意见和方案,从而对下属机构的工作进行指导。

（三）参谋咨询

办公室在上司确定工作方案阶段中,要做好以下参谋、咨询工作。

1.收集信息。办公室获取信息和处理信息的方法是：

（1）实际调查。实际调查就是全面了解和考察实际情况。一般来说,专题重点调查并不经常进行,对各部门情况的了解主要靠平时的信息积累。

（2）理论研究。对办公室人员来说,进行理论研究的内容有三个层次。居于核心部位的理论是马克思主义哲学、政治经济学和科学社会主义,这是其他理论和一切工作的指导。其次是依据马克思主义理论建立起来的社会主义的法律、法规以及党和国家制定的一系列文件。此外,办公室人员还要学习管理学、档案学、统计学、公文学等专业理论知识。

（3）信息加工。办公室应当对调查中取得的粗糙、零散的资料进行研究和选择,找出那些能反映事物本质的方面,整理成文,提供给决策者参考。

2.辅助决策。办公室辅助领导者决策,应从以下几方面入手。

（1）确定合理目标。决策目标是决策者在解决问题时预期达到的结果,它是否具备合理性,主要取决于以下因素：首先,决策必须符合事物发展的规律；其次,决策目标要具备实现的条件；再次,决策目标还必须有积极的价值。一个正确的决策目标一旦实现,全局性的工作也会受到推动。

（2）协助制订实施方案。办公室是决策人接触最多和最直接接触的部门,它应当提供不同意见,以便决策人能更好地了解情况,拓展思路,全面考虑,从而制订出正确的决策方案。

（3）做好信息反馈。在决策方案付诸实施和总结这两个阶段,办公室要做好信息反馈工作。此外,办公室还要学会有效地利用信息,在过滤加工信息的基础上提出改进工作的设想,以供决策者参考。

(四)监督职能

办公室的监督职能,就是协助上司督促有关部门或人员办理交付的工作,这项职能主要通过以下工作来体现:

1. 明确监督目标。办公室对有关部门或人员所承担的任务要心中有数,要通过各种途径随时掌握他们完成任务的进度,并且检查其工作完成的质量。

2. 采用适宜的督促方法。如果发现执行部门在并无充分理由的情况下拖延工作,致使任务难以完成,办公室就应当采取适宜的督促方法,果断处理,督促其及时完成交办的工作。

第二节 办公室工作

一、办公室工作的基本内容

从总体上看,办公室的工作是办理事务、参与政务、搞好服务。具体来说,办公室工作的基本内容可以归纳为以下14个方面。

(一)办理事务

办公室属于综合办事机构,它在组织的管理活动中,起着承上启下、联络内外、保障全局的枢纽作用。办理各种日常事务,是办公室工作的重要组成部分。组织运转过程中千头万绪的繁杂事务虽说是由各个职能部门分别承担的,但大量的行政事务工作则是由办公室承担的。办公室做好办文、办会、值班、接待、通信、印信、办公设备管理等事务工作,是保障组织管理活动正常运转,提高整个组织工作效率的基础。

(二)公文处理

公文处理是指公文运转全过程中的一系列程序性、技术性工作,包括公文的起草、制作、传递等工作,这是办公室的一项重要工作。处理公文要熟悉公文的种类和格式,要注意公文的程序、行文关系和行文规则、规范。拟文要注意掌握各种公文撰写的要领和技巧,力求简明扼要,便于阅读和处理。

办公室根据上司的授意和管理的需要,起草和撰写计划、总结、请示、备忘录、会议纪要以及报告等文件,这是办公室的重要工作。

(三)立卷归档

立卷归档是指办公室的有关人员对本组织形成的有重要保存价值的文件进行分类整理,立卷归档。文件立卷与归档工作是组织档案工作的基础,把这项工作做好,有助于组织文件、档案的齐全完整,保证组织对文件、档案的有效利用。

(四)会议办理

开会议事是党政机关和企业事业单位的重要工作方法之一,办公室是会议的主要组织者、承办者,对做好会务工作有着天然的责任,会议办理是办公室所承担的重要任务之一。

办理会议,要协助上司搞好各种会议的审批工作,减少一切不必要召开的会议,同时要努力改进会风,提高会议的质量和效率。具体包括:严密细致地做好会前的各项准备工作,组织好会议期间的各项活动,热情周到地搞好会议服务,安排落实会后的一切事宜等。

(五)公务接待

办公室作为组织的枢纽部门,承担着各种往来的接待工作。公务接待工作是指对上级机关派人到本机关了解情况、检查指导工作,兄弟单位来参观、考察,下级机关来请示或汇报工作的接待、转办、沟通、联系等事宜。办公室只有将公务接待工作圆满完成,才利于发挥其枢纽作用。

(六)信访工作

信访接待工作是办公室发挥助手、参谋作用的一种方式。在我国,信访工作是倾听公众呼声,了解公众疾苦,保护公众利益,密切党和政府同公众联系的桥梁和纽带,是一项政策性很强的工作。各级办公室都应理所当然地协助上司做好公众来信、来访的处理接待工作。作为领导机关的办事机构,办理公众的信件,接待来反映问题的人员,是办公室责无旁贷的责任。

办公室也要担负来信、来访的接待工作,保证上级与外界及内部联系渠道的畅通。在信访接待中,遇到涉及全局性问题或关系到组织声誉、形象的重大问题,须及时向上级汇报,一般情况可由办公室直接处理,必要时,将事由和处理结果向上级报告。

(七)机要保密

保守党和国家的秘密是关系到经济建设顺利进行、保护党和人民的利益、保障国家安全的一件大事,是每个办公室工作人员的重要职责。办公室工作人员在领导身边工作,由于工作的需要,知密时间早、内容多、程度深,因而在保密工作方面有比其他部门工作人员更为直接和重要的责任。因此,在办公室工作中,机要保密工作始终是一项重要内容。

(八)信息处理

信息处理工作包括对信息的收集、传递、处理、反馈等内容。信息是领导决策的基础,办公室工作的重要任务是有效地获取信息,为领导提供全面、准确、适用的信息;领导决策后,跟踪了解事态的发展,不断获取反馈信息,作为领导补充、完善和调整政策的依据。这就要求办公室在机构设置、人员配备、信息网络建设和设备建设上相互配套,以建立一个有效的信息处理系统。

(九)调查研究

办公室的调查研究是为上司科学决策和管理服务的。一方面,办公室工作人员要从宏观角度对各个时期某些重大的政策性、战略性问题系统地进行调查研究,向上司提供可行性方案和建议,起到智囊、参谋作用;另一方面,从微观角度,对上司决策的实施过程,对每一时期中心工作的进程,对有关重大方针、政策的实施情况,进行调查研究,及时向上司反馈信息,提供咨询。各级各类办公室都必须注重并加强调查研究工作。

对于公司办公室而言,搞好调查研究的目的是为上司做出经营管理方面的决策提供信息。这里有两层意思:一是信息综合,即收集国内外有关企业和服务业的市场信息以及与经营管理有关的其他市场信息资料。二是专题调查,即根据上司的要求,对某一问题进行专门调查,并根据调查的结果及分析与判断,提出意见和建议,供上司参考。

(十)协调工作

办公室工作是一项综合性的工作,要从工作内容、工作对象等多方面协调平衡。工作内容上,既涉及政治方面,也涉及经济方面的工作;工作对象上,涉及上下左右各个层面,这都需要办公室进行综合协调。在具体业务如承办文电中,不论是上报还是下发,往往涉及几个部门会签或办理,需要办公室一一去沟通、协调并组织落实。办公室要把协调工作作为一项经常性的任务来完成。

(十一)印信工作

办公室要负责组织印章、介绍信及有关凭证的使用和管理。印章是一个机关、一个组织合法存在的标志和职权的象征,具有标志作用、凭证作用和权威作用。盖有印章的介绍信则是一个组织、一个机关对外联系工作的凭证。因此,办公室要根据印章、介绍信的审批手续和相关规定,对其规范使用,强化管理。

(十二)督办工作

督办工作是指为了保证组织的重大决策及其他各项工作的布置得到贯彻实施,办公室要采取有效方法协助领导对会议决定、会议指示等涉及重要工作的任务进行督促检查,确保工作顺利执行。

（十三）建立健全制度规定工作

组织的正常运行离不开各项规章制度，办公室要协助领导建立健全本单位内部各方面工作的制度、办法、规定，如打字复印工作制度、办公室用品发放制度等。

（十四）其他工作

办公室除了要做好上述工作以外，还要及时完成上司临时交办的工作和需要办公室完成的其他任务。

二、办公室工作的特点

办公室工作之所以是管理工作中不可缺少的组成部分，有其特殊的重要性，关键在于它是组织的综合管理部门，具有多功能的性质，有许多其他部门无法取代的独特之处。办公室相对指挥中心，是综合办事机构；相对执行部门，是协调平衡的枢纽；相对上、下级组织及本系统外的其他组织，是信息网络的中心。

（一）办公室工作的一般特点

办公室工作的内容和职能，决定了办公室工作有以下几个特点。

1. 政策性。办公室作为行政管理系统的枢纽机构，是为整个行政组织系统的利益服务的，只有按照既定的政策展开纷繁的办公室工作，才能起到综合、协调的作用。此外，办公室的各项工作，都与国家、地方或行业的政策有直接或间接的关系，办公室的行政行为基本上是执行政策。办公室工作的政策性是办公室工作的首要特点。

2. 服务性。作为一个承上启下的综合事务机构，办公室既要服务于组织的最高决策层（如公司的董事会），又要服务于组织的基层部门（如对车间、班组的生产工作进行协调，提供便利等）。无论是参与决策、组织各种会议，还是协调各种关系，办公室工作都体现出极强的服务性。服务性是办公室工作的重要特点。

3. 综合性。办公室作为组织的一个枢纽机构，工作范围非常广泛。它既要承上启下地协调沟通，又要与外部进行联系；既要参与行政决策，又要管理日常事务。因此，办公室工作具有很强的综合性。此外，办公室本身也是一个多功能、多层次的综合体，它的每一项工作都是组织整体工作的一部分，它所处理的许多行政事务都具有全局性的特点，对整个组织会产生较大影响。因此，办公室必须从总体出发，统筹安排各项工作，充分发挥其综合功能。

4. 繁杂性。办公室工作通常是繁杂而具体的日常事务，不但涉及组织的经营决策、生产管理、技术合作和涉外经营等各方面事务，还包括会议组织、文件收发、电话转接、礼仪接待、车辆调度等各种事务性工作，需要分门别类地加以处理。

5. 保密性。办公室人员工作在上司身边，经常参与上司的一些重要活动，经办和管理各种文电，接触大量机密，担负着保守国家、组织机密的重大责任。

6. 严谨性。尽管办公室的工作头绪繁多,但办公室的工作要事事有交代、件件有落实,任何草率从事的做法都可能给组织造成无法挽回的损失。因此,办公室工作人员应当细心地开展工作,要具有高度的责任感和一丝不苟、严谨认真的工作作风。

7. 辅助性。办公室的本质功能是为领导以及整个组织提供辅助支持,协助其完成工作,所以辅助性成为办公室工作的基本设定,这也是办公室开展一切工作的出发点。

(二) 现代办公室工作的特点

现代办公室不同于传统办公室之处,主要体现在以下几点。

1. 信息化。这一特点主要反映在两个方面:一是进入信息化社会后,社会信息量空前增长,使办公信息流速度加快,办公信息处理工作的数量和难度加大;二是由于信息量增长和信息流加快,传统的办公设备和管理手段已无法适应信息时代办公活动的需要,办公室需要增加更多的信息技术设备。而所有这一切,都与办公管理信息化有直接关系,也是办公管理信息化的结果。可见,信息化是现代办公室工作的首要特点。

2. 效率化。办公室工作的高效率,就是用更少的人力、财力、物力和最少的时间,取得最大的效益,而效益的基础就是效率。现代办公室工作与传统办公室工作相比,更讲求效率化。

3. 多功能化。传统办公室的主要职能是"办文、办事、当好参谋",而现代办公室的功能发生了明显的变化,除做好上述三项工作之外,还与其他系统或工作互相影响和依赖,成为管理系统的门面窗口、沟通枢纽、信息中心,从而使系统内外都更加依赖办公室,而办公室也有了管理的多种功能。

三、办公室工作的程序

(一) 办公室工作程序的含义

办公室工作程序,是指办公室内按照有效模式制定的完成各项办公工作的进程顺序,表现为多种方式,或是书写、计划、讨论、收集、整理等一连串相关联的有计划的工作处理方法,或是完成某一项工作的日程计划。

(二) 办公室工作程序的内容

办公室工作程序包括确定事务的性质、数量,以及办理事务的步骤顺序。

为做好办公室工作,要设计程序研究相应的方法、方式、技术手段及程序使用的最佳时间和空间条件;设计统一程序;将程序用文字或图表形式表述出来等。

(三) 办公室工作程序案例

下面是关于办公室工作程序的两个案例。

××大学校长办公室行政科工作程序

一、约见领导程序

来访人员到行政科、接待科、秘书科登记→预约领导→安排会见。

二、信访工作程序

1.来信

信件拆封→填写来信登记表→送办公室领导阅批→呈校领导阅示或转有关部门阅处→行政科、秘书科督办→向来信人反馈情况。

2.来访

工作人员接待→记录来访事由→与有关领导、有关部门联系→安排会见。

三、用印程序

1.介绍信、证明信用印

需用印者持有关材料→所属单位主管领导审核签字→党委办公室、校长办公室行政科用印。

2.学生证、工作证用印

业务主管部门出具证明→党委办公室、校长办公室行政科用印。

3.毕业证、学位证、学历证明、结(肄)业证用印

业务主管部门出具学业证明→财务处提供交清费用证明→党委办公室、校长办公室行政科用印。

4.科研项目及课题材料用印

项目、课题组填报材料→科研处审核同意→主管校领导批准→党委办公室、校长办公室行政科用印。

5.其他业务用印

业务主管部门出具证明→分管校领导签字同意→党委办公室、校长办公室行政科用印。

6.毕业证、学位证复印件用印

教务处、研究生处或成教学院出具有效证明→英文翻译件经校国际交流处验证→党委办公室、校长办公室行政科用印。

四、公章刻制程序

单位提出申请并提供刻制印章的文件依据→党委办公室、校长办公室主任批准→行政科出具证明→市公安局审批→用印单位刻制印章→秘书科草拟启用新印章文件,办公室主任签发→发文公布→启用新印章。

××大学秘书科主要工作程序

一、学校公文行文

领会意图→牵头单位拟稿→有关部门审核会签→送党、校办(秘书科)→办公室

主任(副主任)核稿签字→分管校领导审阅签发→编号→机要文印室打印→拟稿单位校对→印刷、装订(附件由呈送单位装订)→用印、登记、分发→文件存档。

二、校外来文处理

秘书或科长签收→启封、登记、编号→办公室主任(副主任)拟办→呈有关领导阅批→送有关单位承办→校办(秘书科)督办、验收→有关单位清理、存档。

三、校内请示、报告处理

秘书或科长签收→启封、登记、编号→填写"校内收文处理单"→送办公室主任(副主任)阅批→呈分管校领导批示→送有关职能部门处理→校办(秘书科)督办、验收。

四、编报综合统计报表

校办(秘书科)按报表内容向有关部门分发报表→各单位按要求填表→各单位领导审核签字→各单位将报表报校办(秘书科)→校办(秘书科)汇总→校办主任审核→校领导审阅签字→秘书科将报表输入电脑,制作磁盘→上报报表、磁盘。

五、机要文件处理

机要秘书签收→启封、登记、编号→提出拟办意见→办公室主任或副主任审定→无密级直送有关领导阅处(有密级到机要室阅处)→送有关单位承办→秘书科督办→验收→整理→清退(或存档,或销毁)。

四、做好办公室工作经验荟萃

(一)树立做好办公室工作的"十种意识"

要做好办公室工作,要树立全局意识、学习意识、服务意识、成本意识、勤俭意识、廉政意识、创新意识、求实意识、慎微意识和责任意识。

1. 全局意识。所谓全局意识,就是要有全局观念,要有"一盘棋"的思想,统筹考虑组织的工作。如果仅仅片面追求完成好本职工作,不去全面考虑整体工作,没有整体观念、全局意识,工作就不完善,还可能会带来被动局面。

2. 学习意识。随着社会的发展和进步,办公室工作的新理念不断产生,其内涵也在不断扩大和延伸,迫切要求办公室人员进一步强化学习意识,不断更新知识结构,提高业务素质。

3. 服务意识。为管理工作服务,为组织各部门服务,为上司决策服务是办公室人员的工作职责和工作任务。

4. 成本意识。以企业办公室来说,企业生产产品的重要环节是降低成本,增加利润,为此,办公室工作的目标就是要降低管理成本,更好地为管理工作服务。这就要求办公室人员要有成本意识,使各个阶段的经费、物资保障工作更有计划性、持续性。

5. 勤俭意识。办公室必须模范地坚持艰苦奋斗的精神,树立勤俭节约的理念,周密计划,节俭开支,合理使用与分配有限的经费物资。

6.廉政意识。办公室人员要增强法治观念,严格遵守和执行廉政建设的各项规定,保持清醒的头脑,摆正位置,遵守纪律,始终做到自警、自励、自省、自重、自律,努力增强廉洁自律和拒腐防变能力。

7.创新意识。创新落实到办公室工作中,出谋划策要紧紧围绕"中心"和人们关注的问题,提出新思路、新对策、新举措;在文字工作上要有新思想、新观念、新语言;信息调研要密切关注及时反映社会、经济活动中的新观念、新变化、新动向;事务操办和管理要有新办法、新手段、新途径。

8.求实意识。办公室工作要做到五实,即思想要求实、作风要务实、工作要扎实、办事要踏实、做人要老实。尤其是办公室人员,要永远做老实人,说老实话,办老实事。为人处事,不阳奉阴违,不欺上瞒下,不火上加油,不落井下石,堂堂正正做人。

9.慎微意识。办公室人员工作在领导身边,一言一行都反映着机关、单位的形象,必须对自己高标准、严要求,必须做到三慎——慎行、慎思、慎独。恪守淡泊明志、宁静致远信念,静得下心,沉得住气,吃得起苦。

10.责任意识。办公室每项工作都关系着领导,责任重大。办公人员对自己所承担的工作任务要高度负责,如果出现很小的一点失误,也可能给领导带来比较大的被动,因此办公室人员必须强化责任意识,对自己的工作切实负起责来,办文、办会、办事要严谨细致,一丝不苟,对各个细节都考虑周全,确保万无一失。

(二)发扬做好办公室工作的"三种精神"

办公室工作在管理工作中具有举足轻重的地位和作用,办公室工作人员在具备专业素质的同时,还要秉持"三种精神"。

一要有敬业精神,要有上进心。上进心体现在持之以恒的学习和兢兢业业的工作中。上进心与敬业精神相辅相成。具有敬业精神,才会去不断探索,不断钻研,掌握新知识、新本领,以更好地适应新形势、新任务的需要;具有上进心,敬业奉献才有动力。如果贪图享乐,安于现状,无任何追求,何来爱岗敬业?同样,只有安心本职工作,热爱本职工作,才能去大胆探索,努力实践,顺应管理工作的特性去开拓创新。

二要有奉献精神,更有平常心。办公室的工作就是围绕管理工作大局,服务于管理工作。办公室工作人员要有高度的政治责任感和做好本职工作的责任心;要克己奉公、恪尽职守,不计较个人得失,少说多想多干,甘当无名英雄;要不断调节自我心理和自我行为,抱以平常之心,不该说的不说,不该打听的不打听,勤干实干,默默无闻地当好铺路石。这样,才能服务好管理工作大局。

三要有忍让精神,具备宽容之心。办公室工作门类众多,任务繁重,事情琐碎繁杂,接触面广,组织内部各部门之间接触尤为频繁,磕磕碰碰在所难免,激烈冲突也时有发生,遭遇到此种情况时,应当高姿态,顾大局,具备忍让精神,严于律己,宽以待人,要本着"有则改之,无则加勉"的态度来处理这类事情。

（三）做好办公室工作要有"四性"

一要有主动性。办公室所处的地位和它的职能作用决定了其所有工作只能是服从性的。但是，办公室工作的服从性不能与被动性画等号，很多工作可以提前预测，主动开展。只要坚决摒弃被动服务的观念，增强超前意识，放开手脚，凡事提前考虑，早做准备，办公室工作一定会由难到不难，由被动变主动，从而开创出新局面。

二要有预见性。工作中，不仅要及早发现已经出现的问题，而且要善于发现苗头性的甚至潜伏着的问题；不仅要看到事物的表象，而且要善于揭示事物的本质；不仅要把握事物的现状，而且要比较准确地预测它的发展趋势。只有这样，才能为领导决策提供具有前瞻性的方案。

三要有开放性。开放性是新时期办公室工作的一个突出的新特点。办公室要注意自身的开放，要虚心学习同行甚至其他组织办公室工作中的先进手段和管理经验，要克服单位与单位之间、行业与行业之间"鸡犬之声相闻，老死不相往来"的封闭式做法，应加强横向联系，广泛传播信息，交流经验，取长补短。

四要有创造性。在坚持和发扬好传统的同时，还需要根据新的形势、新的任务，不断探索办公室工作的新思路、新办法和新经验。只有不断创新，才能更好地继承和发扬传统，才能使办公室工作永远保持活力，不断总结新经验，开创新局面。比如，在信息化社会，办公室人员要充分利用电脑、互联网、办公室软件、Email等提高办事效率，做无纸化办公的带头人；要利用好Internet打造自己的网站，利用多媒体生动多样的文字、声音、图片、动画等手段对外宣传本组织的工作，树立组织的新形象。

（四）做好办公室工作的"三字经"

一是"想得到"。多谋才能善断。办公室作为一个组织上传下达、沟通各方的桥梁和纽带，要立足发展变化的新情况，多动脑筋，想办法、出主意，发挥参谋和助手作用，不断提高参与决策能力。这就要求办公室要有较强的政治意识、责任意识，增强工作的主动性、预见性、创造性，以较高的政策理论素养和业务工作能力为上司出谋划策、查漏补缺。办公室人员要善于站在全局的高度，把注意力集中在那些牵动全局、涉及长远的大事上，放在情况复杂、矛盾突出的热点、难点问题上。既要了解面上的总体工作，又要了解近期的重点工作；既要了解上级领导的工作意见和要求，还要了解本组织的实际情况和员工的意见及建议。要善于增强整体合力，树立团队协作精神和服务理念，善于对上加强联系，对下做好服务，对内加强管理，对外搞好协调。

二是"管得宽"。办公室工作综合全局，协调各方，承内联外，有自身的工作职责和工作规则。办公室工作要协调各方，处理好上下左右的关系，确保政令畅通。对于职责内的工作一定要抓紧抓好，并且做到抓一件成一件，件件有交代，项项有落实；对职责以外但没有部门抓的或职责不明的工作，办公室要义不容辞地承担起来，做到办公室工作不留空当,保证各项工作的全面推进。

三是"做得细"。办公室工作无小事。这就要求办公室工作人员在工作中一要细心、细致,二要从细小的事抓起。对任何一件经办的工作,都要严谨细致,一丝不苟,来不得半点敷衍和虚假。要时时刻刻、事事处处,认真认真再认真,细致细致再细致,做到不让上司布置的工作在自己手中延误,不让需要办理的文、电在自己手中积压,不让办公室的形象受到影响。

四是"碰得硬"。办公室工作涉及方方面面,在原则问题上要敢于"碰硬",不能一味地明哲保身,办公室工作必须讲原则,严肃办事纪律。一是按政策办事,把政策作为办公室的生命线,决不允许在政策问题上讲人情、"走后门";二是依法办事,办公室人员必须学法、懂法、守法,严格按照法律法规来开展工作;三是按组织原则办事,要坚持民主集中制原则,坚持一级对一级负责。

五是"讲程序"。办公室工作的程序性要求很高,特别是在大量复杂的事务性工作中,要求办公室工作人员保持清醒的头脑,分清主次,分清轻重缓急,不怕麻烦。一定要坚持逐级汇报的原则,以明确责任。要建立一套科学规范的工作制度、工作程序和工作规则,使每项工作都有章可循。

六是"抓得实"。要据实情、讲实话、干实事、创实效,扎扎实实,不慕虚荣,不图虚名。办公室人员一定要实事求是地工作,实事求是地反映情况,具备求真务实的精神,工作中一步一个脚印,不做表面文章。

第三节　办公室管理

一、办公室管理的概念

办公室管理是指在一定的指导和管理下,使用资金来建造环境,配置设备,按比例编制人员,以实现最大效率的办公目的的协同劳动。

办公室管理包括四个要素:

一是明确的组织目标;

二是服从组织目标的运转方式;

三是具有现代观念的管理者;

四是先进的科学管理手段。

以一个企业为例,经理办公室是整个企业的指挥部和神经中枢,大量的信息流入这里,经过办公室人员和经理处理后,又从这里流出,从而促使企业各部门协调一致,使整个企业正常运转。

从信息工作上看,办公室管理是办公室根据一定管理目标进行信息的输入、转换、输出,经过反馈、修改,再次进行新的输入、转换、输出的不断循环,直至圆满地完成预期目标的过程。也可以把整个办公过程看作是接收、变换、处理、传递、利用信息的过程。

二、办公室管理的条件

要开展办公室管理活动,必须具备办公环境、办公用品、办公信息、办公制度和办公机构等必要条件。

(一) 办公环境

办公环境是直接影响办公室工作效率的基本要素之一。办公环境包括物质和抽象环境、内部和外部环境。物质环境指办公楼的建筑、办公设备等情况;抽象环境指本办公系统与管理的各种实体之间,以及与其他办公系统之间的相互影响、约束、控制、领导与被领导的关系等。内部环境是组织内的物质和抽象环境;外部环境是与组织办公活动相关联的外部社会环境。

(二) 办公用品

办公用品主要指办公室管理活动中所使用的各种设备、工具和用品,它是从事办公室管理活动的必要条件。

办公用品一般分为三部分:

1. 传统的办公室用品,如纸张、笔墨、算盘等。
2. 现代化办公设备,如电话、传真机、电脑、复印机、摄像机、录音机以及其他办公自动化设备。
3. 办公家具。随着科学技术的发展,过去那种认为有办公桌、椅子、卷柜等办公家具就足够支撑办公室管理活动的观念早已发生变化,办公家具是否齐备、科学,将会直接影响办公室管理的效率。

(三) 办公信息

办公信息是办公室管理的主要对象。从信息处理的角度看,办公室管理就是对办公信息进行处理的过程。办公信息处理可以分为四个方面:

1. 信息生成,指从上司、社会等信息源采集信息,按办公目标制成一定形式的信息。
2. 信息传输,包括公文的收发和口头信息传递等活动,如接打电话、印发公文,组织、召开会议等。
3. 信息加工,包括秘书拟稿、翻译、标引、摘录、编辑等工作,可根据办公信息处理过程和特点,分为事务性信息处理和研究性信息处理。

事务性信息处理是一些例行公事处理,多属交办性业务,主要由中、下级人员完成,业务特点是繁杂、琐碎、重复、量大,需要计算机的支持,是办公自动化的先行部分,也是速见成效的部分;研究性信息处理需要运用人的智力或创造性思维从事调查研究、综合分析等,其处理结果应具有一定的创造性、决策性、预测性,信息产品中的大部分可服务于上司决策。

可见,办公信息处理实际上就是办公室工作的信息化,换言之,就是把一般办公室的主要工作环节,诸如公文的收、发、处理、清退、归档等看作是对信息的收集、加工、传递(输入/输出)的过程。

4.信息管理,包括文件整理归类、归档、存档、清退、检索等。

(四) 办公制度

办公制度是实现办公室规范化管理的前提,包括建立制度和组织实施两个方面。建立制度是前提,组织实施是关键。

一般把办公室建立的各种规章制度称为办公室岗位职责,它有如下主要内容:

1.工作项目名称的规范化。工作名称往往直接反映某项工作的特点、范围和重要性。制定工作规程,首先要有个恰当的名称,最好用全称,以避免产生误会。例如,《国家行政机关工作人员奖励工作规范》不能随意缩写为《奖励工作规范》。

2.明确规定工作内容和范围。这是工作规程的核心部分,它要求以具体任务为中心,明确规定项目的定义、目的、性质、职能、职责、权限等因素。

3.不同岗位人员的专业化要求,指完成该项工作必须具备的知识、技能条件等。

4.工作基本程序。制定各项工作的基本程序的要求是:一要指明办公信息流程的路线、渠道条件、工作步骤、各步骤要解决的问题和处理方法等;二要注意机关工作的简化原则;三要确定具体目标,工作间的关系尽可能"直接挂钩",不搞"间接搭桥";四要上下级关系对应,避免多头领导。

5.标准化要求。这是指要制定出完成工作质量、数量和时限等量化的指标。

6.政策依据。办公制度必须与现行的国家政策、法规等保持一致,并且要及时反映政策的变动。

7.明确协作关系。对组织内各工作单元的协作关系必须规定清楚。

8.接受监督。这主要指外部监督关系,包括明确监督来源、监督渠道、监督方式和监督内容等。

(五) 办公机构

办公机构是办公室中的基本职能单位,如国务院、省、市各级政府行政管理部门中的部、委、厅、局、处、室等。办公机构是办公活动的组织形式,是发挥办公室管理职能的必要条件。

我国的办公机构有多种划分方法。有按管理职能划分的,如政府部门的计划司、财务司,下设局、处等机构;企业设立的生产科、财务科、供销科、人事科等。有按管辖行业划分的,如政府部门的各职能系统:邮电系统、铁路系统等,各自独立自主处理管辖行业内的有关事务。还有按行业和产品划分的,将某一行业的业务集中进行管理,如轻工业部、石油部等。这种划分适用于经营生产性管理单位及文教、卫生、体育等管理机构。也有按服务对象划分的,如侨务办、港澳办、体改办等机构。办公机构的设置与划分将直接影响办公室管理系统的组织结构。

三、办公室机构设置

办公室机构的设置正确与否、人员配备是否合理等,对办公室工作质量有直接影响,从而对上司决策的正确程度和贯彻执行决策的效果都会产生重要影响。

（一）办公室机构设置原则

1. 效率原则。设置机构的目的在于实现既定目标。要实现目标必须讲究效率,特别是在高科技迅速发展的今天,企业效率不高,就无法与同行竞争,失败的风险就很大;行政和事业单位不讲效率,就不能使事业发展,甚至造成重大损失。因此,必须按照有利于提高效率的原则,建立起一个办事快捷、高效的办公机构体系。

2. 精简原则。机构设置要贯彻精简的原则,要重质量不重数量,人多不一定能把事情办好。同时,办公室的设置也要因事制宜。有时还要依据在不同时期的工作需要,合理地设置相应的机构。一般情况下,单位大、职工多、业务广的部门,办公室工作机构应有严密的分工,以使工作规范化、系统化,这样才有利于提高工作效率。如果是专业性较强的单位,办公室内还应设立专业性的秘书机构,这样更有利于协助上司开展工作。

3. 目标一致原则。目标一致原则要求要从整个系统来权衡工作的利弊得失,要小局服从大局,具有目的性、全面性。整合程度越高,目标成果就越大。为此,办公室机构的设置要与组织的目标相一致。

4. 层次管理原则。要根据办公室的性质、任务、工作量分设若干个部门和层次,做到层层负责、分级管理、上下配合、左右协调。办公室领导不应越过所属部门负责人直接指令基层工作人员办事。

管理层次在一个组织里一般分为三层:高层是决策中心;中层主要贯彻执行高层的决策与分配的任务;基层指一般工作人员,从事各方面的具体工作。

5. 职、责、权一致原则。职、责、权一致是指机构设置以任务为依据,因事设职,以利于工作任务的完成。每个人职责都要明确,在其职责范围内有权处理各种问题,不要设置有职无权的岗位。切忌设置虚职,权与责不相匹配。要做到岗位分工清楚,任何情况下都能按分工标准找到经办的人员。

（二）办公室机构的管理

因办公室特殊的职能地位,对办公室机构的管理有领导、指导两种关系。

1. 领导关系。办公室机构是为本组织管理服务而设置的,因此,组织责任人直接领导该单位办公室,这使办公室具有一定的"封闭性"。任何办公室机构都由本组织领导层直接领导和管理。

各级办公室机构与上下各部门只是间接服务关系,因而高一级办公室机构对下一级办公室机构,不存在直接的行政领导关系。这就决定了各级办公室机构之间不可能形成一个自上而下的、独立的垂直领导体系。

2.指导关系。上级办公室机构指导下级办公室机构的工作。上级办公室机构有义务对下级办公室机构进行业务上的指导。这种业务指导关系体现在办公室机构的各种工作制度、条例、守则的制定和实施上。上级办公室部门常通过颁发文件,召开秘书长、办公室(厅)主任会议,业务培训等形式,对下级办公室部门的工作进行指导。

四、办公室管理的科学化

办公室管理的科学化,是指将办公室的经验管理变为科学管理,使办公室工作规范化、制度化、程序化。

(一)规范化

办公室管理的规范化,就是要求办公室工作按制定的原则、标准,做到以下几方面工作的规范化。

1.公文撰写规范化。在草拟公文时,从公文种类、格式到审稿、核稿、签发,都要严格按国务院颁布的《国家行政机关公文处理办法》去做,以提高公文的撰写质量。机关之间公义来往甚多,要遵循有关公文处理的规定,保持公文格式的一致性。

2.公文处理规范化。公文处理看起来只是收发、传递工作,但做得不好,传递不及时,就会出现差错,影响领导的工作效率,甚至会贻误大事。因此,必须制定出公文处理的规范。公文从签收、登记、拟办、承办、督办到立卷、归档、销毁,都要严格按既定的规范办理。

3.会议办理规范化。会议办理的规范化是对会议的议题、时间、出席者及审批手续制定出一定的规范。在时间安排上,对一些经常性的会议,如年前或年初的工作会议、年终的总结会议、每周一次的办公会议等,可以把它们的时间固定下来,以便上司事前安排好工作,并做好会议准备工作。在会议议题和出席者方面,要对一些经常性的例会的议题和出席者做出明确的规定,比如办公会议,讨论的议题应主要是本组织的计划、方针、规章制度、重大改革措施以及其他重大事项,出席者则应为本组织的领导者。在会议办理的审批上也要有一定的规范,如果没有一定的审批手续,事无巨细都提交领导会议讨论,不仅会浪费领导的时间和精力,还会滋长下属组织负责人和工作人员不负责任的现象。因此,凡提交领导会议讨论的议题必须由本组织领导者或办公室(秘书工作部门)负责人审批、把关。

4.接待工作规范化。随着交流的日益密切,各级办公室的接待任务越来越繁重,如果每当外单位有人来,都要领导出面接待、介绍情况,势必会影响领导的其他工作。要摆脱这种状况,制定接待工作规范十分必要。要根据接待对象的级别、来访目的,确定接待规格。例如,由哪一级领导者或部门出面接待,接待标准如何,都要规定下来,以便按章接待。

(二)程序化

程序,指办事的先后次序。办公室管理的程序化,就是办公室常规工作的步骤性,即把事情办理的先后次序分解成一个个步骤,固定下来,以后办事就按规定的步骤去做。工作程序可以把各种规章制度具体化、步骤化。例如,有些办公室根据国务院颁布的《国家行政机关公文处理办法》,建立了收文、发文、公文报批、公文催办督办等程序,就是一个很好的做法。制定工作程序时要注意按工作的先后顺序,把每一个步骤的做法、要求都规定得清清楚楚,并注意前后步骤的衔接。

有了工作程序,无论工作多忙,环节多复杂,只要按程序规定的顺序一步一步去做,就能做到有条不紊,忙而不乱。这样,既可避免凭经验办事,在忙乱中出错,又可使刚从事办公室工作的新员工按部就班地开展工作,不致因经验不足而手忙脚乱,无所适从。

(三)制度化

办公室工作的主要规章制度有:

1.岗位责任制。这是办公室内部明确职责、分工,进行目标管理和考核的一项重要制度。在制定岗位责任制时,对每一个工作人员的职责和任务都必须做出明确而具体的规定,每项工作都要有具体的目标、要求,有时间限制的要规定完成的时限,切忌笼统。要尽可能地定出具体的目标和要求,以便考核。与此同时,要制定奖惩办法,任务完成得好、工作出色的,要给予奖励;工作中出错多的,要给予适当的处罚。

2.公文处理办法。这是提高公文质量,加速公文运转,提高办公室工作人员和上司工作效率的一项重要措施。公文的种类很多,有上级的指示、决定、决议、批复、通知等,也有下级的请示、报告,还有其他机关、单位的来文,运转很复杂。有些重要的公文,须经几位领导审批,几个部门联合办理。公文处理是一项细致、复杂的工作,如果没有一定的章法,很难避免出错。因此,办公室要根据党政机关、行业既定的公文处理办法,结合本单位的工作实际,制定出适合于本单位情况的公文处理办法,对公文的种类、写作格式、呈报手续、审批手续、编号等做出明确的规定。在办理公文时有章可循,才能使公文的运转快速而不出错。

3.会议制度。会议是集思广益,充分发挥集体智慧进行民主决策的一种重要形式,是常见的领导方式之一。如果没有规范的会议制度,无论大小事情都由上司开会研究,会议将泛滥成灾,导致"会海"出现。要精简会议,提高会议质量和效率,办公室就必须建立完善的会议制度。

4.接待制度。迎来送往是办公室的一项经常性工作,也是最直接体现本组织形象的一项工作。办公室是所在组织的窗口,而外组织的来访者对本组织的印象,往往首先从接待工作开始。如果接待人员热情周到,待人有礼,就会给来访者留下良好的印象。在接待工作中,最值得注意的是接待规格、费用开支、食宿交通安排等事项。如果没有一定的标准,上司因心情随意决定,按想法办事,接待人员不仅会无所适从,也会违反有关政策和纪律。因此,必须建立接待工作制度,对接待的礼仪、规格、费用标准等做出明文规定,并严格执行。

五、办公室管理规范文本示例

(一) 办公室主任职责示例

××公司办公室主任职责

第一条 职务

1. 负责督促、检查行政部门对上级的指示、总经理办公室决议及总经理决定的贯彻执行。

2. 定期组织收集、分析、综合公司有关生产、行政等方面的情况,主动做好典型经验的调查总结,及时向总经理汇报、请示工作,并定期上交书面汇报。

3. 根据总经理指示,负责组织总经理主持的工作会议,安排好会务工作。

4. 负责起草总经理授意的综合性工作计划、总结和工作报告。

5. 组织起草总经理办公室文件(对各职能部门以总经理办公室名义起草的文件负责审核),做好公司文件的编号、打印、发放以及行政文件的立卷、归档、保管工作。

6. 组织做好总经理办公室印鉴、介绍信使用保管,函电收发和报刊收订分发工作,并及时编写公司大事记。

7. 协调安排涉及多部门主管参加的各种会议。

8. 组织做好来客接待和公车的管理工作。

9. 指导做好电话话务与机线维修工作。

10. 根据总经理方针目标的要求,及时编制本办公室方针目标,并组织检查、落实。

11. 负责公司办公用房的分配调整及办公用品、用具标准的制定和管理,并对办公用品、用具标准化及各部门文明办公进行检查督促。

12. 负责完成总经理临时交给的各项任务。

第二条 职权

1. 有权向公司各部门索取必要的资料和情况。

2. 对总经理指示的贯彻执行情况,有权检查督促。

3. 有权催促各部门按要求完成公司下达的工作任务。

4. 有权督促各部门及时做好文件与资料的立卷、归档工作。

5. 有权按总经理的指示,协调各部门之间的工作关系。

6.有权安排、调度公车的使用。
7.对各部门以总经理办公室名义起草的文件有审核和校正权。
8.对不符合规定或质量不高、效果不大的文件、资料,有权拒绝打印发放。
9.对要求各部门主管参加的会议有综合平衡或精简压缩的权力。
10.有权根据总经理的指示,对办公用房进行分配和调整,对办公用品、用具标准化工作进行检查、督促。

第三条 职责
1.对得知生产、行政工作出现异常情况,未能及时向总经理反映,以致造成重大损失负责。
2.对总经理办公室行文发生差错,收集与整理的资料失实造成严重后果负责。
3.对机密文件和文书档案管理不严,发生失密、泄密或丢失、损坏负责。
4.对公文、函件、报刊、电报传递不及时或发生丢失、误传现象,影响工作负责。
5.对印鉴、介绍信管理不严,使用不当造成不良后果负责。
6.对下属工作质量差造成不良影响负责。
7.对本室所属岗位发生设备、人身、交通、火灾事故负责。
8.对未及时根据公司方针目标的有关要求编制好本办公室方针目标或及时检查、调整和落实负责。
9.副主任协助主任工作,并对主任布置的工作负责。

(二)办公室职员岗位职责示例

××公司办公室职员岗位职责

第一条 行政主管
1.按合同实施物资采购和小型用品采购。
2.具体安排职员午餐。
3.缴纳电话费。
4.管理环境卫生。
5.安排外来宾客的住宿。
6.具体办理车辆的年检、年审、保险、维修,并与管理部门联系。
7.办理经批准的公司职员的暂住证,负责与安委会联系。
8.其他工作。

第二条 办公室副主任
1.督办与上报全公司各部门每周的工作计划。
2.落实谈心制度。
3.反映职员的思想动态,研究、报批与实施引导激励职员的激励机制。
4.安排布置内部会议的资料。

5.组织与安排职员生日及公司集会。
6.负责公司发文管理及报批。
7.协助全公司各部门的资料整理工作。
8.管理档案。
9.审查文件、记录及内刊。

第三条　文员
1.负责文件、资料的打印、登记、发放、复印、装订。
2.负责开水的提供。
3.保管、登记和按规定发放公司办公文具与器材。
4.制订办公用品计划并报主任审批。
5.接待与通报总经理室客人。
6.接转交换机电话。
7.负责传真收发与登记。
8.负责接待、登记。
9.引见、招待、接送来宾。
10.负责监督打卡和汇总考勤。
11.负责请假及加班申报单的保管、汇总、造表。
12.负责锁门,管理电梯,检查灯光、门窗。
13.收发报刊函件及整理保管报纸。

第四条　司机
1.保证公司业务部门用车的及时与安全。
2.保证公司领导上下班用车及来宾接送用车。
3.负责公司车辆的保管及日常清洗、维护、保养。
4.其他工作。

(三)秘书工作条例示例

××公司秘书工作条例

第一条　秘书的任务是代替经理处理那些可以由其他人完成的工作和为经理的工作做好准备。这些工作不论大小,都应看作是经理的重要工作来认真做好。为使经理的工作得以顺利进行,秘书须对经理的工作进行计划和准备。

第二条　秘书的工作有多项内容,简单表示如下:
1.传达;
2.协调;
3.助手;
4.书籍、文件整理;

5.室内整理；

6.代办事务；

7.会计事务；

8.调查；

9.记录；

10.接待。

第三条　以上工作内容须根据经理的意图和各项工作的具体要求决定。

第四条　传达事务。传达事务的工作内容具体如下：

1.接待来访。秘书要有区别对待来访者的能力。

与对方会见时，在未充分了解以往交际关系的情况下，听取姓名和对方要求后，请对方稍候，而不直接说经理在或不在、见还是不见。对应该会见的人，应直接转达对方的意图，并引其进入会客室或经理办公室。对不宜会见的人，在请示经理后以"不在"、"正在开会"或"工作很忙"等为由拒绝对方，或是将来客情况通报经理后按指示办理。

2.接听电话。接听电话时一定要先说"您好！这里是××公司"或"这里是经理室"，然后记下对方的姓名、工作单位、有什么事情。根据对方情况，在不影响经理工作时可明确回答，但一般不说经理是否在公司。

3.转达。需要转达时要正确听取对方的身份和要转达的内容，根据情况准确、迅速地转达。

4.文件的收发及分送。收到的邮件或文件首先要区别是要直接送呈经理还是需要秘书进行处置和整理(这些区分的范围须事先请示经理)。需经理办理的要直接送交经理。

如遇经理正在出差途中而不能确定是否应将邮件送至出差地时，可与副经理协商。

经理不在时，如果有与经理直接有关的留言、电报、快递，可用电话告知。

第五条　公司日常运转工作。公司日常运转工作的具体内容涉及出席会议、旅行、参加宴会、拜访、起草文件等各方面，需要秘书做好协调工作。

1.日程的设计及其安排。对所确定的应由经理处理的事项，如会见、出席高层职员会等会议的日期和时间进行记录整理，并随时了解有关经理的活动安排，协助经理制定出日程表。

日程计划应记入每月日程表，必要时在上面记下预定内容和变更情况。

2.有些工作需要特别的准备和安排，这些工作通常都有一定的时间限制，因此必须提前做好适当的准备。

第六条　秘书应将经理工作中所需的文件资料、各项用品及备用品事先准备齐全。这一工作根据经理具体执行公务情况的不同而有所不同。

1.在办公室内。平常经常使用的物品及备用品，应在合适的地方放置合适的数量,为此,应绘制一张用品及备用品的明细表,在上面记下品种、一月或一周所需数量以及补充的数量和补充日期,最好能做到事先心中有数。有了明细表,还必须存有一定量的备用品,以便随时补充。

2.经理外出时。经理外出时需使用的钢笔、铅笔等,每天应注意事先准备好,需要放入提包内的物品也要同样考虑。这些需要准备的物品应在询问过经理后制作一张明细表事先贴在醒目处以防遗漏。如果是出差,还应考虑出差地点和天数等,这更要经常征询经理意图以准备好所需用品。

3.文件、资料的准备。首先要清楚哪些文件是要用的,如不明白,要详细询问,以便将可能会用到的文件材料一并准备齐全,然后绘制一张文件明细表以方便使用。机密文件可以直接交经理或是用封袋密封好后等待经理的指示。

第七条　文件整理业务,具体内容如下:

1.为使重要的文件或经常使用的文件不丢失、散乱,并且随时可以使用,需要对这些文件进行整理。整理工作首先要根据经理意见将文件分类,并放入固定的装具内,使用中还要经常整理,以便于查找。

2.整理工作的关键是分类项目的确定、保管及整理文件用品的选择和整理、借阅手续的完善。

3.业务用的文件分为正在处理的文件、正在运行的现行文件和已处理完毕的文件,此外还有机密类文件。根据应用情况还可以分为每日必用、常用和不常用三种。

4.经过这样的整理后,有必要对文件进行装订,并给每一个文件集合体标示易于理解的名称。应在听取经理意见后再制作一张文件分类明细表,将表张贴在保管场所或保管人的桌子上以便于参照。

第八条　整理、清扫工作。此项工作应由秘书督促相关人员来完成。工作中须注意如下几点:

1.清理桌面。台历和墙上挂的日历要每天调整日期。桌子要擦干净。墨水瓶、笔杆、笔盒、吸墨纸、剪刀、裁纸刀、印泥及其他规定的常用品及用纸要准备好。墨水、笔尖、笔杆、胶水、别针、印台、铅笔、活动铅笔、圆珠笔、裁切刀、订书机、吸墨纸、橡皮等都要按要求备齐数量。将前一天取出的图书、文件放回原处,有污染和破损的物品要清扫或更换。

2.室内的杂物、家具,如桌子、烟灰缸、椅子、烟盒等,都要放在固定的地方。

3.根据当天的天气情况随时调整空调和窗帘。

第九条　秘书可以代办的事务,具体内容如下:

1.参加庆典、丧礼等仪式。这种场合要特别留心服装和服饰品及行为仪表的得体,同时还要十分讲究寒暄、应酬的用语。因此,也可以将平时各种不同场合的范例及标准寒暄用语综合归纳,以便查阅。

2.转达经理意见或命令。转达是将经理意见的原话转达给对方,不能夹杂个人的感情和意见。表达经理意见要完整准确,一旦马虎将会引起不一致的后果。针对工作的命令,在转达时要注意简洁、迅速。有时根据情况,还要将对方的答复向经理汇报。

第十条 会计事务。该项事务是指对由经理直接使用的几种账目的管理,包括各项物品的购入及发放、资产的调配及运用、现金收入及支出等方面的账目记录及管理。

1.关于资产状态及收支情况要制作明细表,至少一个月要制作一张月报表,在特殊情况下,要随时根据经理及副经理的要求拿出报表。

2.处理有关财务事项还应注意以下几点:

(1)支出及收入可以根据原始凭证将其发生额记入现金出纳账中。现金出纳账与现金余额的多少应保持一致。票据上要有经手人和秘书的印章,以明确责任,每个月应有两三次将这些收据汇总后让经理过目。

(2)日常的现金支出应限定一定的数量,除此之外,若有特殊项目,应申请特别支出的资金或开出支票。

(3)开具支票需有收据或其他凭证,并在支票上记下用途,由经理盖章。

(4)资产有土地、建筑物、有价证券、备用品及各种家具杂物的押金等形式。应设立各种资产的台账及有价证券簿,详细记录各种资产的内容、单价、数量、现有额及出入额等。

(5)银行存款及邮政储蓄要设存款底账。接受款项者应按名称分别立账并明示余额。

3.各种物品的购入和发放应特别注意有无使用申请和手续是否齐备,并及时入账以免遗忘和推迟记账。

第十一条 调查工作。公司的调查通常分为特命调查和一般性调查两类。公司在开展各种调查工作时,办公室秘书须做好协助工作。

1.进行调查工作时,秘书应选择合适的专家、顾问进行委托,或将他们列为调查委员,并经常与之保持联系,需要时提出调查课题请他们完成。

2.有些专业事项的调查,秘书也可以亲自听取专家和当事人的意见,或在调查各方面情况后,将意见和调查情况汇总后报告经理。

第十二条 文书工作。文书工作包括三个方面,即信函写作、起草文件以及誊清或印刷文件。

1.信函的完成。信件的写作首先要准备有不同内容的信件范文,同时还应备有辞典等工具书。对经理经常会使用的信件种类可事先汇集为"标准通信范例",需要时选择一种略加增删便可使用,较为方便。

2.文件的誊清及印刷。文件的誊清及印刷主要包括将文件草案以笔记形式誊清,用打字机打印、直接印刷以及辑录图书杂志上的有关内容等四项工作。

第十三条 联系工作。联系工作就是要向经理或副经理转达某项事情,并向对方转告经理或副经理的意图,听取对方的答复,有时还要将这种答复再次告诉经理,进行反馈。

第十四条 招待事务。招待是指在经理外出、返回或有客人来访时的礼仪性款待,大多指派事务员或勤杂工来完成。款待包括提供向导、收存携带物品服务、奉送茶点、迎来送往等。

1.为经理服务。为经理服务的工作内容主要有以下一些:

(1)经理外出时应备好车辆。

(2)经理回到公司时,要接过经理脱下的外套、帽子等,然后放到指定位置,并随时用刷子清洁这些衣物。

(3)经理从外面回到办公室的时候,夏天要递上湿毛巾、冰水、咖啡或苏打水,冬天应马上递上热茶或咖啡。

(4)要视天气情况调好空调。

2.为客人服务。除为经理服务外,秘书还必须为客人提供服务,比如客人出入公司时参照对经理的服务要求进行接待。若需要来访者等候时,应递上报纸、画报等。天气炎热的时候,可建议客人脱掉外衣等。

小结

本章从理论上概述了办公室的概念、分类、作用与职能;总体叙述了办公室工作的基本内容、特点、程序和做好办公室工作的经验;讲授了办公室管理的条件、办公室机构设置和科学化管理办公室的要求,精选了办公室管理的规范文本。

复习思考题

1.什么叫办公室?什么叫办公室管理?

2.办公室有哪些职能?

3.办公室管理的主要条件是什么?

4.怎样才能实现科学化的办公室管理?

实训题

就近选择2~3个办公室,按本章理论设计调查问卷,结合实习、参观、考察等方式对实际的办公室工作及管理进行较全面的调查,完成下述任务:

1.调查这些办公室的工作条件。

2.整理所调查的办公室工作经验。

3.收集所调查办公室管理上已形成的规范文本,如该办公室的相关管理规范尚未形成文本,帮助其起草撰拟,拟成"××公司××××制度"。

 **拓展向导**

1.办公室工作与管理

(1)办公室工作手册:https://wenku.baidu.com/view/0895a2b7192e45361166f54d.html.

该文详细介绍了办公室人员的工作职能,并以办公室各种表格为例,具体阐释了办公室工作中各种实际表格的作用、使用方法、处理方法,利于掌握办公室工作实务。

(2)《现代办公室管理》:孙荣等著,复旦大学出版社2012年版。

该书结合相关案例,对办公室工作的计划、绩效、时间安排,办公室的调研统计与分析,办公室的内部沟通与对外接待等,进行了比较全面、系统的阐述。用重点突出法,每章都设置了相应的阅读参考、案例分析和思考题,以求增加信息量,帮助读者进一步理解该章的重点内容。

2.相关资料

(1)谈谈如何做好办公室工作:https://wenku.baidu.com/view/aa09568c54270722192e453610661ed9ad5155f6.html.

该文从"三种意识""三个素养""三个服务"方面深刻讨论了如何成为一个合格的办公室人员。

(2)办公室 5S 管理:https://wenku.baidu.com/view/656cdb26be23482fb5da4c35.html.

该文高度概括、清晰总结了办公室各项事务的相关制度规定。

(3)胡国龙,关于办公室工作的理论和实践:https://wenku.baidu.com/view/befcee71bfd5b9f3f90f76c66137ee06eef94e06.html.

该文有助于读者系统掌握办公室工作理论、实际操作方法和技巧,对完善和提升这方面的能力和素质也是大有益处的。

第二章　办公室环境管理

学习目标

- 识记：办公环境安全检查的内容、办公环境布局的要求和形式
- 了解：办公环境中常见的安全和健康隐患、如何创造绿色办公环境、办公环境布置的原则
- 明确：办公环境维护的要素、办公环境日常维护的注意事项
- 掌握：办公室布置的程序、办公环境布局的艺术

有的专家指出，办公室依据其开放程度可以分为四种类型：第一种是蜂巢型(hive)，属于典型的开放式办公空间，配置一律制式化，个性化极低；人员彼此互动较少，工作人员的自主性也较低，适合例行性工作，譬如电话行销、资料输入和一般行政作业。第二种是密室型(cell)，是密闭式工作空间的典型，工作属性为高度自主，而且同事间不需要进行太多互动，例如大部分的会计师、律师等专业人士。第三种是鸡窝型(den)，一个团队在开放式空间内共同工作，互动性高，但不见得属于高度自主性工作，例如设计师、保险处理和一些媒体工作。第四种是俱乐部型(club)，这类办公室适合必须独立工作但也需要和同事频繁互动的工作。同事间是以共用办公桌的方式分享空间，没有一致的上下班时间，办公地点可能在顾客的办公室，可能在家里，也可能在出差的地点。广告公司、媒体、咨询公司和一部分管理顾问公司多使用这种办公方式。

俱乐部型的办公室空间设计最引人注目，部分原因是这类办公室使充满创意的建筑诞生，但是设计师领先时代的创意在考验上班族的适应度。这类办公室没有单独的办公室，各个房间都以目标用途进行设计，例如有沙发的"起居间"、咖啡屋等。除此之外，这类设计也可以节省金钱，例如安达信顾问公司把法国总部从占地1万平方米的办公室迁到占地7 000平方米的新总部，一年可以节省100万美元。

办公室是秘书的主要工作场所。办公室环境包括硬环境和软环境。硬环境是指由传播活动所需要的物质条件、有形条件之和构成的环境，是一种物质环境，包括办公室所在地、建筑设计、室内空气、光线、颜色、办公设备和办公室的布局、布置等

因素。软环境是指物质条件以外的诸如政策、文化、制度、法律、思想观念等外部因素和条件的总和,是一种精神环境,包括办公室的工作气氛、工作人员的个人素养、团体凝聚力等因素。

第一节 检查办公环境

要使办公环境规范、美观、时尚、健康,就要不断对其进行优化。为了有针对性地做好办公环境的优化工作,秘书要从规范性和安全性等方面,经常检查办公环境,不断提高办公效率。

一、什么是办公环境

办公环境,或称为办公室环境,是直接或间接作用和影响办公过程的各种因素的综合。从广义上说,它是指一定组织机构的所有成员所处的大环境;从狭义上说,办公环境是指一定的组织机构的秘书部门工作所处的环境,它包括人文环境和自然环境。

人文环境与一个国家的社会大环境及组织内部的职能环境有着密切的关系,包括文化、教育、人际关系等因素。通常情况下,办公环境所面临的社会环境是秘书人员难以改进的;而对于组织内部的职能环境,秘书有可能在某种程度上对其施加一定的影响并加以适当改进,但这必须是以秘书在不断积累经验和地位得以提升的前提下来完成。因此,对于一个秘书来说,平常能够直接影响并在工作中加以选择、优化的,在更大程度上是办公室的自然环境。

办公室的自然环境主要指办公室的硬环境,包括办公室所在地,建筑设计,室内空气、光线、颜色,办公设备和办公室的布局、布置等。因此,秘书对办公环境进行管理,在很大程度上来说,就是不断优化其自然环境。

二、检查办公环境

检查办公环境,主要指对办公环境的安全检查。

(一)安全检查的内容

为了提供安全的工作环境,每一名秘书都要树立安全意识,做到以下方面:
1.学法懂法,树立安全意识,维护组织的利益,同时保护自己的合法权益。
2.上岗前了解、学习有关安全生产、劳动保护的规定和本组织的规章制度,并自觉地遵守执行。
3.主动识别、发现工作场所存在的隐患,并在职权范围内予以排除。
4.按照设备安全操作规程操作设备,识别运行中存在的隐患,在职权范围内排除。

5.发现设备故障,应立即报告,并填写"设备故障登记表"。

(二)办公环境中常见的安全隐患

1.地、墙、天花板、门、窗中的隐患,如使用地毯却长期不清洁、离开办公室前不锁门关窗等。

2.室内空气、光线、颜色、温度、湿度、声音、结构、通道等方面的隐患,如室内放置过多的装饰用植物导致光线不足或光线耀眼、颜色过于鲜艳或容易引起视错觉等。

3.办公家具方面的隐患,如座椅的高度不当、电脑桌面高度过高、家具表面未涂环保漆、家具材质低劣等。

4.办公设备及操作中的隐患,如设备电器插头打火或电线磨损裸露。

5.不符合工作程序和规范的隐患,如用印后印章随便放置、文件失密等。

6.火灾或消防隐患,如电线排布不当、物品阻塞消防通道等。

第二节 维护办公环境

为了营造一个安全、舒适的办公环境,最大限度上提高办公效率,秘书应做到经常性地维护办公环境。维护办公环境主要应从办公室的空气环境、光线环境、颜色环境、声音环境、设备环境等方面加以注意。办公室物理环境的基本要求是明快、整洁、方便、实用、环保。

一、办公环境维护的要素

(一)空气环境

空气环境是以空气温度、湿度、清洁度和流动速度四个参数来衡量的,称之为空气的"四度"。空气环境主要通过室内通风与空气调节器来实现优化。办公室的温度冬天一般在20℃~22℃,夏季在23℃~25℃为宜。湿度是空气中水蒸气的含量,办公室理想的相对湿度在40%~60%,以感觉清凉、爽快为宜。空气的清洁度是表示空气的新鲜程度和洁净程度的物理指标。其新鲜程度是指空气中氧的比例的大小。正常的通风标准是每个人每小时约需2 000立方米的空气,可以通过打开门窗通风换气或开启排风扇或空调机的方式来调节室内的空气,保持室内空气的对流。一般来说,在室温为22℃左右,空气的流速在0.25米/秒时,人体能保持正常的散热,并有一种微风拂面的舒适之感。在现代办公室内,人们也可以采用植物来净化空气,但是,用植物净化室内空气应注意三条原则:一是根据室内空气污染状况有针对性地选择植物。有的植物对某种有害物质的净化吸附效果比较强,如果在室内有针对性地种养,可以达到明显的效果。二是根据室内空气污染程度选择植物。一般室内空气污染值在国家标准1倍以下,采用植物净化可以收到比较理想的效果。三是根据办公室空间面积的大小选择和摆放植物。一般情况下,10平方米左右的办公室空间,1.5米高的植物放两盆比较合适。部分植物空气净化值见表2-1。

表2-1 部分植物空气净化值(mg/m²)

序号	植物名称	甲醛	苯	氨
1	常春藤	1.48	0.91	
2	绿萝	0.59		2.48
3	元宝树			1.33
4	发财树	0.48		2.37
5	黑美人	0.93	0.4	2.49
6	非洲茉莉			1.29
7	黄金葛			4.11
8	孔雀竹芋	0.86		2.91
9	一帆风顺	1.09		3.53
10	散尾葵	0.38		1.57

(二)光线环境

办公室光线的来源包括自然光、日光灯及白炽灯。一般说来,自然光优于人造光,间接光优于直接光,匀散光优于聚焦光。科学测试证明,适当而稳定的光线,可以使办公室的工作效率提高10%~15%。办公室照明的亮度太高或太低都会影响人的视力,损害人的身心健康。

营造良好的办公光线环境的方法有:采用有利于采光的百叶窗,以尽量利用自然光;在办公室内布置日光灯,提供大量照明;采用平滑或不透明的屏风,以提供良好的光线;在办公桌上安放20W~25W的台灯;避免使用反光物品。

(三)颜色环境

办公室的墙壁、地板、天花板、办公器具等的颜色构成颜色环境。不同颜色对人的生理和心理有不同的影响。暖色给人以前进感,冷色则使人有后退感;高明度的颜色使人感到近,低明度的颜色使人感到远;中性的色调能给人以平静感,有利于保护视力。办公室的色调从总体上来说应柔和协调,给人平静舒适的感觉。办公室适合以绿色、黄色、白色作为基本色。房间的颜色不要单一或让一种色调占主要地位,应使天花板、墙围、墙壁、地面的色调有所不同,较亮者在上,较暗者应置于下方。地板的颜色宜较墙壁的颜色深,墙壁的颜色则应较天花板为深。办公室的内墙宜采用白色、乳白色,地板多采用不易被污染的棕色,为保持较高的光线反射率,天花板一般都用白色。工作温度高的办公室宜用绿、蓝、白、浅灰等冷色;相反,则用橙、黄、红等暖色。此外,还应根据办公室的不同用途采用不同的颜色:会议室以浅色与中性的颜色为最佳;会客室以欢愉的、中性的颜色为最佳;走廊宜用明亮的颜色,因其缺少自然光线;休息室宜用蓝色或淡红色;私人办公室视主人之偏好而定;地下室与贮藏室宜用具有高度反射光线的颜色。

(四)声音环境

办公应尽量排除或降低噪音干扰,保持肃静、安宁,这样才能使工作人员聚精会神地工作。办公室的理想声强值为 20~30 分贝,在这个声强范围内工作,会使人感到轻松愉快,不易疲劳。

排除或降低噪声的措施有:第一,尽可能让办公空间远离噪声源。设办公室于安静之处,避免将办公室直接暴露于声源或太拥挤之处。将主要的声源设备与机器集中于一处,比散置于办公室各处更佳。接待来宾,宜专设会客室,以免谈话影响办公。第二,采用隔音玻璃、隔音板等降低噪音。窗户宜用两层玻璃,当街市声音太嘈杂时,将窗户关闭。在档案柜、门、桌子、椅子上涂上一些润滑剂,能减少由此带来的噪声。采用地毯、窗帘等来吸收声音。天花板及墙壁可采用多孔纤维状的矿物瓦及使用硬纸板做成的吸音板。如在打字机与计算机底下放置毛垫,并在其余的设备底下放置橡皮垫。有条件的话,可在办公室和噪音源之间种植绿化带。第三,按照工作流程布置座位,以减少往返走动之声。第四,如果有条件,可在工作休息时段播放一些轻快抒情的音乐来调整身心。

(五)设备环境

办公桌椅、电脑、电话、复印机、打印机、传真机、文件柜、书报架、办公文具、报刊资料、饮水机等各种办公设备的配置与布局构成办公设备环境。办公用具以必需为限,多余的家具、用品不宜放在办公室内。办公用具应设计精美,坚固耐用,适应现代办公要求,在规格、颜色、款式等方面风格一致,和谐统一,以增强办公室环境的美感。

1.办公桌椅:办公桌椅应大小适中、美观实用。应根据不同工作性质,配置不同形式的办公桌椅。理想的办公桌是多平面转角电脑办公桌,适合使用电脑和读写等多种要求。办公桌的摆放要注意:第一,员工办公桌应按照工作顺序,以直线对称为原则,朝同一方向摆放,不宜对面排列,以免相互干扰和闲谈。上司的办公桌应位于后方,以便监督,保证不因上司接洽工作转移和分散员工的视线和精力。第二,各座位间通道大小要适宜,其技术参数是通道 1.5 米,桌与桌距离 1 米左右。第三,应使光线来自左上方,以便顺光写字办公。第四,办公桌应放置在靠柜前方,忌正面对着门、窗摆放,人背门背窗而坐。第五,应时刻保持办公桌面的整洁有序。办公桌面上的物品如文件夹、电话、台历、文具等应分类整理、摆放有序、取用方便。电话机应放在办公桌的右上角。办公椅应有靠背,座椅的高度、大小、样式等,应与个人的身材相适应,并尽可能与办公桌配套。有条件的可采用自动升降旋转办公椅,既方便工作,也可延缓疲劳。常用设备应放在使用者近处。电话最好是每5平方米空间范围一部,以免接电话离座位太远,分散精力,影响效率。

2. 办公柜架:办公室应根据不同情况,配置垂直式档案柜、旋转式卡片架和来往式档槽,以便存放必要的资料、文件和卡片等。柜架的排列应采用直线对称式布置。档案柜、书架等大件家具,应充分依靠"墙体效益"将其背对背或尽量靠墙放置,既可节省空间,也使办公室看起来更加整齐、美观。柜架高度尽量一致,以增进美观。文件柜应位于办公桌后方,伸手可及。此外,最好装置滑轮,便于移动,平时置于一隅,用时推至身边,轻快实用。橱架上的书、报、杂志等要放置整齐,不可杂乱无章。

3. 电脑、复印机等办公自动化设备:办公自动化设备应整体规划,充分考虑 OA(office automation,即办公自动化)设备的整合、环境景观的设计、整体规划及使用效率管理、网路、照明、噪声处理及搭配等细节。要装设充分的电源插座,供办公室设备与机械之用。要排除因电线磨损裸露、电脑显示器摆放不当产生反光带来的安全隐患。

二、办公室环境的日常维护

办公室环境的日常维护,是办公室布置不可或缺的内容。秘书一定要养成好习惯,如经常打扫卫生,维护办公室的清洁环境;保持办公桌上物品摆放井然有序;每天下班,将办公桌上的文件、数据收好,以免丢失或泄密;管理好办公自动化设备等。虽然这些工作是烦琐的、看似不重要的,但对于组织整体形象及秘书自身形象而言,都是不可忽视的,这是一件需要持之以恒的工作。

具体来说,办公室环境的日常维护包括以下各项工作:

- 应做到办公桌面无灰尘、水渍、杂物。
- 重要书面文件、保密资料一律入柜,其他文件全部整齐并分类放置在文件夹或文件架中,不得随意散放在桌面上。
- 每天下班前,应将办公桌上的文件、数据收好,用过的办公用品要摆放整齐。
- 不得到处摆放与工作无关的东西。
- 办公椅不要摆放在过道处,用后要把椅子放到办公桌下方。
- 废纸篓应放在隐蔽处,最好是办公桌的内侧,每天下班前要倒掉废纸篓中的垃圾。
- 抽屉内的物品要摆放整齐并定期整理,下班离开前要锁好。
- 文件柜中的物品、文件要摆放整齐,标志明确,便于查找。
- 文件柜顶部不要堆放物品。
- 计算机键盘要定期消毒,下班时要关闭计算机电源。
- 打印机、传真机、复印机用纸要节约,纸张要存放整齐。

- 公用的桌椅用后要归位并摆放整齐,以方便日后使用。
- 临时摆放的物品不要阻碍通道、走廊、楼梯。
- 定期消毒电话筒、地毯、门把,减少细菌入侵。

三、创造绿色办公环境

绿色办公环境是现代办公环境设计与维护的必然发展趋势,它的核心理念就是要创造环保、节能、有利于人们身心健康的办公环境,以提高办公效率,促进社会发展。

现代办公室是人们工作、学习、交往的重要场所,也是人一生中停留时间最久的场所之一。西方有些专家指出:一个普通办公室工作人员的一生里将有10万小时在办公室里度过,这个数据足以说明办公环境对办公室工作人员是何等的重要。创造绿色办公环境,应从以下几方面努力。

(一)健全环保管理制度,强化室内环保意识

政府有关部门应制定室内空气质量标准及监测制度,对与室内空气质量相关的空气净化设备的生产、销售和使用实行质量认证。同时,各单位应加强室内空气质量与人体健康关系的宣传,以普遍提高人们的健康环保意识。

(二)采取积极有效的措施,有效控制各种污染

国外专家将室内污染及危害概括为固定源和流动源两种方式,并指出它们均会导致办公室综合征。要从根本上改善办公室内的环境质量,必须要控制住污染源,如推广绿色建筑设计、使用绿色装饰材料、安装绿色通风设施、配置绿色办公设备和家具以及种植绿色植物等。

(三)广泛开展节能教育,形成强大宣传声势

积极响应国家关于开展节能活动的号召,认真开展节能教育活动。要通过板报、知识讲座、经验交流等形式;宣传我国的能源形势;宣传节能在经济、社会发展中的重要作用和战略意义,普及节能知识;总结和推广节约能源的先进经验;增强办公室工作人员的能源忧患意识和节能意识,营造"节能从我做起"的良好氛围。

(四)推广应用节能技术,努力缓解瓶颈制约

办公室人员应认真分析现有的空调、照明灯具等耗能设备的使用状况,针对薄弱环节集中攻关,充分挖掘设备设施潜力,努力提高能源使用效率,推广应用节能灯具等一批节能新产品、新技术,以有效降低能耗,缓解经济社会发展面临的能源瓶颈问题。

(五)切实加强日常管理,养成良好节能习惯

根据国家有关节能的方针政策、法律法规和标准规范,各组织应制定和完善节约能源的各项管理制度;表扬节能先进,督察严重浪费资源的行为,使广大办公室工作人员养成高峰期慎用高耗电器、适当调整室内温度、降低用电负荷、下班随手关灯、关闭空调、切断计算机电源等良好的节能习惯,为建设节约型社会起到表率作用。

边学边练

上海市人民政府的后勤保障部门为给办公大楼创造浓郁的"绿色办公"氛围,以节能降耗作为突破点,制定了空调的管理制度。夏日来临前,对空调主设备进行全面清洗维护;春、秋过渡季节对主设备和附属设备的所有管道、过滤器进行清洗和维护;根据气温变化调整空调温度设定与开启时间,这些措施既降低了能耗,又满足了办公环境舒适的要求。

此外,他们还要求司炉工根据锅炉的使用情况及时调控运行状况,每天统计燃气耗用量;电工每天详细记录照明、动力、空调的电耗;资料员每周、每月、每年汇总水、电、燃气的耗用量,发现异常及时查找原因。

为提高机关工作人员的节能意识,机关制定了"从我做起,挖掘身边节能潜力"的灯具按需开启制度。根据季节昼夜长短变化随时调整,并将办公大楼主楼东西消防通道的130多只日光灯管改装成声光控制延时开关,将电感整流器改成电子整流器,一年可节电3.8万余度。

讨论:如果你是一家公司的办公室人员,你会怎么运用"绿色办公"理念?

第三节 布局办公环境

办公环境布置不是简单的设施摆放,还需要考虑工作人员在其间工作的舒适度和与办公环境的协调,以及工作人员间的沟通和监督等。

一、办公环境布置的原则

(一)整洁、舒适原则

办公室的装饰和摆设都应以舒适、整洁为准,光线、色彩等都应以人体的适应度和舒适度来搭配。办公室内环境应整洁,不放置与办公无关的东西,办公文具要摆放得井然有序。

(二) 规范、和谐原则

办公室是组织对外形象的体现,主次分明、规范雅观是其基本要求。办公环境布置应系统规划,寻求整体和谐。譬如,地板与天花板、墙壁与走道、隔断与设备等,其材质、款式、规格、色彩、布局都要精心设计,同时还要考虑到通风、照明、噪音处理等种种细节。办公系统家具可依据现场定制,进行多样化组合与全功能搭配;办公家具的规格、款式、颜色等要和谐统一。经过系统完整规划的办公环境,会显得整洁有序,协调自然,可以极大地提高员工的工作效率,强化员工之间的平等观念,创造和谐的人际关系,提升组织的整体形象。

(三) 个性、合理原则

办公环境布置讲求个性。不同的组织具有不同的文化,不同类型、不同规模的组织内部机构设置亦有区别,办公环境布置首先要与组织类型和组织规模相匹配,反映出组织的独特文化,具有个性与生命。办公环境是组织形象的重要组成部分,办公环境布置要与组织形象紧密联系。

办公环境布置合理,主要指办公室空间布局合理,主要分外部空间布局和内部空间布局。办公室外部空间布局要根据组织内部机构设置情况确定各部门的位置与面积,规划好人流线路。进行办公室内部空间布局时,办公区域划分、办公设备摆放等应按工作流程和职位进行安排,讲究合理有序,错落有致,功能清楚,互不干扰。相同或相关的部门应尽可能安排在相邻的地点,以避免不必要的穿插和迂回,便于工作的密切联系和同步进行。

(四) 安全、环保原则

办公室的光线、色彩、气味、声音、空气等能够对人的心理和生理健康产生不同程度的影响,因此,进行办公室环境布置时,在规划灯光、空调,选择办公家具,装饰美化上,应充分考虑其实用性、舒适性,满足安全环保的要求。例如,灯光布置合理、光线充足,可使办公环境显得明快洁净,给人以愉悦的心情;而太强或太弱的光线,不仅有损人的视力,而且让人昏昏欲睡,心情晦暗。

办公环境安全,除了要保证人的身体、心理安全外,还包括要考虑到办公室存放财物的安全,比如财务室的位置设计、保险柜与电脑等的摆放要安全保密,谨防被盗、失密、泄密等。

(五) 时尚、美化原则

办公空间的布局、办公家具与办公设备的配置等应有时代感,不能过时和陈旧,如现代办公家具、办公自动化设备的配置,可以增强办公环境的时尚性、现代感。同时,对室内外的环境进行适当绿化与装饰,如摆放一些合适的植物与工艺品,可以美化办公环境,增强办公环境的生机与活力。

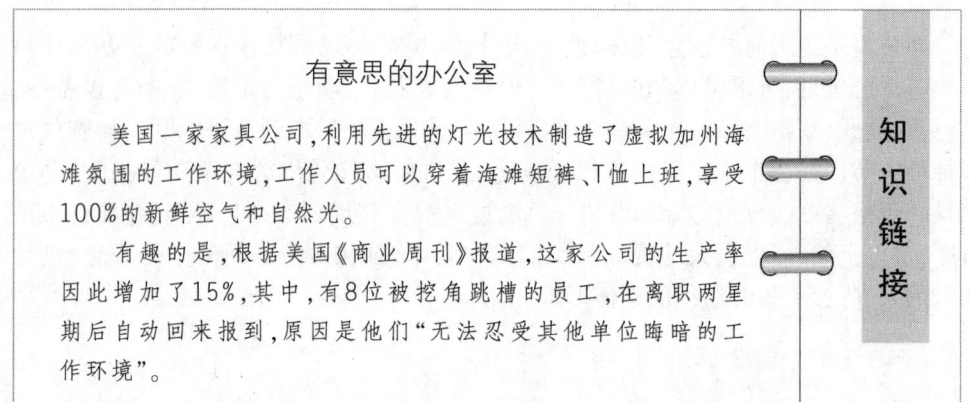

二、办公环境布局

办公环境布局指办公室空间设计。现代办公空间一般由接待区、会议室、总经理办公室、财务室、员工办公区、机房、贮藏室、茶水间等几个部分组成。合理地设计好办公空间,是优化办公环境的重要前提。

(一)办公环境布局的具体要求

中国台湾学者温明村在其《现代企业办公室管理》一书中曾列出了24条办公室布置的原则,主要的方面列示如下:

1.对于光线、通风、监督、沟通等,采用一间大办公室,比采用同样大小的若干办公室更佳。

2.使用同样大小的桌子,可增进美观,并促进员工的相互平等感。

3.使同一地区的档案柜与其他柜子的高度一致,以增进美观。对于各类柜子,宜采用直线对称的布置,避免不对称、弯曲或成角度的排列。

4.工作流程应成直线,避免倒退、交叉或不必要的文书移动。

5.相关的部门应置于相邻的地点,使性质相同的工作便于联系。

6.将通常有许多外宾来访的部门置于入口处,若条件不允许,亦应规定来客须知,使来客不干扰其他部门的工作。

7.将自动售货机、公告板等置于不易引起员工分散注意力或造成拥挤之处。

8.主管座位应位于部属座位之后方,使主管易于观察工作地点发生的事情。

9.尽量使员工的座位面对同一方向,避免面对面。

10.自然光应来自桌子的左上方或斜后上方。

11.勿使职员面对窗户、太靠近热源或坐在通风线上。

12.采用屏风当墙,因其易于架设,且能随意重排。可采用平滑或不透明玻璃的屏风,这样可提供良好的光线。

13.装设充分的电源插座,供办公室设备与机械使用。将需要使用嘈杂设备与机械的单位设于防声之处,以避免干扰其他部门。

14.常用的设备与档案应置于使用者附近。档案柜应背对背放置。考虑将档案柜放置于墙角的可能性。

15.应设休息室,用于休息、交谈及用餐。

(二)办公环境布局的类型

现代办公环境布局一般有封闭式布局、开放式布局、混合式布局三种。

1.封闭式布局。封闭式布局是一种较为传统的办公室布局形式。这种布局方式按部门或职能进行布局,即把组织内部各职能部门独立安排在一个个小房间内,组成一个个小办公室。在按部门和职能布局时,一般说来,与外界接触频繁的部门,比如人事部门和采购部门,应靠近接待区,以减少穿过公开工作区的次数。业务部门,比如销售部门,应靠近行政管理区,而审计部门则可以位于离行政区较远的地方(见图2-1)。

封闭式布局的优点:工作环境相对安静,易于集中精力进行细致和专业的工作;员工拥有相对独立的私人空间,工作环境显得相对安全,有利于保密和保护个人隐私。

图2-1 封闭式办公布局

封闭式布局的缺点:各职能部门之间的信息难以得到及时有效的沟通,工作协调不够快捷灵便,使工作效率受到一定程度的影响;非办公空间的占用率较大,无形中提高了行政费用。

2.开放式布局。开放式布局就是将一个大的办公空间划分为多个相对独立的办公区间,所有工作人员按照工作职能和工作程序被安排在各办公区开展工作。在这种空间布局里,没有私人办公室,工作空间通过办公桌椅、活动屏风、档案架、绿色植物等可活动的物件来分割(见图2-2)。

开放式布局的优点:所有员工集中于一处,彼此没有墙壁的阻隔,淡化了等级差异,交流的心理障碍小,便于部门与部门、管理者与员工、员工与员工之间的沟通与协调、监督与管理,可增进人际感情,提高工作效率;开放式布局共用一个大的办公空间,可以提高办公设备的共享性,降低能源的消耗,可以节省办公空间和办公经

图 2-2 开放式办公布局

费;没有固定的隔间,可以对办公区间根据需要进行分割、调整乃至重新布局,布局方式灵活,布局成本较低。

开放式布局的缺点:噪音干扰大,容易分散工作注意力;缺乏单独办公的条件,私密度低,工作人员有被窥视、监控之感,不利于工作保密和处理个人事务。法律、会计等要求高度保密和集中的部门不适合这种布局模式。

3.混合式布局。混合式布局是指在开放式布局的大办公室内,把组织内部的各职能部门用组合式办公用具或其他材料分隔开来,组成若干个工作区域。这种设计的特点是使高级别的行政人员能保留他们的私人办公室,和别人隔开而单独工作。其他的管理者和他们的下属人员一般都被安排在一个开放的工作区内(见图2-3)。

混合式布局吸收了开放式布局和封闭式布局的优点,开放中有封闭,各部门既相对集中,又在一定程度上避免了相互干扰,因而受到越来越多企业的青睐。

(三)办公室布局的程序

1.对各部门的业务、工作内容、性质等加以考察与分析,以明确各部门及员工间的关系,作为布局时的依据与参考。

2.列表将各部门的工作人员及其工作分别记录下来。按工作人员数目及其办公所需的空间,设定其办公空间的大小。通常,办公室的大小因各人工作性质的不同而异。一般而言,每人的办公空间,大者可8~10平方米,普通者1.5~3平方米即可。

3.根据工作需要,决定办公所需的家具、桌椅等,列表分别详细记载。

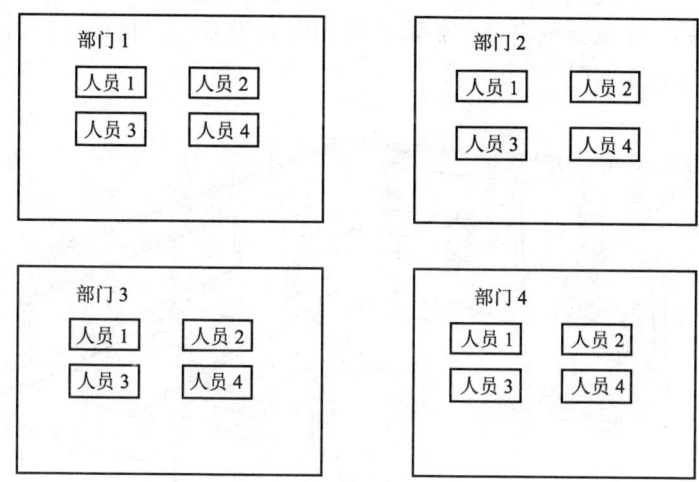

图 2-3　混合式办公室布局示意图

4.对上述步骤所得的结果加以研究与计划,绘制办公室座位布置图,然后依图布置。

三、办公环境布局的艺术

(一)办公空间布局艺术

办公空间的布局应遵循便于沟通协调、舒适方便、利于监督管理的原则。进行封闭式布局时,凡与社会接触较多的部门,如收发室、传达室等,应设在人员进出的地方;将通常有许多客人来访的部门置于入口处,若条件不允许,亦应规定来客须知,使来客不干扰其他部门。综合、秘书等部门,应设在办公楼的中心地点;打字、计算机房、财务等办公室,应设在办公楼一端;相关的部门,应置于相邻的地点,以便于工作联系。

进行开放式布局时,进门处应设置玄关,可选用屏风或大镜子,起到办公室内外空间的过渡作用。进门的右侧可设置接待处和会客区,保证一般的接待不影响其他人员的正常办公。写字间的中央区域最好用于一般人员的办公区域,用屏风或挡板划分为若干个人办公区域。办公区域采用直线式条块组合,便于控制和监督。个人办公区域采用L型布局,注意留出适当的过道方便员工出入。在L型办公桌面的转角处可放置电脑,其左侧为文件资料放置区,右侧为工作区,在工作区的右上部可放置电话、办公工具架和记录本、备忘本等(见图2-4)。另外,写字间的后部为领导或主管的个人办公间,这样便于其监督员工工作。秘书的位置则在上司办公室门外一侧,起守护挡驾作用。写字间后部的两旁为财务处、人事处等职能部门;一侧或两侧应设置休闲区,便于员工在业余时间休息;角落处可设置洗手间。应预留充分的空间,以备最大的工作负荷的需要。将需要使用嘈杂设备与机械的单位,设于防声之处,以避免干扰其他部门。

图 2-4　个人办公区布局图

不管是封闭式还是开放式布局,上司或主管人员的办公室一般都要专设,选用面积约20平方米左右的房间进行精心布置。首先,桌椅最好坐北朝南且面向门口。因为领导随时都要接待下级,这样有利于办公。其办公桌以宽大气派为宜,应为一个右侧带转角小桌的多功能办公平台。一般左面放置电脑,中央为桌面书写区域,右侧为工具区域。座椅可选取真皮高靠背软座,可以升降,便于办公。如果桌椅背后无窗,则可放置书柜,一般应比办公桌更宽,与办公桌间的距离适当。书柜每格自上而下可依次放置政治类、法律类、管理类、专业类书籍等,最好是成套精装书籍,显得规范气派。在上司办公桌的前方可放置两把接待椅。在上司办公区域一定距离处应设置接待区域,采取开放式的马蹄形座位布局(见图2-5)。

(二)办公室装饰的艺术

办公室的装饰主要是针对墙面、地板、办公桌面、会见区、办公室花卉等而言的。
办公室内可悬挂名人字画来点缀环境,但要考虑其内容是否有利于宣传本组织的管理理念及融洽人际关系等。例如,有的学校的教师办公室悬挂本校的校训"勤奋求真、奉献为民";有的公司领导的办公室悬挂"路漫漫其修远兮,吾将上下而求索";海尔公司的员工间悬挂"海尔理念:只有创业,没有守业;海尔精神:敬业报国,追求卓越;海尔作风:迅速反应,马上行动;海尔宗旨:用户永远是对的";等等。

图2-5 领导办公区效果图

办公室字画的摆挂方法

一是要选择适当的位置。字画要挂在引人注目的墙面开阔处,如迎门的主墙面,茶几、沙发、写字台上方等。房间的角落及阴影处不宜挂字画。

二是注意摆挂位置的采光。绘画的光源常采取左上方。向阳的办公室,绘画应挂在室内与窗户成90°角的右侧墙壁上。这样,窗外的自然光源与画面上的明暗光影相互呼应,和谐统一。

三是注意挂字画的高度。为便于欣赏,挂字画的高度应以字画的中心在人直立平行线稍高的位置上,一般距地面两米左右为宜,不要过高或过低,也不要多幅书画作品高低参差交错。

四是所挂字画的数量不宜多。办公室字画数量太多,会使人眼花缭乱。一两幅经过精心挑选的作品,完全可以起到画龙点睛的作用。

五是字画的色调要尽量与室内的陈设协调。字画的内容应该精炼简洁,具有现代装饰趣味。

知识链接

办公桌面的美化要因人而异。要注意选用精致实用的日历或周历放置在桌面中部靠右上方;要选取吸盘签字笔放在日历旁边,坚持易取易放原则。例如,上司爱好书法,则可在桌上放置陶瓷毛笔架等,一则增加了文化品位,二则便于领导用毛笔办公。桌面的文件夹一般平放,数量不宜过多,要注意分类依序叠放。文件夹若竖放,则要放在分类栏内。如放置期刊,应注重其不同类型和文化修养,在机关的办公桌上就不宜放置时尚生活类的杂志。

办公室内会见区应根据办公室的大小进行设计,多采用马蹄型或环型布局,座位一般为沙发。美式沙发豪华气派,但是占用面积太大,也不易保养;日式沙发简单素雅,灵活方便,但是生活气息太浓,有失办公的严肃性;中式沙发古朴大方,四季皆宜,但又稍欠豪华。具体选用哪一类型的沙发应根据本组织办公室的实际情况而定。

办公室的地板应注意选择。单间办公室最好选用复合木地板,因为这样既经济适用,也便于清洁保养。开放式大写字间的中央办公区可选用强化木地板;上司的办公间可选用实木地板或铺地毯,因为上司办公间人流量较少,选用实木地板或铺地毯,既气派又容易保养。过道可选用普通地砖,但要注意色彩的搭配。如果在开放式办公室内设有休闲处,可选用复合木地板,这样容易营造静谧的休闲气氛。如果要显示公司强大的实力,也可以选用大理石或花岗石作为地板砖或墙砖,但其色彩要注意鲜艳、明亮,彰显个性特色。例如,中国工商银行选取黑色和红色为主色调的地砖和墙砖布置,中国农业银行选取绿色和浅黄色为主色调的地砖和墙砖布置,中国交通银行则选取蓝色和浅灰色为主色调的地砖和墙砖布置。

办公室的光线应充足。光线的设置要考虑到办公室的大小和用途,另外还要充分考虑到人性化因素。小办公室除了要有足够的顶光外,还应在办公桌上放置台灯,顶灯应加灯罩,采用背光处理,使其光线柔和。大办公室可在中央办公区的顶部安置多组射灯,以有利于员工集中注意力。休闲区可安置光线柔和的装饰灯,光照度不强,以利于大家休息。过道处可于墙腰处、墙角处安置路灯,采用暗光处理。

办公室内可适当放置绿色植物来美化环境。选择绿色植物时应考虑其花叶颜色、气味、植株高矮、寓意以及是否有利于人体健康等因素。办公室内一般以放置发财树、大叶葵、富贵竹、文竹之类的常绿植物为宜。不同的花有不同的寓意,如郁金香代表幸福、博爱,菊花代表高洁,牡丹代表华贵,桂花代表友好吉祥,水仙花代表清纯、自尊,富贵竹代表吉祥富贵,茉莉代表和蔼可亲等。要根据不同的季节、不同的气氛来为办公室添置花卉。对于人体健康而言,有些植物还有特殊用途,如吊兰可以吸甲醛、菊花可以醒脑、玫瑰可以杀菌等。

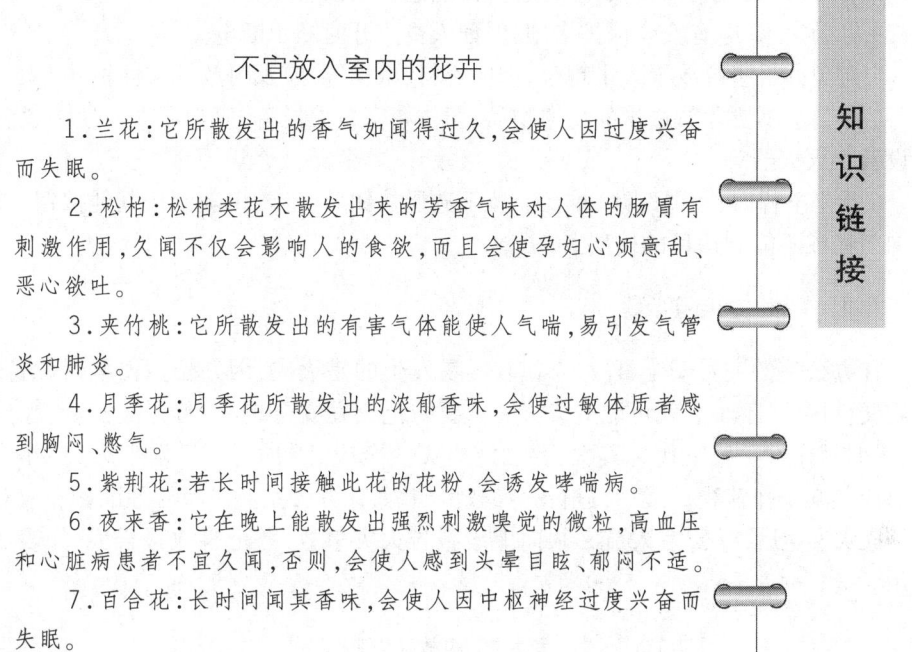

知识链接

不宜放入室内的花卉

1.兰花：它所散发出的香气如闻得过久,会使人因过度兴奋而失眠。

2.松柏：松柏类花木散发出来的芳香气味对人体的肠胃有刺激作用,久闻不仅会影响人的食欲,而且会使孕妇心烦意乱、恶心欲吐。

3.夹竹桃：它所散发出的有害气体能使人气喘,易引发气管炎和肺炎。

4.月季花：月季花所散发出的浓郁香味,会使过敏体质者感到胸闷、憋气。

5.紫荆花：若长时间接触此花的花粉,会诱发哮喘病。

6.夜来香：它在晚上能散发出强烈刺激嗅觉的微粒,高血压和心脏病患者不宜久闻,否则,会使人感到头晕目眩、郁闷不适。

7.百合花：长时间闻其香味,会使人因中枢神经过度兴奋而失眠。

8.洋绣球花：睡眠时间接触它散发出的微粒,会出现皮肤过敏或发生皮肤瘙痒症。

现代办公室多以深色为办公家具的主色调,如胡桃木色,既庄重典雅,又不易过时。地板也以接近家具的颜色为宜,要么就颜色对比分明,看起来也显得豪华气派。窗帘应以素色为主,如浅绿、浅蓝色等,可以缓解人体疲劳,营造静谧舒适的气氛。

 **案例**

美的集团的办公室

美的集团的办公室接待区,由现代简约造型的圆形沙发围合而成,使人进入后油然而生舒适感。与之相呼应,天花板顺势做成圆形吊顶,凸显整体统一的空间形象。同时,圆形还是圆融、和谐的象征,象征着公司事业永远顺意发展。

四、安全注意事项

(一)日常防范

1.办公钥匙随身携带,不随便交给其他人保管,离开办公室随手关门,办公室内没有同事时及时锁门。

2.有外来人员来访时,设专人接待,并注意公司信息安全。

3.办公室水、电有安全保护措施,保证人员离开时断水断电。

4.避免办公室内放置大量现金、重要资料、票据等,应及时放入文件柜并上锁。

5.办公室不要存放过量的易燃物品;切勿堵塞救火设备,应学习如何使用紧急救火设备如灭火器等。

6.乘坐电梯时,不要蹦跳、推搡。按下选层按钮后,不要再随便按其他按钮,以防电梯缓慢或不能到达目的楼层。

(二)突发安全事故

在办公室的突发安全事故中,比较容易发生的是火灾,因办公室内电器设备多,纸质文件多,一不小心就可能造成火灾。要防范突发安全事故,首先应安全、规范用电,平时就做好防范工作。其次,要制定火灾安全应急制度,一旦发生火灾,办公室人员应熟知操作流程。最后,进行火灾救援演练,让办公室人员有心理准备和应对措施。火灾发生后,办公室人员必须向上级报告火灾事故,登记事故报告表,如表2-2所示。

表2-2 事故报告表

事故报告表	
有关被伤害人的资料	姓名: 称呼: 出生日期: 家庭地址: 职位:
事故的时间、地点及相关事宜	伤害或能力丧失的情况: 事故或伤害发生时的行为: 事故或意外伤害发生的地点: 详细描述事故和意外伤害的细节并解释这是怎样发生的:
	采取了何种急求措施? 被伤害人是否送往医院?如果已经送往医院,请注明是哪家医院。 请陈述事故发生时现场人的姓名和位置:
事故报告人签名:	报告时间:

员工在发现火灾时,撤离程序和要采取的行动见表2-3所示。

表2-3 火灾撤离程序

火灾撤离程序(员工指导说明)	
紧急情况下应采取的行动	集合地点,应在楼前的停车场、空地等
发生火灾应采取的行动	1.立即拉动离你最近的火灾警报器 2.如果可能,利用附近的器械扑灭火苗,但不可冒生命危险。在扑救火灾的时候,一定要靠近可以撤离的通道
一听到火灾警报,应该采取的措施	1.值班员应该立即打电话通知消防队 2.离开建筑物,清点人数并向管理集合点的人报告 3.在受到火灾影响的区域,高级职员或者得到授权的安全代表将担负起疏散人员的责任,并且要保证没有一个人被遗落在火灾区 ◆使用最近的可以利用的安全出口 ◆不要使用升降梯(除非特别提供的升降梯作为残疾人的专用撤离方式) ◆不要停下来收拾个人财物 ◆不要惊慌或盲目奔跑 ◆如火灾发生时有客人,要陪同客人一起撤退到安全地点 ◆不管发生任何事都不要再次进入火灾建筑物,除非负责安全事务的长官或者他的代表允许

相关措施:

- 如果一个人的衣服着了火,用毯子、破布或者其他类似的东西紧紧裹住他,并把其放倒在地上,以避免火焰烧到头部。
- 如果电气设备着火,须马上切断电源,而不是先灭火。
- 将防火门关住,除非消防队允许将防火门用自动装置打开。
- 要留心建筑物任何部位的冒烟现象,及时发现并清除隐患。吸烟者应使用烟灰缸,不将烟头丢在废纸篓里。
- 要确保大罐的易燃修正液或者清洗液不用时锁在通风良好的房间里或者金属柜里。
- 一定要将易燃的废纸或者信封等放在废纸篓里,并定时取走、处置。
- 经常检查、维护火灾报警器和灭火装置。
- 定期安排全体员工进行消防演习。
- 要训练一名及以上员工成为火灾监测员。

办公室常见疾病

1.慢性咽炎。久在办公室工作的白领,由于在中央空调中长期工作、天气变冷、办公室不通风等原因,慢性咽炎上了"办公室十大职业病"榜单。据了解,在高工作压力下,经常处于疲劳状态的办公室"小白"容易受慢性咽炎侵扰。

2.屏幕脸。长时间面对电脑屏幕,不知不觉中,一张张表情淡漠、斑点与皱纹密布的"屏幕脸"成为办公室"小白"又一常见职业病。对此,建议大家操作电脑时,身体与电脑屏幕应保持不少于70厘米的距离。最好配置一台辐射较小、没有眩光、显示稳定的电脑,液晶显示屏更好。

3.憋尿肾。最新了解,一个恐怖的职业病杀手正在办公室"小白"间肆虐,其中憋尿竟然也是其原因。很多"小白"平日在单位,一上午三四个小时坐在位子上一动不动,水都不喝一口;甚至放弃上厕所的一两分钟,也要争分夺秒地工作,形成憋尿的不好习惯。久而久之,尿路感染和肾盂肾炎不请自来。所以,办公室"小白"一定要慎防!

4.鼠标手。鼠标,让办公室"小白"工作快捷方便很多,但是当你的手变成"鼠标手"时,估计大家都会感到担心。因为手指的反复运动使肌腱、神经来回摩擦,引起大拇指、食指、中指出现疼痛、麻木、肿胀感,还会出现腕关节肿胀,手部精细动作不灵活、无力等。"鼠标手"就这样形成啦。建议大家每工作一小时做一些握拳、捏指等放松手的动作,另外不要过于用力敲打键盘及鼠标的按键。

5.玻璃胃。"刚毕业就能进这样的大公司,肯定得玩命。开会、加班、应酬酒会,等到感到胃经常疼痛,去医院检查,是胃炎。"这成了很多进入职场不久便得了胃炎的大学生的真实写照,他们的胃最终如玻璃一般脆弱。急切呼吁全体"小白"准时保质保量吃饭!

6.干眼症。朝九晚五八小时,电脑成为现代办公不可缺少的工具,长时间地盯着电脑屏幕,眼睛吃不消啊。最后只能泪流满面,疼痛收场。在此建议大家注意眼睛的休息,多做眼保健操。

7.电脑椎。"头歪一歪,脖子就酸疼;握一会儿鼠标,整条手臂就麻了;坐久了,就腰酸背痛",在办公室待久了的"小白"们是不是经常听到这样的诉苦声呢?长期保持不正确坐姿工作的"小白"们,小心了,"电脑椎"可能就在你的身边。

8.老年腰。"腰龄"提前衰老的现象,困扰着现代年轻人。原因是长期伏案工作加之缺乏运动。生命在于运动,"小白"们一定要抓住一切机会,形成运动习惯。

9.失眠症。白领的工作经常处在高度紧张的状态,再加上睡眠不规律,难免造成神经紧张和过早衰老。大家可以试试按摩治疗,效果明显。

10.脑疲劳。长期用脑,容易引起脑的血液和氧气供应不足,使人感到头昏脑涨、食欲不振、大脑出现疲劳感。对此,可以试试多梳头,多喝水,放松神经,做几次深呼吸,经常运动调节心情。

知识链接

小结

良好的办公环境,有助于工作效率的提高。本章主要介绍了办公环境安全检查的内容、常见的安全和健康隐患、办公环境维护的要素、创造绿色办公环境的措施、办公环境布置的原则、办公环境布局的要求和形式、办公环境布置的程序、办公环境布局和装饰的艺术等,通过上述知识的介绍,使读者密切结合自身的工作实际,树立整洁、健康办公和人性化办公的现代办公理念,优化并维护、管理好办公环境。

复习思考题

1. 办公环境安全检查的主要内容有哪些?
2. 办公环境维护主要应注意哪些方面?
3. 现代办公环境布局主要有哪些形式?每种形式各自有哪些特点?
4. 试述办公室布置的主要内容。

实训题

1. 试画出一张开放式办公布局图。
2. 试写出一个单人间办公室美化布置方案。

拓展向导

相关资源

(1) 办公室环境及规范管理制度:https://wenku.baidu.com/view/c1c280ba4493daef5ef7ba0d4a7302768e996fe0.html?fr=search-1-wk_sea_vip-income1&fixfr=ql1yJhRxb5avkEk0jgVruA%3D%3D.

该制度规范了办公区域的工作秩序、管理权责、惩戒办法,并附有《办公室环境检查表》,利于营造整齐、清洁、安静、美观的办公环境,值得参考。

(2) 办公室的环境管理:https://wenku.baidu.com/view/02fca941dbef5ef7ba0d4a7302768e9951e76eb3.html?fr=search-1-wk_sea_vipX-income8&fixfr=76HFH7cYWWAYuR1mM4jPRA%3D%3D.

该文介绍了办公环境、日常办公事务、办公用品的管理,易于理解。

第三章 办公室时间管理

学习目标

- 识记:时间管理的概念及意义
- 了解:时间管理理论的发展历史、有效时间管理的基本要求
- 明确:办公室时间运筹的基本原则和方法、目标时间管理法
- 掌握:办公室工作时间运用的基本方法、办公室工作时间运用艺术

以下每个问题均有四个答案:A.从未做过;B.有时做;C.经常做;D.总这样做。选择A为0分,B为1分,C为2分,D为3分。

1.每个工作日之前,我都能为计划中的工作做些准备。
2.凡是可交派下属去做的我都交派下去。
3.我用工作进度时间表来书面规定工作任务与目标。
4.我尽量一次性处理完毕每份文件。
5.我每天列出一个应办事项清单,按优先顺序排列,先办最重要的事情。
6.我尽量回避干扰性电话、不速之客的来访以及突然召开的会议。
7.我试着按照成绩曲线图表来安排我的工作。
8.我的日程表留有回旋余地,以便我有时间应付突发事件。
9.我努力这样安排我的活动,以便集中精力首先处理少数至关重要的事情。
10.当其他人想占用我的时间,而我又必须处理更重要的事情时,我会说"不"。

将你的得分加起来,就会得到下列结果。

0~15分:你自己并无时间规划,而是让别人牵着鼻子走。但是,如果你在诸多事项中排出优先要办的事情,则可能达到一些自己的目的。

16~20分:你试图掌握自己的时间,但却不能持之以恒。

21~25分:你的时间管理良好。

26~30分:你已成为每一位想学习时间管理的人的榜样。

时间是管理者和办公室人员最为稀缺和宝贵的资源。赢得时间,就是赢得机

会,提高效率,争取效益。因此,办公室工作人员必须熟悉时间运筹方法,掌握时间运用技巧,科学合理地安排自己和上司的工作时间。

第一节　办公室时间运用概述

要科学地运用时间,就必须具备时间管理的意识,熟悉时间管理的基本要求。

一、时间管理的概念与意义

时间管理是指通过事先规划和运用一定的技巧、方法和工具实现对时间的灵活以及有效运用,从而实现个人或组织的既定目标的过程。

善于限定自身的工作范围,合理有效地安排时间,是成功人士的标志之一。国内外许多企业都已把时间管理列入企业管理人员的训练课程。办公室人员时间管理的目的是科学合理地安排和使用时间,提高工作效率。作为领导的参谋和助手,办公室人员必须致力于对时间运用规律的认识,致力于掌握和运用科学的时间控制方法,使自己提高时间的利用率。

二、时间管理理论及其历史演进

时间管理理论经历了四个发展阶段,具体如下。

(一)第一代时间管理理论

第一代时间管理理论基本是备忘录型管理,强调利用便签和备忘录。该理论下的时间管理,一方面顺其自然,另一方面也会追踪时间的安排。备忘录管理的特色就是写纸条和核对表。这种备忘录可以随身携带,忘了就把它拿出来翻一下。如果一天结束完成了大部分的事情,就可以在备忘录上将它们划掉,否则就要增列到明天的备忘录上。

这种时间管理的优点是:重要的事情变化时的应变力很强,是顺应事实的;管理上没有压力,或者压力比较小;便于追踪那些待办事项。缺点是没有严整的组织架构,比较随意,所以往往会漏掉一些事情;比较注重眼前而忽略了整体性的组织规划,有时候会使人面临一种好像总在应付的状况。

(二)第二代时间管理理论

第二代时间管理理论强调的是"计划与准备",主要通过记事簿、工作计划表和日程表来安排时间。强调效率、个人责任感、确立目标,事先做出规划,列出时间表,记录应该做的事情,表明应该完成的期限,注明开会的日期等。

这种管理模式的优点是追踪约会以及应该做的事情。通过制定目标和规划,完成事情的达成率比较高。缺点是对事情仍然没有轻重缓急的判断。容易产生凡事都要安排的习惯,找不到思考的空间。

(三)第三代时间管理理论

第三代时间管理理论的主旨是"计划、排序、控制"。这一理论强调的是价值,特别注重工作的优先顺序。通过事情的轻重缓急来制定中、长、短期的目标以期实现一种价值观。因此,它的特色就是将每天的活动写在纸上或者输入计算机,详细地制定各式各样的计划表或者组织表。它主要是为了提高工作和生活效率。

第三代时间管理的优点是比较强调价值观,是以价值为依据,或者以价值为导向的一种生活、工作的安排方式。它能够发挥长期、中期或者短期目标的效果,也能通过每天的规划,安排优先的顺序,可以提高效率,使人做事井然有序。第三代时间管理的不足是忽略了自然法则,缺乏远见。因为它以价值为导向,你要得到这些东西,你认为这是你生命中最重要的,所以在安排上往往会有些疏忽,其实价值观未必与自然法则相符。

(四)第四代时间管理理论

第四代时间管理理论强调了一切以自然法则为中心的罗盘理论。此理论为人们提供了朝未来目标接近的方向,超越了传统上追求更快、更好、更具有效率的观念。它提出,人们每一天、每个时段的行动应与未来的目标接近。将重点放在提升个人的生活和工作品质上。强调以价值为中心,以角色为导向,帮助平衡在工作和生活中所扮演的不同角色,全盘规划日常生活,实现自我价值。由此可见,此理论强调方向而非速度的重要性,也叫正北理论。第四代时间管理理论的优点是充分尊重人比事情更重要的原则,针对个人独有的使命,将重心放在维持产出和产能的平衡上,将每一天的时间安排都围绕着个人的价值观和长期目标。缺点是并不是每个人都很清楚自己的使命、价值观和长远目标,也不是所有人都以原则为中心在面对生活工作的一切,所以对于这种时间管理方式不少人无所适从。表3-1是四代时间管理理论的比较。

表3-1 四代时间管理理论的比较

理论的演进	特 点	优 点	缺 点
第一代时间管理	备忘录型	应变力很强;没有压力	随意;忽略整体规划
第二代时间管理	记事簿规划与准备	追踪约会事件;达成率比较高	产生安排的习惯
第三代时间管理	强调价值规划;制定优先顺序	以价值为导向;提高效率,做事井然有序	忽略了自然法则;缺乏远见
第四代时间管理	自然法则和罗盘理论	强调效率方向	只适合少数人

三、有效时间管理的基本要求

要提高时间利用率,增强时间利用的有效性,必须具备强烈的时间意识、清晰的时间成本观念、时间的系统管理能力、时间的合理运筹能力及灵活的时间运用技巧等。

海尔的"日事日毕,日清日高"的管理模式

"日事日华,日清日高"(Overall Every Control and Clean)要求:"今天的事,今天必须做完,今天的事应该比昨天做得好,明天的事应该比今天做得更好。"海尔称之为1%工程,即如果每天工作都能提高1%的话,那么100天以后的工作效果就可以翻一番。"日事日毕"解决基础管理问题,"日清日高"解决加速度的问题。这一理论也称为海尔发展定律。

(一)强烈的时间管理意识

时间观念就是管理、运用时间的自觉性。只有具备了强烈的时间观念,才能对时间进行科学的管理,否则,对时间的管理就会是盲目的,因而也是低效的。办公室人员必须十分珍惜时间,要有强烈的事业心和成就欲,对时间要有极强的紧迫感。

(二)清晰的时间成本观念

时间成本效益,是指某项工作取得的效果与完成该项工作耗用的时间之比。时间管理必须考虑成本效益,做某项工作耗费的时间越少,时间成本效益就越高。办公室人员要把时间视为用以投资的一项资源,迫使自己在规定的时间内完成任务,尽量多出成果,或在取得满意成果的情况下尽量减少时间支出。成本效益是时间管理的目的,是秘书人员必须具备的现代管理理念。

(三)时间的系统管理能力

时间的系统管理,主要表现在采取计划手段定量支出自己的时间上。办公室人员要有系统管理的思想,要学会时间的计划管理、过程控制、效果评估等,学会选择最佳时间计划方案进行时间管理。

(四)时间的合理运筹能力

办公室人员时间的有限性与面临的大量工作始终是一个矛盾,这就要求办公室人员能够把自己所控制的时间全部用到关键的地方。办公室人员必须具备区分关键和一般事情的判断能力和区分任务轻重缓急的能力,能够根据有关原则科学合理地运筹和安排工作时间。

(五) 灵活的时间运用技巧

办公室人员应学会和掌握各种节约时间的技巧,如只做自己权力范围内的事,而不参加无意义的工作和争论;学会授权,调动下级人员分担自己的一部分工作;学会集中完成任务与切割工作、分阶段完成任务的方法等。其目的在于尽量扩大自由时间,并使若干不可控的时间变为可控时间,不断对时间管理进行创新;远离意外的干扰事项,确保专心致志地做好某事;等等。

第二节　办公室时间运筹方法

时间运筹就是用科学的方法来管理时间。办公室工作的性质决定了办公室人员在很大程度上缺乏支配时间的自主权,而办公室人员能够科学地利用时间运筹方法来管理利用时间,就能够在相同的时间内完成更多的工作,从而提高工作效率,真正成为时间的主宰者。

一、时间运筹的基本原则

(一) 史密斯法则

美国富兰克林时间规划公司(Franklin Quest Company)的创办人海蓝·史密斯(Hurum W. Smith)在其著作《打开成功的心门》(*The 10 Natural Laws of Successful Time and Life Management*)一书中提出十大自然法则,声称可以让人心想事成。书中所谓的自然法则,就是"人类经验并尝试证明正确无误的自然、生命的基本模式,这些模式并非按照人类所想、所愿而生,而是依其本来的面目运作"。这10条自然法则的前5条着重管理时间,后5条则是管理生活。下面我们就来看一下这10条法则。

法则1:掌握生活大小事——通过掌握时间而掌握生活。

法则2:确立核心价值——核心价值是自我实现和个人成就的基础。

法则3:排定优先顺序——当日常生活反映了你的核心价值,你就能体验发自内心的平静。

法则4:设定明确可行的目标——为达成重要目标,必须远离安逸区。

法则5:规划每日工作——每日工作规划做得好,时间就会充裕,效率高。

法则6:检查行为与信仰的一致性——行为是真实信念的反映。

法则7:改变行为以符合需求——当信念与真实相符时,需求自然就能得到满足。

法则8:开启信仰之窗——改变错误想法,克服负面行为。

法则9:以个人价值为依据——自尊必须发自内心。

法则10:在奉献中成就自我——付出愈多,收获愈大。

根据这一法则,办公室的时间运筹主要分为四个阶段:

第一阶段,先确定自己想做的工作的重要性和必要性。一般分为:A.我需要做什么? B.哪件事能给我最高的回报? C.什么能给我最大的满足感?

第二阶段,运用ABCD工作法来确定工作的优先顺序,即根据事情的重要性和紧急程度两个维度,将事情划分为ABCD四个类型,然后针对不同的类型分别采取不同的工作态度和方法,详见图3-1。紧急任务指:如果不能按期完成,它对你或别人的价值会减少甚至消失。重要任务指:如果它成功地完成,你或别人将取得很大的收益。带来的收益越高,这项任务的重要程度就越高。

A:应该在第一时间去做,并值得为它花费大量的时间;

B:计划好什么时候开始做,应该花费大量的时间;

C:马上就做,但应在尽可能短的时间内完成;

D:尽量控制做这类工作的时间,应该在完成了所有重要的、紧急的工作之后,花一点时间去做,甚至根本不去做。

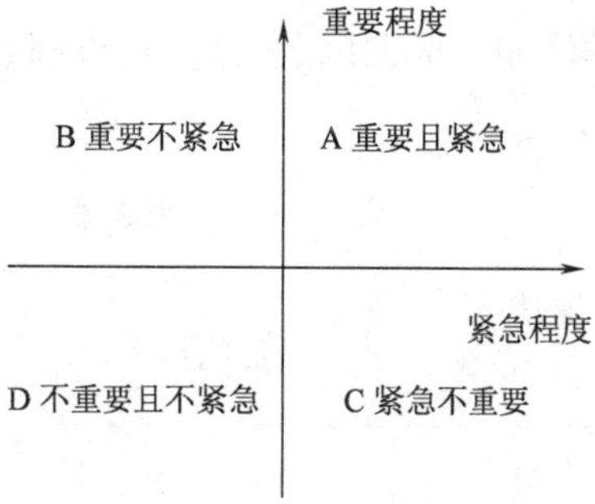

第三阶段,对现在应该做的重要且紧急的事情排定优先顺序。

第四阶段,明确实现每项要执行的工作任务。

图 3-1 时间管理 ABCD 法

(二)"二八"原则

19世纪末20世纪初,意大利经济学家维弗雷多·帕累托提出了著名的"二八"原则,又称80/20定律,是指约仅有20%的变因操纵着80%的局面,即20%的目标具有80%的价值,而剩余的80%的目标只有20%的价值。所以,办公室人员应该根据每项工作的价值来投入时间,即应该用80%的时间做能够带来最高回报、具有高度价值的事情,而用20%的时间来做其他价值一般的事情。

二、时间运筹的方法

(一)时间表管理法

1.时间表的含义及类型。时间表是有效地管理时间的一种手段,它是将某一时间段中已经明确的工作任务清晰地记载和标明的表格,它可以提醒使用人和相关人员按照时间表的进程行动,从而按计划完成工作任务。

时间表可以分为年度时间安排表、季度时间安排表、月时间安排表、周时间安排表、每日行动管理表等。

(1)年度时间安排表。该表是将单位或组织一年中例行的会议、重要经营活动、已经确定的商务出访、公共关系活动等做出妥善安排。办公室人员可以参照上一年度的时间表和新一年的工作部署情况编制,力求内容简明概括,一目了然。详细情况在月时间表和周时间表中体现。

(2)季度时间安排表。该表是对年度时间安排表按季度的具体分解。

某公司销售部经理第三季度会议较多,7月的前两周要在上海开会;8月的第二周要去香港参加5天会议;每月的最后一个星期五上午是销售部固定的部门会议;8月最后一个星期三要参加公司的办公会议;7月的第三周星期二要在公司开销售会议,传达上海会议精神;8月第一周的星期一还要面试3位营销员;9月的前两周希望安排休假。根据以上信息,销售部经理秘书杨红协助经理制定了一份时间表(见表3-2)。

表3-2 ××经理第三季度会议时间表

月份 周次	七月份	八月份	九月份
第一周	上海会议	周一上午:面试3位营销员(公司小会议室)	休假
第二周	上海会议	香港会议	休假
第三周	周二:销售会议,传达上海会议精神(大会议室)		
第四周	周五(上午)部门会议	周三:公司办公会议(公司大会议室) 周五(上午)部门会议	周五(上午)部门会议

通过上例可以看到,秘书杨红编制的时间表既方便又清楚有序地显现了销售部经理第三季度的会议情况。

(3)月时间安排表。其信息由主管上司负责,请其他领导提出下月计划,再结合集体议定的事项,由办公室人员制表,经主要领导审定后下发实施。也有的组织月底请各位上司将下月的安排或活动口头或书面交给办公室人员综合整理,有矛盾冲突的加以沟通调整,然后将编制的月安排表交主要上司审定后下发实施。

(4)周时间安排表。该表是在月计划的基础上制定的,表中内容常在周五下班前或周一上午由主要上司碰头协商活动安排,加上平时收集的信息,由办公室人员填写在表格中,表格需有固定的周一至周五的内容,还要有详细的上下午时间,经被授权人过目审定后印发相关人员(见表3-3)。

表3-3 ××公司经理每周时间安排表

日 期	时 间	会见对象	工作内容
7月2日星期一	9:00	全体部门经理	每周例会
7月3日星期二	×××	×××	×××
7月4日星期三	×××	×××	×××
7月5日星期四	×××	×××	×××
7月6日星期五	×××	×××	×××

（5）每日行动管理表。每日行动管理表一般用来记录办公室人员每天的工作活动和行动方案，见表3-4。

表3-4 每日行动管理表　　　　　年　　月　　日

早上最先做的事	
上班时最先做的事	
中午前应处理的事	
下午最先处理的事	
下班前应做完的事	
明天的准备工作	

2.编制时间表的基本步骤：

（1）根据需要确定编制时间表的周期；

（2）收集并列出该阶段的所有工作、活动或任务；

（3）发现活动或任务有相互冲突的，主动与负责人协商，及时调整；

（4）按照时间顺序将任务排列清晰；

（5）绘制表格，标明日期、时间和适合的行、列项目；

（6）用简明扼要的文字将信息填入表格。

（二）工作日志管理法

1.工作日志的含义。工作日志即工作日程表，有手工工作日志和电子工作日志两种形式。手工工作日志通常要准备两本，一本为上司使用，另一本为办公室人员自己使用。电子工作日志是通过电脑程序中的 Microsoft Outlook 或 OA (Office Automation) 系统中的电子日志管理来实现的，上面有今日的时间、本月和下月日历，只输入工作任务即可，内容与手工工作日志基本相同。电子工作日志比手工工作日志更便于修改和更新日志内容。

2.工作日志的管理。

(1)办公室人员应科学设计工作日志项目,工作日志应包括日期、时间、地点、工作内容等项目。上司的日志内容通常包括:会议活动、接待活动、上司个人事务等。办公室人员的日志内容除了包含上司的日志内容外,还包括上司的各项活动需要办公室人员协助准备的事宜、上司交办自己的工作以及自己职责中应做的工作、应从事的活动等。

(2)办公室人员管理上司和自己工作日志的主要要求:办公室人员应熟悉上司的工作习惯和约会时间的长短,每天最早和最晚可安排约会的时间,以便安排的约会符合要求;办公室人员应熟悉上司用餐和休息的时间,以便安排约会时避开上司的休息时间;工作日志信息填写要清楚、完整、准确;办公室人员应提前了解上司工作和活动的信息,经常确定、补充与核对填入日志的信息;应随上司日志的变化而调整自己的工作日志内容,以保持两本工作日志信息的一致和准确;提醒自己和上司执行工作日志的相应内容;办公室人员应对上司日志中的信息保密,只给上司授权的人查阅。

(3)办公室人员还应善于处理日志的变化和调整。办公室人员在安排活动时,应留有10~15分钟的间隔以备活动时间的拖延或新添临时的、紧急的事务;按照先重急后轻缓的原则进行项目时间的调整;确定变更后,应立即做好有关善后工作,例如通知对方、说明理由、防止误解等;再次检查是否已经将变更后的信息记录在工作日志上,防止漏记、错记。

工作日志表样式如表3-5所示。

表3-5 工作日志样表

年　　月　　日　　星期

时　间	工作内容
8:00	
9:00	
10:00	
11:00	
12:00	
13:00	
14:00	
15:00	
16:00	
17:00	
18:00	

电子工作日志样式如图3-2所示。

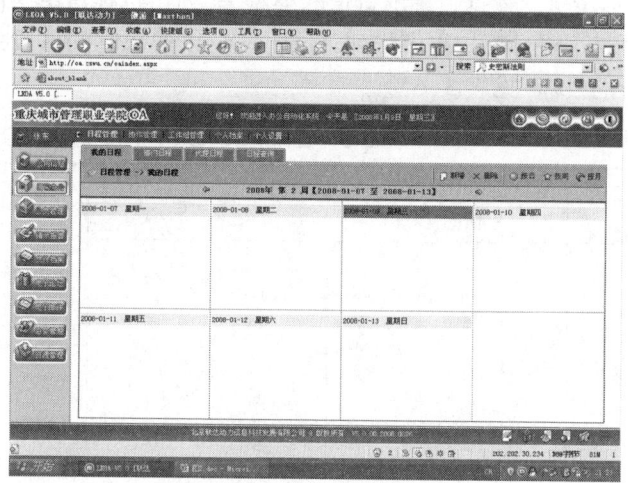

图3-2　电子工作日志(OA办公工作日志)样式

上述几种时间表跨度越小,填写的信息应越详尽。

(三)目标时间管理法

目标时间管理法是用预定的目标来限制时间的使用,以达到节约时间,提高效率的目的。时间目标,就是期望达到的结果,是时间管理行动的归宿。目标时间管理法的前提是目标必须选准,否则就会南辕北辙,投入的时间越多,浪费越大。

1.耶鲁大学的目标设定七步骤。

(1)先拟出你期望达到的目标。

(2)列出好处:你达到这目标有什么好处?如你有一个目标想买房子,列出买房子对你有哪些好处。

(3)列出可能的障碍:你要达到此目标之障碍,如钱不够、能力不够等,要一一列举出来。

(4)列出所需的知识、帮助、训练等资讯。

(5)列出寻求支持的对象:一般而言,很难靠自己一个人即能达到目标,所以应将寻求支持的对象一并列出。

(6)拟定行动计划。

(7)制定达到目标的期限。

2.目标设定的指导原则。时间管理跟目标的设定是一体两面的,目标必须依靠时间去完成。这里介绍设定目标的SMART原则:目标要具体(specific),目标必须是可衡量的(measurable),目标是可能实现的(achievable),目标是切合实际的(realistic),目标的完成应有时限性,一定要设定时间表(time)。

3.实施目标时间管理法的步骤。

(1)拟定目标清单。依据目标的价值和类型等,列出目标清单,并分为成果目标和过程目标。再将这些目标按次序排列,分清主次,以选出时间区段的最优目标,也就是要立即执行的目标(见表3-6)。

表3-6 目标清单

目　标	你的目标（SMART标准）	排　序	目标的性质
目标的长短 ● 长期目标 ● 中期目标 ● 短期目标			
目标的价值 ● 经济价值 ● 社会价值			

(2)制定时间标准。执行目标确定之后,即转入对目标的实施步骤,定出时间消耗标准。执行目标应尽可能地具体化、定量化。不易定量化的目标也要给予时间限定,确定完成期限。

(3)填写目标管理卡。目标制定后,下面还有控制、总结评价的步骤。评价的方法之一是评分法,以10分计算:把预定时间内目标完成的程度定为6,复杂困难程度定为2,主观努力程度定为2,即6∶2∶2。计算公式为:综合评价=完成任务+复杂程度+努力程度+修正值。修正值是指意外变化而产生的因素。修正值的分值可酌情处理,但不得超过总分的20%。计算结果正好等于10分,说明达到了预期目标;大于10分,说明超过了目标;小于10分,说明没有达到预期目标。时间目标管理卡见表3-7。

表3-7 时间目标管理卡

隶属单位	职位	直接主管	目标执行人						
目标	重要性(%)	工作计划	预定进度(日)%(6月份)						自我追踪	考评
			25	26	27	28	29	30	31		

第三节　办公室工作时间运用艺术

办公室的工作时间是有限的,要想在有限的时间内完成更多的任务,提高工作效率,必须熟练地掌握时间运用的艺术技巧。

一、办公室工作时间运用的基本方法

(一)明确目标,制订计划

据调查分析,办事拖延居浪费时间的首位。每天办公室人员都应把工作任务记录下来,并且将行动与任务目标相对照。要养成"凡事预则立"的习惯。办公室人员应重点克服"办事拖延"的陋习,推行"限时办事制",规定在限定时间内(如4小时、8小时、当天)报告处理结果。

(二)轻重缓急,主次分明

首先要确定最重要的事。第一步,你要从目标、需要、回报和满足感四方面对将要做的事情作一个评估。第二步,删掉你不必要做的事,把要做但不一定要你做的事委托别人去做。第三步,记下你为达到目标必须做的事,包括完成任务需要多长时间,谁可以帮助你完成任务等。其次,要分清事情的主次关系,之后才展开行动;行动时应先规划任务优先表,再制定工作进度表。

(三)合理安排,减少耗费

用分割与集中的方法来增加自由时间,使时间耗费日趋合理。学会管理自己的时间,比较大或长期的工作要拆散开来,分成几个小事项;要集中自己的时间,使之成为连续性的时间段。

(四)定期评估,定量管理

定期评估自己时间的耗费情况,找出非工作性时间和浪费的时间,并尽量消除。在工作中养成记录自己实际耗用时间的习惯,以认清时间消耗在了什么地方;每日计划时间安排与耗用时间对比,分析时间运用效率;准备一个待办事项清单、时间记录本或效率手册,以备分析检查或查阅待办事项;找出制度中不完善或缺乏预见所产生的时间浪费现象和原因,并加以改正。

应用现代系统论、控制论的方法定量使用时间,可以有效提高工作时间的有效性。

二、办公室工作时间运用艺术

以下列出的一些具体技巧能有效帮助你管理好自己的时间,它们简单适用,体现出时间运用上的艺术性。

(一)用精力最佳的时段干最重要的工作

办公室人员应该熟悉自己的生物钟,找出自己精力最旺盛的时间,用来处理最重要、最困难的工作,而把例行公事放在精力稍差的时间去做,这样可以提高时间利用率和有效性。

(二)消耗时间要计划化、标准化、定量化

消耗在某工作上的时间要依这件工作对目标的作用程度来制定标准,预测出每项工作各需要多少时间,进行时间的定量分配,制订出耗时计划。办公室人员应以最有效的方式,利用定量的时间,有秩序地从一种活动转换到另一种活动。

(三)保持时间上的弹性

文武之道,一张一弛。使用时间要注意劳逸结合和精力的调节。适当调节才能使工作有持久性,保证高效率。

案例

据说,白居易在苏州当刺史时,因公务繁忙,身心疲乏,但他总会在某一天畅快地喝顿酒,直到将自己灌醉。问其原因,他说:"不要小看一天的酒醉,这是为消除九天的疲劳。如果没有九天的疲劳,怎么能治好州里的人民;如果没有一天的酒醉,怎么能娱乐身心。"他是以一天的酒醉来解除九天的疲劳,用酒来进行劳逸结合,正所谓休息是为了更好的工作。当然,这种以醉酒来减压、休息的方式,今天看似并不值得提倡,但其劳逸结合、保持时间上的弹性的理念,仍然是有启发意义的。

(四)反省、检查浪费的时间

要养成定期检查时间利用情况的习惯。可充分利用台历、效率手册、时间耗用卡片、记事簿、计算机(包括台式电脑、手提电脑、掌上电脑)等工具,随时记录时间耗费情况,及时检查,力求发现浪费时间的因素并努力消除。

(五)保持时间利用的相对连续性

集中时间,是合理利用时间的一个原则。心理学家认为,当人们正在专心致志做一件工作或思考某一个问题时,最好能够一气呵成,不要中断。因为一旦中断,往往要经过相当长的一段时间才能使精神和思维重新集中起来。

(六)一般工作"案例化",固定工作"标准化"

对凡已经有条例、规定的事要按章办理。科学管理之父——泰罗提出了一个管理"例外"原则,就是管理者只管条例、规章制度中没有规定的例外事件。同样的问题反复出现后,把结果和处理记录下来,列入规章制度,使其"案例化",下次再处理,就有了标准,处理办法就标准化了。这是使管理人员摆脱琐事的有效方法。同时,要大力推进业务程序的标准化,把每项工作通过标准化的业务流程规定下来,使工作达到事半功倍的效果。

(七）严禁事必躬亲

事必躬亲是小生产的管理方法,不懂得授权,而满足于自己辛辛苦苦的工作,往往顾此失彼,干不到点子上,实际上是放弃管理职责。管理人员要从日常繁忙的工作中解放出来,增加可控时间,以用到重要的工作上去。

(八）坚持从现在做起的信念

时间管理的目的是为了提高工作效率,取得更大的工作成果。因此,对已经过去的时间不应做过多的追究,应当重视的是今天的工作不能等到明天来做。要时时向自己提出:这项工作的效率能否再提高?

(九）保留自我时间管理的最低批量时间

任何成功的管理者都必须每天或隔一段时间给自己安排一段最低批量的自我时间管理的时间,用以计划、检查、总结自己的时间管理状况。

(十）列出不该办理的事项

时间管理的一个重要原则就是决定不做哪些事。其实,一旦有了清晰的目标就应该知道哪些事不该做,因为不该办理的事项与应该办理的事项相比,相对内容较少,所以列出它更具有操作性。比如:早上 10 点之前不回任何电话;晚上 7 点之后不工作;除了 A 项目之外不分心处理不相关的事情;收发电子邮件的时间不超过一个半小时等。

(十一）拒绝意外干扰事项

对于非工作性质或离工作目标甚远的意外干扰事项,应不予理会,这样才能专注地做好某一项具体工作,不至于引起思维或逻辑上的混乱。

边学边练

你认为以下 5 种情况,哪些是不可预料的事件?哪些是可以避免的?出现这些情况该怎么办?

1. 老板指派你负责一个新项目,而且提醒你接下来的几个星期会非常忙碌。
2. 你的朋友寄了一封电子邮件,告诉你有一个网站很不错,要你一定进去看看。你点击了该网址,花了几分钟浏览这个网站。
3. 某位客户打电话给你,要求你立刻赶到他们公司。
4. 老板要求你在下班前完成某件工作。
5. 你必须立即丢下手头的工作,赶快到便利商店买纸杯,因为 10 分钟后的会议上要用。

评析:

1.老板让你负责的新项目不是意料之外的事,这个项目将会是你的工作重心。换句话说,你必须重新调整工作的优先级。但是,你也必须向老板说清楚,哪些工作会因此受到影响,需要延后完成。

2.这封信完全是意料之外的事,而且是一种干扰,不应该马上理会。

3.客户的电话是突如其来的干扰,但也不必马上赶到客户那里,先了解一下情况再作决定吧。

4.如果老板不时地要求你紧急处理某件事情,你应该说明自己的难处。

5.这种情况完全可以避免。如果在前一天充分准备,就不会出现手忙脚乱的状况。

(资料来源:中原.时间管理的艺术[J].秘书,2007(1))

(十二)学会创建最佳工作方法

最佳工作方法可以使我们减少时间的浪费,提高工作效率,办公室工作人员在工作中应不断地寻求和总结最佳工作方法。比如,通常情况下办公室工作人员会将名片按照产业或职务类别进行归档,而实际工作中,他们常常需要用到某些固定客户的名片,这样查找起来就费时费力,不妨采取将最近联系人集中在一起的归档方法,等项目完成之后再归类放进名片簿中。

小结

合理利用时间是一种好习惯,而习惯是人类向环境学习的产物,是完全可以通过一定时期有意识地养成的。本章主要介绍了时间管理的概念及意义、时间管理理论的发展历史、有效时间管理的基本要求、办公室时间运筹的基本原则和方法、办公室工作时间运用的基本方法和艺术技巧。其中,设定目标在时间管理中具有决定性的作用。设定目标要依据SMART原则。办公室人员只要按上述原则和方法去管理时间,并持之以恒,就一定能养成合理利用时间的习惯。

复习思考题

1.史密斯法则主要包含哪些内容?

2.试述帕累托定律在办公室工作中的应用。

3.进行有效时间管理,在个人素质上有哪些基本要求?

4.进行有效时间管理和运筹主要有哪些方法?

实训题

1.某秘书周一要完成的工作如下,请你用目标时间管理法帮她安排一下时间:
- 给某客户打电话,与对方沟通上司下周四与他约会的事宜;
- 复印下午部门经理会议的资料;
- 向人力资源部门写报告,申请今年的休假日;
- 复印一份给客户的复信以备存,原件邮寄对方;
- 拆封、分类和分发邮件;
- 布置下午使用的会议室,准备茶水和咖啡;
- 将财务部新发的办公经费报销规定复印备份,原件放置在传阅夹给部门同事传阅;
- 为上司预订周末去天津的火车票(北京出发);
- 接待3位访客,接打4个电话。

2.将下列事项用时间管理ABCD法归入表3-8内。
- 预防措施;
- 限期完成的任务或会议;
- 准备工作;
- 不速之客;
- 紧急状况;
- 某些会议;
- 广告函件;
- 无聊的应酬。
- 人际关系的建立;
- 突发事件;
- 增进自己的能力;
- 干扰电话;
- 亟待解决的问题;
- 许多迫在眉睫的琐事;
- 电话;
- 制订计划。

表3-8 时间管理ABCD法运用

顺　序	重要程度	任务描述	解决方法	时间安排
A	重要而紧急			
B	重要不紧急			
C	紧急不重要			
D	不重要不紧急			

拓展向导

1.办公室时间管理方法

(1)有效管理时间的十八种方法:http://www.360doc.com/content/11/1115/20/

2006953_164621925.shtml.

陶渊明有诗:盛年不重来,一日难再晨。及时当勉励,岁月不待人。该文分析了浪费时间的十大原因,推荐了有效管理时间的18种方法。

(2)《番茄工作法图解:简单易行的时间管理方法》:诺特·伯格著,大胖译,人民邮电出版社2012年版。

该书介绍了时下最流行的时间管理方法之一:番茄工作法。作者根据亲身运用番茄工作法的经历,以生动的语言,传神的图画,将番茄工作法的理论和实践呈现在读者面前。

(3)办公室时间管理的一般方法:http://www.doc88.com/p-084411831210.html.

该文介绍了十种办公室时间管理的方法,便于掌握、运用,可提高工作效率,达到事半功倍的效果。

2.相关资源

职场人生——铁血论坛:http://bbs.tiexue.net/default.htm?ListUrl=http://bbs.tiexue.net/bbs114-0-1.html.

该论坛话题涉及职场中多方面的问题,可供读者更好地了解职场,掌握职场生存技能。

第四章　办公室用品管理

学习目标

- 识记：办公用品的类别、预算方案的制订原则
- 了解：怎样确定预算的核算基数、政府采购的主要方式、库存管理
- 明确：预算的程序、采购程序和用品发放
- 掌握：扫描仪、打印机、复印机和刻录机的使用与保养方法

小到笔墨纸张，大到电脑、复印机等办公用品，都是办公的常用工具。加强和规范对办公用品的预算、采购、发放、领用、保养等环节的管理，可以使组织达到压缩开支、强化管理、树立形象的目的。本章将讲述办公用品的预算、采购、库存管理知识，择要介绍扫描仪、打印机、复印机和刻录机的使用与保养方法。

第一节　办公用品预算

一、办公用品的类别

（一）纸簿类

纸簿类用品主要有：A4、B5等各种类型的办公用复印纸，带组织抬头的信纸，普通白纸，复写纸，便条纸，留言条，标签纸，牛皮纸，专用复写纸，大、中、小及开窗信封，笔记本，速记本，记录本（如会议记录本）、专用本册（如现金收据本）等。

（二）笔尺类

笔尺类用品主要有：铅笔、圆珠笔、钢笔、彩色笔、白板笔、橡皮、各种尺子、修正液等。

（三）装订类

装订类用品主要有：大头针、曲别针、剪刀、纸刀、美工刀、打孔机、订书机、订书

钉、橡皮筋、胶带、起钉器等。

（四）归档用品

归档用品主要有：各种文件夹、文件篮、档案袋、档案盒、日期戳等。

（五）办公设备专用易耗品

办公设备专用易耗品主要有：打印机色带、墨盒、复印机用墨盒以及计算机用光盘等。

（六）办公设备

办公室常用办公设备主要有：电脑、空调、打印机、电话机、复印机、传真机、一体机、空调、碎纸机等。

二、预算方案编制原则

对组织办公用品使用的品种与数量，在使用以前要进行预算。预算既有年度预算，也有具体项目预算，每种预算都要遵循以下原则及其方法。

（一）真实性原则

采购费用的预测必须以实际的市场调查为依据，对每一用品的数字指标运用科学合理的方法测算，力求各项数据真实准确。

（二）重点性原则

预算编制要做到合理安排各项资金，优先保证重点支出。预算安排要先保证基本支出，后安排项目支出；先重点、急需项目，后一般项目。

（三）目标相关性原则

采购的用品应与办公活动的任务目标相关，保证实现办公目标。

（四）经济合理性原则

预算应经济合理，在不影响任务目标的前提下，力求合理安排办公经费，提高资金的使用效率。

三、预算的程序

（一）确定预算的核算基数

确定预算的核算基数就是要确定采购费用的总额。要根据办公活动的实际需要、具体项目的目标、组织的财力等因素统筹安排。可以参考上一年度以及类似项目的实际支出,确定一个核算基数与比例。有些办公设备高、中、低档的差价非常大,确定了总额之后,基本上就能确定所购设备的档次。

(二)进行市场调研

可以通过上网、市场比较等多种方式,了解所要采购产品的型号、价格、功能等详细信息。对于以前从未购置过的某种办公设备、大型专用办公设备或批量购买,要对多家供应商进行比较,调查的信息要全面,如可比较设备的性能、功效、价格、付费方式、供货时间、交货方法、售后服务以及供应商的信誉等,根据实际需要综合确定。

(三)确定采购用品种类及价格

根据总额与调研结果,确定购买何种用品以及用品的型号、价格。在选定购买用品时要明确以下问题:

1. 此次采购是要解决什么问题?
2. 这些采购的用品是不是必需的?
3. 可选择的用品有哪些?有没有比目前更经济、更高效的方案?
4. 各项用品的重要次序是什么?
5. 从实现办公目标的角度考虑到底需要多少资金?

(四)编写预算方案

预算方案要进行科学的可行性论证,提出项目的效益目标、技术标准、动用的公共资源、支出标准和测算依据等。

(五)征求意见,完善方案

编制好的预算方案要交使用部门征求意见,进行协商。对预算方案进行修改完善后报上司审批,然后再执行。

四、确定预算的核算基数

一般而言,在具体的预算编制过程中,有两种预算方法可供选择。

(一)传统预算法

传统预算法是指承袭上年度的经费,再加上一定比例的变动。这种预算法核算比较简单,核算成本也较低,国内的很多组织都采用这一方法。传统预算法的逻辑前提是上年度的每个支出项目均为必要,而且必不可少,因而在下一年度里都有延续的必要。

> **××公司办公用品预算控制方案**
>
> 为帮助各部门更好地控制办公用品预算,根据各部门办公用品的实际领用情况,特制订本公司办公用品预算控制方案。
>
> 一、办公用品购置
>
> 1.办公用品由行政事务部统一添购,各部门可提出需购买办公用品的品牌、型号等建议,并对使用情况进行反馈,由行政事务部、财务部共同审核决定购买各指定产品。
>
> 2.如需购置特殊办公用品,或者大量领用信封、包装袋、光盘等办公用品,请提前1~2天通知行政事务部。
>
> 二、领用品种
>
> 1.各部门可随时领用部门所需的办公用品,具体品种参照附件一各部门领用品种清单。
>
> 2.节目部和市场部在其预算内可领用刻录光盘及相应包装,其他部门员工在一般情况下不可领用。如经节目部或市场部相关人员授权,可代为领取急需的光盘或包装。
>
> 3.领用人需在本部门的办公用品领用单上填写领用日期、产品、数量,并签字确认。
>
> 三、超预算预警措施
>
> 1.每月底由行政事务部出具办公用品结算清单,各部门负责人核对无误后,签字确认。
>
> 2.连续2个月超过预算成本的部门,行政事务部将口头通知该部门负责人,告知主要超预算的领用物品。
>
> 3.对于季度考核仍超预算的部门,行政事务部给出书面通知,并向总经理汇报该情况。

这种预算方法容易导致一些不良倾向:每次开始做预算时,往往会以上年实际支出为基础,再增加一笔金额,然后作为新的预算提交领导审批;主持审批的领导,明知预算里有水分,但因无法透彻了解情况,只好不问青红皂白,大砍一刀,而这种"砍一刀"的做法,使有经验的人员有意把预算造得大大超过实际需要,以便"砍一刀"后还能满足需要。最终的结果常常是预算确定下来后,几乎人人都不满意,钱花了不少,却效果平平。

(二)零基预算法

零基预算是以零为基数编制的预算。它的全称叫作"以零为基础的编制计划和预算的方法"。这种方法在编制预算时是从零开始,以零为起点的,根据组织目标,重新审查每项活动对实现组织目标的意义和效果,并在"费用-效益"分析的基础上,重新排出各项管理活动的优先次序。资金和其他资源的分配是以重新排出的优先次序为基础的,而不是采取过去那种外推的办法。

零基预算的优势在于:

1.有利于管理层对组织的活动进行全面审核,避免内部出现不合理、不必要的费用的支出。

2.有利于提高主管人员计划、预算、控制与决策的水平。

3.有利于将组织的长远目标和具体目标以及要实现的效益三者有机结合起来。

零基预算法的缺点是无法广泛推广,它需要花费大量的人力、物力和时间,而且在安排项目的优先次序上难免存在着相当程度的主观性。

传统预算法和零基预算法各有优缺点,因此,在实践中采用哪一种预算方案要根据组织的实际情况来确定。

五、编制预算方案的注意事项

一是要进行调查研究:编制预算方案之前一定要进行调查研究,根据本组织以及市场实际情况认真进行测算。预算的编制一定要实事求是,不能虚报价格。

二是注意性价比:不要一味追求高档的办公用品或设备,要根据组织的实际工作需要选配合适的品种。

三是购置必需品:要购置的办公用品或设备必须是当前或预期所必需的,并且要考虑与原有设备的匹配关系。

四是要考虑存放位置:事先安排好新购置的设备所放置的位置,要安全可靠且有利于工作流程的进行。

五是选择好供应商:对不同供应商,要从各个方面进行认真的比较,选择出最适宜的供应商。

六是要征求各方意见:预算方案的编制要注意征求各方面的意见,做到方案切实可行。

第二节 办公用品采购

采购办公用品要根据预算种类和数量进行。

一、获得办公用品使用权的方式

获得办公用品使用权主要有购买、租用两种方式。

(一) 购买

购买的优点在于办公用品归购买者所有,使用方便。一般的办公用品如笔墨纸张等低值易耗品都采用购买的方法。

(二) 租用

租用的优点在于最初的费用较低,费用可以由不断获得的利润进行补偿,在新的设备上市时,可以随时进行更换和升级。

租用的缺点在于如果租期较长(如几年),支出的费用将会较高,甚至超过购买的费用;如果在租赁合同到期之前终止合同,违约金将会很高。

一般价值较高的电脑、复印机等办公设备可采用租用的方法,也可以采用购买的方法,各组织应根据自己的实际情况选择设备使用权的获得方式。

二、政府采购概述

政府采购是各级国家机关、实行预算管理的事业单位和社会团体以购买、租赁、委托或雇用等方式获取货物、工程和服务的购买行为。

政府采购的主体包括采购机关和供应商。采购机关分为集中采购机关和非集中采购机关。供应商是指具备向采购机关提供货物、工程和服务能力的法人。

目前,我国已经开始建立规范的政府采购制度。《中华人民共和国政府采购法》、《政府采购招标投标管理暂行办法》、《政府采购合同监督暂行办法》及《中华人民共和国招标投标法》等法律法规的实施,标志着我国政府采购制度规范的启动,体现了党中央、国务院和全国人大对推进政府采购制度改革的信心和高度重视,具有深远影响。

常用的政府采购方式有传统采购和网上采购两种方式。

(一) 传统采购

我国传统的政府采购主要有5种方式,即公开招标、邀请招标、竞争性谈判、询价和单一来源采购。公开招标采购是指采购机关或其委托的政府采购业务代理机构(统称招标人)以招标公告的方式邀请不特定的供应商(统称投标人)投标的采购方式。邀请招标采购也称选择性招标,是由采购人根据供应商或承包商的资信和业绩,选择一定数目的法人或其他组织(不能少于3家),向其发出投标邀请书,邀请他们参加投标竞争,从中选定中标供应商的一种采购方式。竞争性谈判采购是指采购人或代理机构通过与多家供应商(不少3家)进行谈判,最后从中确定中标供应商的一种采购方式。询价采购是指采购人向有关供应商发出询价通知书让其报价,然后在报价的基础上进行比较并确定最优供应商的一种采购方式,也就是我们通常所说的货比三家。单一来源采购也称直接采购,是指采购人向唯一供应商进行采购的方式。单一来源采购适用于达到了限购标准和公开招标数额标准,但所购商品的来源渠道单一,或属专利、首次制造、合同追加、原有采购项目的后续扩充和发生了不可预见的紧急情况不能从其他供应商处采购等情况。一般情况下,达到财政部及省级人民政府规定的限额标准以上的单项或批量采购项目,应实行公开招标采购方式或邀请招标采购方式。

与国际社会所追求的目的相同,我国政府也是为了规范政府采购行为,加强财政支出管理,提高财政资金使用效益,促进经济和社会发展等而建立政府采购制度。政府采购应当遵循公开、公平、公正及维护公共利益的原则。

(二)网上采购

网上采购是指政府集中采购项目通过因特网发布采购信息、接受供应商网上投标报价、网上开标以及公布采购结果的购买过程。

网上采购相对于传统采购最主要的区别是,网上采购以计算机网络技术特别是因特网为工具,把采购项目的信息公告、发标、投标报价、定标等过程放在互联网上进行,采购相关的数据和信息实现了电子化。

网上采购作为一种先进的采购方式,其优点主要有:减少了采购需要的书面文件材料,减少了对电话、传真等传统通信工具的依赖,提高了采购效率,降低了采购成本;利用网络开放性的特点,使采购项目形成了最有效的竞争,有效地保证了采购质量;可以实现电子化评标,为评标工作提供了方便;由于需要对各种电子信息进行分析、整理和汇总,可以促进政府采购的信息化建设;使采购程序的操作和监督更加规范,大大减少了采购过程中人为因素的干扰;更加符合信息时代对政府采购的要求,促进政府采购与电子商务相结合。

一般来说,财政部及省(自治区、直辖市)级政府财政部门为政府采购的管理机关,负责合同的监督管理。

连云港市政府采购:全程"电子化"操作

作为政府开支的"监督员",连云港市政府采购中心全力加大电子政务操作,有力促进了政府采购工作的高效化和操作流程的规范化。

为防止"人为"因素的干扰,连云港市政府采购的所有流程都实行了电子化操作。

一是将采购立项、任务分配、采购文件制作、信息发布、合同管理等各个工作环节均实行电子化操作,实现每个环节之间责权分离,互不隶属,相互制衡,减少了人为因素。

二是设立政府采购资金专户,由财政局代为管理,与采购中心实现网上资源共享,资料互传,确认采购资金的入账与拨付,确保采购资金及时拨付到位。

三是实行网上供应商登记准入制度。要求所有的供应商均通过政府采购网进行注册,经审核后进入市级政府采购供应商库,使标书的上传与下载、合同的签订与资料归档全部实现网上操作,政府采购资料实现网上备案,实现电子档案与纸质档案并存"双保险"。

四是中标结果及中标成交供应商相关信息资料上网公布。通过严密的电子化网络工作流程,每个环节既实现了无纸化办公,提高了工作效率,又促进了阳光采购的透明化,有效防止了商业贿赂现象的产生。

(资料来源:中央政府采购网,www.zycg.gov.cn)

采购机关分为集中采购机关和非集中采购机关。

集中采购机关为采购代理机构,是非营利事业法人,根据采购人的委托办理采购事宜。集中采购机关进行政府采购活动,应当符合采购价格低于市场平均价格、采购效率更高、采购质量优良和服务良好的要求。

非集中采购机关是指各预算单位,负责自行组织本单位除集中采购业务范围之外的采购项目,主要是小额采购和非通用商品的采购。

三、采购程序

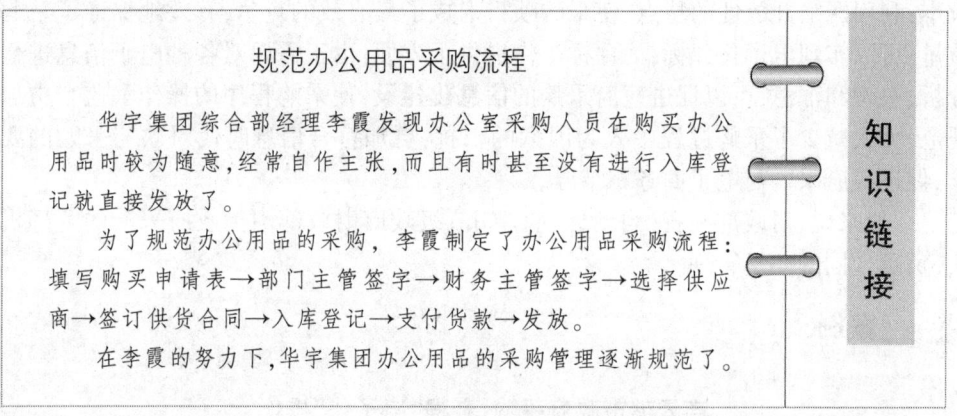

办公用品与设备的采购一定要严格遵照程序进行,各个环节都要严格把关,以确保办公经费的合理使用。为此,要坚持以下采购程序。

(一)提出购买申请

由需要购买设备、用品的人或部门填写办公设备、用品申购表,说明需要该设备的理由及具体的型号、数量等内容,并由部门领导签字。

一般来说,采购内容要与预算相符,如不相符,必须由部门领导和组织主管领导签字。

（二）审批、落实经费

申请表填好后，交财务部门进行综合平衡，确认采购经费来源。财务主管签字后交采购人员。

（三）招标、选择供应商

采购人员向供应商发出购买需求，各供应商提供报价单。采购人员进行比较、筛选，最终选定供应商。

若是大额采购，一般实行招标采购，按以下程序进行：
1.在报刊或网络上发布招标公告，接受投标报名。
2.起草招标文件，交领导审定，由招标领导小组确定入围投标供应商名单。
3.向入围供应商发招标文件，并在规定时间、地点接受投标文件。
4.组织开标评标，由使用部门、财务等部门派人负责评标，根据评标结果确定中标单位。

（四）签订供货合同

选择好供应商后，与其签订供货合同。合同中应详细规定所订购货物的型号、规格、数量、售后服务等细节，约定供货方式、交货方式与付款方式等，由双方签字盖章。依据合同，双方填写订货单与交货单。

（五）货物入库

合同签订后，采购人员负责督促，确保货物能够按申购部门要求的时间及时到货。

收到供应商的货物后，要对照交货单和自己的订购单检查货物，使用部门要及时组织验收，确认采购的用品是否符合要求。

采购人员要根据收到的货物填写入库单，库房人员要签字确认，以表示货物进库。

（六）支付货款

会计部门收到发票后，对照交货单、入库单和订购单，确认三单货名、数字相符，经财务主管签字批准，支付货款。

四、采购注意事项

采购中要注意以下事项：

第一，在自己的职权范围内，依照规定的程序进行购置，要多征求使用者的意见。

第二,按照采购程序与供方确定购货内容、总费用、交货和售后服务等事宜,形成整套购买文件。

第三,按照进货验货程序检查所购设备和办公用品的型号、质量、数量、价格及相应单据。若发现提供的货物或票据不符合,要立即与供应商联系。

第四,按组织规定与财务部门办理购买货物的相关文件及单据。

五、表格示范

(一)申购表

办公设备、用品申购表如表4-1所示。

表4-1 办公设备、用品申购表

日期:　　　　编号:

申购人			申购部门			
设备清单	序号	设备、用品名称	规格型号	数量	单价	备注
申购理由						
部门意见					主管签字:(盖章)　年　月　日	
财务部门意见					主管签字:(盖章)　年　月　日	
领导意见					主管签字:(盖章)　年　月　日	

(二)订货单

订货单如表4-2所示。

表 4-2　订货单

订单号： 供货单位： 联系人： 电话： 地址：					购货单位： 联系人： 电话： 地址：			
序号	型号	规格	单位	单价	总价	付款周期 （天）		备注
合计	人民币小写：				人民币大写：			
收货 资料	收货人：		电话：			提货方式： □自提　□送货上门		
	交货时间：							
	收货单位：							
	交货地址：							
备注								
经办人：			购货单位公章： 年　月　日			供货方确认： 回复时间：		
审批签字：								
审批日期：								

(三) 交货单

交货单如表 4-3 所示。

表 4-3　交货单

送货单位名称： 客户名称： 送货日期：				收货日期：	
序号	品名/规格	采购/订单号	交货数量	实收数量	备注

续表

送货人：　　　　　　　　　　　　　签收人：
随货发票：□有　□无　发票号码：

第三节　办公用品库存管理与发放

一、库存管理

了解办公用品从采购到入库的程序后，还要对入库的用品进行日常管理，并对库存量进行控制。

（一）库存管理的流程

库存管理的流程主要分为保管、流转和盘点三个环节。为加强库存的管理，有效降低存货管理风险，各个环节都要严格遵照规定进行。

1.库存保管环节。存储要按照各办公用品所要求的存储条件保管，并做好安全防护建设，完善防虫、防火、防潮、防盗、防变质等工作。要有序分类存放各办公用品，按照不用类型、批次、型号、用途存放，保证出入库的效率，防止周转成本的浪费。

2.库存流转环节。流转分为出库和入库两种情况。应明确出入库的审批权限，与领用人和送货人当面核对、签字确认，健全手续，做到单据齐全。

3.库存盘点环节。要定期和不定期地进行库存盘点，及时检查存货质量，以便及时处理，减少损失。及时检查存货余额，对盘点中发现的盘盈、盘亏、毁损和闲置等情况进行相应处理。

（二）库存管理的作用

1.保证大量的资金不被不必要的库存占用。
2.保证空间不被用来存储不必要的货物。
3.能监督个人和部门对用品的使用。
4.保持充足的库存，以保证组织的顺利运作，避免由库存短缺而引起的工作延迟。
5.如有偷窃和破坏造成的损失，可利用准确的库存进行估价。

（三）最大库存量、最小库存量和再订货量

1.最大库存量是为防止用品超量存储而保存该项用品的最大数量，库存用品的数量在任何时候都不能超过这个最大量。它使资金不被过多地滞压在库存用品上，能节约宝贵的库存空间，并使库存用品得到及时利用。在确定这个数字时要考虑到办公需要、费用、存储空间和保存期限。

2.最小库存量是为防止用品全部消耗完而保存的该项用品的最小数量，当库存余额达到这个数量时，必须采取紧急行动检查是否已经订货，并与供应商联系，确定可以接受的交货时间。紧急时有必要向供应商紧急订购，以保证其在很短的时间内就能交货。

3.再订货量，也称重新订购线，这是提醒购买者库存需要重新订购的标志，当库存余额达到这个数量，必须订购新的货物来使余额达到最大库存量。这个数字由用品的平均使用量、用品交货时间的长短决定，一般用下面的公式计算：

$$重新订购线 = 日用量 \times 运送时间 + 最小库存量$$

例如，每天要用去半包 A4 复印纸，运送时间需要 6 天，最小库存量是 10 包，重新订购线就是：$0.5 \times 6 + 10 = 13$ 包。

(四)利用库存卡进行管理

库存记录可以用手工记录在一连串的库存记录卡片上，每一种用品都要有一张库存卡。库存卡用以登记、接收和发放用品，并使管理人员随时掌握用品的最大库存量、最小库存量和再订货量。库存控制卡上的内容主要有：

1.项目。库存项目要准确描述，包括大小、颜色和数量，如 A4 复印纸。

2.单位。这是指货物订购、存储和发放的单位，如盒、包等。

3.库存参考号。给每一用品的库存位置编号，使其便于存取、发放。例如，C40，即柜子编号 C，架板编号 40。

4.最大库存量。一项用品应该存储的最大数量。

5.再订货量。当库存余额达到这个水平时，必须订购新的货物。

6.最小库存量。当库存余额达到这个水平时，必须采取紧急行动检查订货情况，确保很快交货。

7.日期。必须记录所有行动的日期。

8.接收。记录所有接收信息，包括发票号和供应商的名字。

9.发放。记录清楚发放用品的数量，所发放用品的申请号和用品发给的个人/部门。

10.余额。在每一次处理后计算用品库存余额。在用品接收时，在余额上加上接收的数量，用品的发放将从余额中减去发放的数量。余额应该代表库存用品的实际数量，并用于执行库存检查。发现差异要通知和报告给管理人员。

库存的每一项都应该记录在库存控制卡片上。办公室人员在每次用品发放或接收时填写这张卡片，并记录该项库存的余额。

办公室人员应学会填写库存卡，保证填写的办公设备和办公用品的进货卡、出货卡和库存卡三卡一致。

库存卡样式如表4-4所示。

表4-4　库存记录卡

库存参考号： 项　目： 单　位：					最大库存量： 最小库存量： 再订货量：				
日期	接　收				发　放				
	品名	数量	发票号	供应商	品名	数量	领用人	存额	备注

（五）利用办公用品软件进行库存管理

下文"办公用品软件简介"部分将对此加以介绍，这里不再述及。

二、用品发放

（一）办公用品发放流程

1.领用申请表。无论何人领取办公用品，都必须填写用品领用申请表，务必填清楚领用用品的名称与数量。申请表必须要有部门领导的签字才能生效，办公室人员必须对此进行把关。另外，领用人与发放人都应签字以备查。

2.发放用品。依据用品领用申请表中注明的名称与数量发放办公用品，发放的用品名称与数量必须与申请表一致，不得任意增加或减少。

3.更新库存记录，制作备案清单。用品发放后，办公室人员必须及时更新库存记录，记下新的余数，以便能够及时掌握用品的供应状况。分发了什么，发给了谁，办公室人员都要留一张清单。备案清单包括领用用品的时间，用品名称、数量，领用人姓名、联系电话（方式）等内容，在发放时应要求领用人签字。这样，即使在一两个月甚至更长时间之后，也能清楚地知道谁领走了什么东西，各种用品什么时候可能会用完。

（二）利用办公用品软件进行发放

详见"办公用品软件简介"部分。

（三）注意事项

发放办公用品时，必须要注意以下事项：

1.由专人发放。应由秘书或指定的人员负责发放,不能让员工随意取用。

2.发放时应遵循组织的办公用品发放制度以及其他制度的规定。

3.发放用品时,必须依据部门事先填写且有该部门领导签字的领用申请表才能发放。

4. 根据先进先出原则发放物品,以避免物品的损坏。

5.紧急需要用品时必须有相应的程序处理。

6.制作备案清单,清点核实发放的办公用品。

7.用品的发放要对重要部门实行倾斜政策,要优先改善这些部门的工作环境和工作条件,让他们把精力集中在完成好工作任务上。对办公用品消耗大的部门也要给予支持。

阅读材料

某学院办公用品管理办法

1.为确保教学要求,学院后勤处负责办公用品的计划、采购、发放、管理及办公资金的控制工作。

2.后勤处根据年度工作计划,编制年度办公用品的预算计划,由院长(常务副院长)审核批准后实施。

3.遵循"成本最低,质量最佳"的原则,选择采购供应方,并列入合格供方名录,按物资采购控制程序规定管理供应方。

4.各部门申购的办公用品,在每月 25 日前填写"办公用品申领计划表",交后勤处汇总。

5.后勤处根据汇总和库存储量信息,确定当月实际需要采购的办公用品名称、数量、金额、价格、规格后,依照最低存量原则指定专人实施采购。

6.采购和领用办法:

(1)对消耗品实行按需采购,节约领用。

(2)对管理消耗品实行按需申购,限量领用。

(3)对办公用品实行计划订购,负责到人(部门)。

(4)对急需品实行急需急购,上门服务。

7.采购的办公用品到货后,由仓库保管员按送货单进行验收,经核对(名称、规格、数量、单价、金额、质量)无误后,在送货单上(一式二联)签字验收,然后将送货联留存归类,另一送货回单联交送货人带回送货单位做结算凭据。

8.办公用品进仓入库后,仓库管理员按物料种类、规格、等级、存放次序等分区堆码,不得混乱堆放,并由记账员按送货单序号和货单内容在办公用品收发存账册上进行登录。

9.采购员收到供货单位发票后,须查验订货单位合同,核对所记载的发票内容并在发票背面签字认可后,交仓库开具验收入库单。之后,携验收入库单结算发票以及开列的支付传票,交主管领导审核签字后,做好登记,最后交财务处负责支付或结算。记账联由记账员做记账凭证并归档。

10.办公用品采购入库后,由后勤处按"申购单"通知相关部门办理办公用品的领用手续。

11.领用办公用品时:
(1)需持有效定额价值的资金卡;
(2)需持盖有部门代码章的领料单;
(3)领料单填写应规范、清楚,不得涂改;
(4)领用人签字,部门负责人审核签字;
(5)凭符合上述四点的领料单向仓库保管员领取办公用品,并当面点清。

12.领用后的记账结算:
(1)领料单一式四联,三联撕下后交仓库保管员,一联由各部门带回自行保管;
(2)领用联由仓库保管员留存、归类;
(3)记账联由记账员凭单入账;
(4)结算联由记账员逐部门、逐项汇总结算;
(5)每月25日前由记账员将统计汇总后的领料单据汇订成册,制表后交财务处统一向各部门结算,划扣资金卡;
(6)办公资金卡扣除领用金额后归还各部门,以求达到最佳的资金控制状态。

13.办公用品库存应定期进行盘点,一年两次,要做到账物相符、账账一致,如出现盘盈或盘亏,应查找原因,调整台账。

14.对库存的办公用品应进行规范堆放,标志清楚,定期清扫与整理,并采取必要的防虫、防潮、防火、防盗的安全措施。

15.对过时、失效、报废的办公用品,要填写报废单,填清楚名称、价格、数量、金额、报废原因等项后,经审核批准方能报废。

16.凡与采购、申领、入库、验收、盘点、结算、送货单据、领用单据、报表合同等办公用品采办、领用相关的管理记录凭证,都应按月归类后归档保存。

17.年终时,对供需方提供和被提供的服务质量的有关数据进行分析,终止严重不合格的供方供货,改进对教学部门的服务。在年终总结的基础上,使办公用品采办、领用、管理工作与时俱进,更好地为教学需要服务。

三、办公用品软件及功能

办公用品的管理是办公自动化管理的一个重要内容,许多公司开发的办公自动化管理系统都具有办公用品管理的功能,也有一些软件公司开发了独立的办公用品调配管理软件,目前市场上这类软件较多,各组织可根据自己的实际情况选用。

虽然各种软件具体的使用方法有所不同,但其功能大同小异。这类软件致力于解决的问题是组织内部办公用品资源和人员之间的调配。利用软件可以详细登记办公资产编号、名称、配置、单价、数量、金额、购买单位、存放位置和资产图片信息等,可以登记办公资产的使用人,可以查询办公资产的借、领、还历史记录,可做到责任明确到人。大多数软件还提供详细的人事档案管理功能,按部门登记员工资料,这样能够做到办公资产和人员之间调配的自动化更新。

以日常办公用品的管理为例,软件一般包括登记、领用、库存三大功能。

(一) 登记

办公用品登记模块主要用于登记各种办公用品的入库情况,记录每次购进的用品种类、用品品种、品种名称、品种数量、价格、购买日期及地点、有效期限、经办部门、经办人等相关信息。此模块包括办公用品的信息登记、修改、查询、删除、打印、预览等功能。

(二) 领用

办公用品领用模块主要用于登记各种办公用品的领用情况,它需要记录被领走的每样办公用品的种类、名称、数量、领用日期、有效期限、领用部门、领用人等相关信息,便于以后对办公用品进行季度、年度的领用库存的管理。此模块包括办公用品的信息登记、修改、删除、查询、打印、预览等功能。

(三) 库存

办公用品库存模块主要是管理办公用品领用后的库存数量(库存数量=接收件数-发放件数)。采购部门根据领用库存数据,决定何时该购买何种办公用品及其购买数量等。

总之,办公用品管理软件能够有效地控制内部办公用品设备的管理和调用,大幅度地提高办公效率和水平,有效地减少资产的浪费和流失,是组织正常运作和管理中不可缺少的工具。

第四节 办公设备的使用与保养

一、扫描仪的使用与保养

扫描仪是除键盘和鼠标之外被广泛应用于计算机的输入设备,是一种捕获图像并将之转换为计算机可以显示、编辑、储存和输出的数字化输入设备。

(一)操作方法

1.安装扫描仪。扫描仪的安装一般分为硬件连接、安装扫描仪驱动程序、安装扫描软件三个步骤,具体操作如下:

(1)关闭计算机以及与其相连接的所有设备(如显示器、打印机和调制解调器等)。

(2)将扫描仪信号线的一端连接到计算机主机背面接口上,另一端连接到扫描仪上的计算机接口。注意,除了USB接口的扫描仪外,其他接口形式的扫描仪在连接时必须关闭电源。

(3)将扫描仪电源插头插到合适的电源输出插座上,接通扫描仪电源。

(4)打开计算机电源,等待计算机启动完毕。WindowsXP操作系统将自动检测出扫描仪,弹出一个"找到新的硬件向导"窗口,提示安装驱动程序。

(5)安装驱动程序。把扫描仪的驱动盘放入计算机光驱,单击"下一步",操作系统会自动找到光盘里的驱动程序并且安装好;如果没有扫描仪的驱动盘,则可以登录扫描仪生产厂家的网站,下载所装扫描仪的驱动,并解压到硬盘上。选择好已下载的驱动所在路径后,单击"下一步"按钮,系统会自动在指定的路径下查找、安装驱动程序。

(6)驱动程序安装完毕后,再安装扫描软件OCR(文字识别)等需要的软件。购买扫描仪时一般都附赠扫描应用软件,这些软件的安装简单,跟着向导按步骤完成即可。

2.扫描文字。在办公室中,扫描仪最有用的功能是扫描文字,即文字识别OCR功能,把纸介质上的文章通过扫描,转换成可以编辑的文本,这样能大大提高文字录入效率。要实现文字识别,一要安装好扫描仪的驱动和扫描仪的应用软件;二要安装OCR文字识别软件。常见的OCR软件有清华紫光、尚书、汉王等文件识别软件。OCR软件的使用方法大同小异,首先要对文稿进行扫描,然后进行分析识别。一般说来,有以下几个步骤:

(1)扫描文稿。为了利用OCR软件进行文字识别,可直接在OCR软件中扫描文稿。运行OCR软件后,会出现OCR软件界面。将要扫描的文稿放在扫描仪的玻璃面上,使要扫描的一面朝向扫描仪的玻璃面并让文稿的上端朝下,与标尺边缘对齐,再将扫描仪盖上,即可准备扫描。点击视窗中的"扫描"键,即可进入扫描驱动软件进行扫描,其操作方法与扫描图片类似。扫描后的文档图像出现在OCR软件视窗中。

(2)适当缩放画面。文稿扫描后,刚开始出现在视窗中的要识别的文字画面很小,首先选择"放大"工具,对画面进行适当放大,以使画面看得更清楚。必要时还可以选择"缩小"工具,将画面适当缩小。

(3)调正画面。各类OCR软件都提供了旋转功能,使画面能够进行任意角度的旋转。如果文字画面倾斜,可选择"倾斜校正"工具或旋转工具,将画面调正。

(4)选择识别区域。识别时选择"设定识别区域"工具,在文字画面上框出要识别的区域,这时也可根据画面情况框出多个区域。如果全文识别则不需设定识别区域。

(5)识别文字。单击"识别"命令,则 OCR 会先进行文字切分,然后进行识别,识别的文字将逐步显示出来。一般识别完成后,会再转入"文稿校对"窗口。

(6)文稿校对。各类 OCR 软件都提供了文稿校对修改功能,被识别出可能有错误的文字,用比较鲜明的颜色显示出来,并且可以进行修改。有些软件的文字校对工具可以提供出字形相似的若干个字供挑选。

(7)保存文件。用户可以将识别后的文件存储成文本(TXT)或 Word 的 RTF 等格式的文件。

3.扫描图像。驱动装好后,可用应用软件来获得扫描仪扫描的图像。最简单方便的就是用 Windows 系统自带的"画图"软件来进行。当然,也可以用专业的图形图像软件,如 Photoshop 来获得扫描的图像。下面以"画图"软件为例讲解如何获得扫描的图像。

(1)在 WindowsXP 操作系统下,依次单击"开始"→"程序"→"附件"→"画图",弹出"画图"软件的窗口。

(2)单击"文件"菜单栏上的"从扫描仪或照相机"命令,弹出扫描仪窗口,如图 4-1 所示。

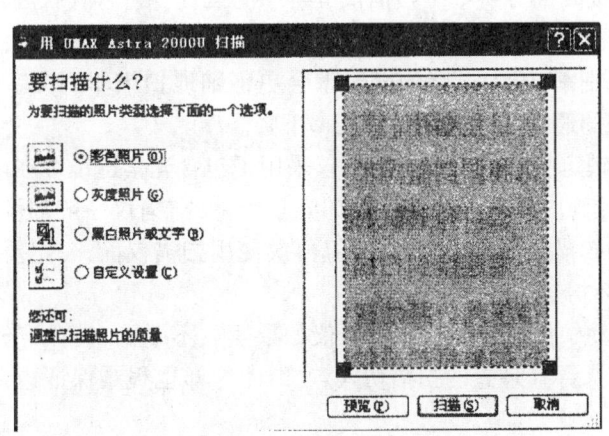

图 4-1 扫描仪窗口

(3)窗口里面有 4 个选项,对应我们要扫描的原稿类型。如果要扫描一张彩色照片,就选"彩色照片"项,把照片放到扫描仪上,盖上盖子,并单击"预览"按钮。此时扫描仪就开始预览,预扫描的图片出现在右侧的预览框中。

(4)移动、缩放预览框中的矩形取景框至合适大小、位置,选择要扫描的区域。选择好后,单击"扫描"按钮,此时扫描仪就开始扫描,屏幕显示扫描进度,如图 4-2 所示。

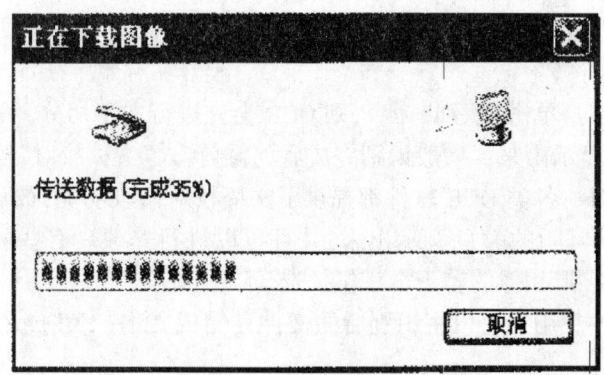

图 4-2　扫描进度提示

(5)扫描完成后,图片就出现在"画图"软件窗口的图片编辑区域,可以对图片进行修改、保存等操作。

(二)注意事项

1.不要带电接插扫描仪。在安装扫描仪,特别是采用 EPP 并口的扫描仪时,为了防止烧毁主板,接插时必须先关闭电源和计算机[①]。

2.不要使用太高的分辨率。扫描仪分辨率的设置,依扫描内容而定,分辨率与识别率并不是成正比的。扫描一般文稿,设 300dpi 左右的分辨率即可。过高的分辨率反而可能降低识别率,因为过高的分辨率会更仔细地扫描印刷文字的细节,更容易识别出印刷文稿的瑕疵、缺陷,导致识别率下降。

3.不要忘记锁定扫描仪。由于扫描仪采用了包含光学透镜等在内的精密光学系统,使得其结构较为脆弱。为了避免损坏光学组件,扫描仪一般都设有专门的锁定/解锁按钮。移动扫描仪前,应先锁住。但再次使用扫描仪前,一定要首先解除锁定,否则,很可能损坏扫描仪的传动机构。

4.不要在震动中使用扫描仪。扫描仪如果摆放不平稳,其在工作的过程中需要消耗额外的功率来寻找理想的扫描切入点,即使这样也很难保证达到理想的扫描仪垂直分辨率。

5.不要频繁开关扫描仪。有的扫描仪要求比较高,在每次使用之前要先确保扫描仪在计算机打开之前接通电源,这样的话,频繁开关扫描仪的直接后果就是要频繁启动计算机,而且频繁地开关对扫描仪本身也是极为不利的。

6.注意扫描仪的清洁。如果扫描仪内有灰尘或污痕,就会影响扫描时的反射光

---

① 扫描仪在工作时不要中途断电,一般要等到其镜组完全归位,再切断电源,这有助于扫描仪电路芯片的正常使用。

线的强弱,从而影响扫描的效果。清洁时注意不要用有机溶剂来清洁扫描仪,以防损坏扫描仪的外壳及其光学元件。可以用一次性使用的特制棉布擦净玻璃,轻轻擦除摄影材料上的灰尘。

7.及时更新扫描仪驱动程序。驱动程序直接影响扫描仪的性能,并涉及各种软、硬件系统的兼容性,为了让扫描仪更好地工作,用户应经常到其生产厂商的网站下载更新的驱动程序。

8.要提前预热一段时间,扫描仪使用时若想获得更好的效果,应在开始扫描的30分钟前打开电源,有些扫描仪能自动提醒并执行预热直至准备好。

(三)常见故障及其解决办法

1.与计算机连接后,程序中出现:找不到扫描仪。确认是否是先开启扫描仪的电源,然后才启动计算机的。

如果不是,可以按"设备管理器"的"刷新"按钮,查看扫描仪是否有自检,绿色指示灯是否稳定地亮着。如答案肯定,则可排除扫描仪本身故障的可能性。如果扫描仪的指示灯不停地闪烁,表明扫描仪状态不正常。先检查扫描仪与电脑的接口电缆是否有问题,以及是否安装了扫描仪驱动程序。此外,还应检查扫描仪是否与其他设备冲突(IRQ 或 I/O 地址),若有冲突,可以更改 SCSI 卡上的跳线。

2.扫描仪的 Ready 灯不亮。打开扫描仪电源后,若发现 Ready 灯不亮,先检查扫描仪内部灯管。若发现内部灯管是亮的,可能与室温有关。解决的办法是让扫描仪通电半小时后,关闭扫描仪。一分钟后再打开它,问题即可迎刃而解。若此时扫描仪仍然不能工作,则先关闭扫描仪,断开扫描仪与计算机之间的连线,将 SCSI ID 的值设置成7,约一分钟后再把扫描仪打开。在冬季气温较低时,最好在使用前先预热几分钟,这样就可避免开机后 Ready 灯不亮的现象。

3.扫描仪指示灯为橘黄色。若打开扫描仪后,其指示灯一直呈橘黄色,则应关闭扫描仪电源,并检查扫描仪电源是否插紧在插座上,以及是否接地。大约一分钟后再打开扫描仪电源开关。

4.扫描时发出的噪声很大。这是扫描仪工作时机械部分的移动产生的,与扫描速度密切相关。根据各品牌机器的具体软件,把扫描速度设置成中速或低速就可以解决问题。

5.扫描仪扫出来的画面颜色模糊。可以从以下方面找原因:

(1)检查显示器设置是否为 16bit 色或以上。

(2)可能是扫描仪的平板玻璃脏了。应将此玻璃用干净的布或纸擦干净。注意,不要用酒精之类的液体来擦,那样会使扫描出的图像呈现彩虹色。

(3)检查扫描仪使用的分辨率是多少。如 300dpi 的扫描仪扫 1200dpi 以上的影像会比较模糊,因为 300dpi 的扫描仪扫 1200dpi 相当于将一点放至 4 倍大。

二、打印机的使用与保养

打印机是计算机系统中最重要的输出设备之一,是一种具有各种控制命令、机电一体化的终端设备,主要用于将计算机运算、处理的结果输出到纸张上。

(一)操作方法

1.安装打印机。打印机的安装主要有硬件连接、软件安装两个步骤。

(1)硬件连接。打印机有信号电缆线与电源线两条连接线。信号电缆用于与计算机的连接。打印机的接口方式主要是并行口和 USB 接口两种,都可以很方便地与计算机连接。

并行口连接之前,要关闭打印机和计算机的电源,否则容易造成设备的损坏。将并行口的 36 芯插头一端,插在打印机的 36 芯插座上。25 针插头的一端,插在计算机主机背板上的 25 孔插座上。接好信号电缆后,再把电源线连接到打印机上。

(2)软件安装。硬件连接好后,安装打印机驱动程序才能正常使用打印机。具体安装步骤如下:

第一步,单击 WindowsXP 的"开始"菜单,选择"打印机和传真"选项,出现"打印机和传真"窗口。

第二步,单击窗口左侧"打印机任务"栏下的"添加打印机"。

第三步,单击对话框中的"下一步"按钮,单击选择"本地打印机"单选项,取消选择"自动检测并安装",然后单击"下一步"按钮。

第四步,在"打印机端口"对话框中,选择"使用以下端口"单选项,然后选择 LPT1 端口,单击"下一步"按钮。

第五步,在"厂商"列表中选择欲安装的打印机制造厂商,然后在"打印机"列表中选择打印机的型号。如果不知道打印机的型号,可以单击"从磁盘安装"按钮,显示"从磁盘安装"对话框,然后将安装盘插入软盘驱动器或光盘驱动器,使用"浏览"找到驱动程序即可。

第六步,根据打印机型号选择好软件后,单击"下一步"按钮,输入一个打印机名,单击"下一步"按钮。

第七步,选单击"完成"按钮即完成了驱动程序的安装。

除上述手动安装打印机驱动程序的方法外,用户还可以使用系统自动检测安装本地打印机。

2.设置打印机属性。安装打印机时,系统会按照默认状态进行设置,用户也可以改变打印机的属性,具体操作方法是:

(1)单击"开始"菜单中的"打印机和传真"命令,打开"打印机和传真"窗口。

(2)右击"打印机"图标,显示快捷菜单。在快捷菜单中选择"属性"命令,屏幕显示如图 4-3 所示的对话框。

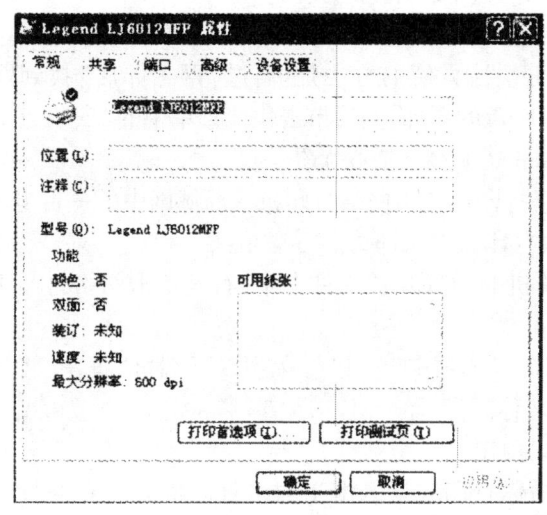

图 4-3　打印机属性设置

(3)在该对话框中可以进行常规、共享、端口、高级和设备设置等设置。

(4)最后,单击"应用"或"确定"按钮,设置完毕。

3.在应用程序中执行"打印"命令。安装好打印机后,在各应用程序中就可执行"打印"命令打印文件,并可选择打印机、打印内容、打印份数以及进行页面等内容设置。

(二)注意事项

定期对打印机内部进行清理,用毛刷清理机舱内部废弃碳粉和电极丝上的碳粉和纸屑。为了延长打印机的使用寿命和使其保持在最佳工作状态,除定期检查和清洁打印机外,还要注意以下几点:

1.保持打印机和环境的清洁,以利于热量散发。不要在打印机上堆放重物,以免对打印的机械部分造成压力。

2.打印机的安放要合适,周围空间要充足。打印机的放置要远离灰尘多、有液体和阳光直射的地方,不要放置在有磁铁或能产生磁场的装置附近。

3.使用针式打印机时,为了防止对打印头的损害,没有纸或色带时,不要打开打印机;正在打印时,不要用手摸打印头。

4.激光打印机的感光鼓在整个激光打印过程中起着重要作用,价钱也较高,要注意保养。墨粉将用完时必须立即加粉或更换感光鼓。

5.较长时间不用打印机时,应把电源线拔下来。

(三)网络打印机使用技巧

许多组织、机关都建立了局域网,使用网络打印机进行打印已是工作学习中的常事。以下是局域网内共享打印机的技巧：

1. 快速安装网络打印机。要安装网络打印机，通常大家都会通过"添加打印机"的方式来实现。但更快捷方便的方法是：通过"网上邻居"找到网络上共享的打印机；右键单击共享打印机的图标，然后单击快捷菜单中的"安装"（Windows 98/Me）命令或"连接"（Windows 2000/XP/2003）命令。

2. 快速更改网络打印机。当网络打印机从局域网中的一台电脑换接到了另一台电脑后，只需要更改打印机端口即可。方法是：

（1）在本地计算机的"打印机"文件夹中，右键单击网络打印机图标，再单击"属性"。

（2）单击"详细资料选项卡"，在"打印到以下端口"框中，将原打印机所在的电脑名称改为新电脑名称。

（3）单击"确定"按钮。

3. 让打印机通知你打印完毕。由于网络打印机对所有的打印命令进行排队操作，所以你的文档何时打印完毕你就难以确定了，于是你经常不止一次地跑到网络打印机处查看。其实，如果你使用的是 Windows2000/XP/2003 系统，有一个让你知道网络打印机何时将你的文档打印完毕的方法，操作步骤如下（以 Windows XP 专业版为例）：

（1）依次单击"开始"→"控制面板"→"打印机和其他硬件"→"打印机和传真"。

（2）单击在用的网络打印机图标，然后单击"文件"菜单中的"服务器属性"，单击"高级"选项卡。

（3）选中"远程文档打印完成时发出通知"复选框，则在文档打印时打印子系统会发送一个通知消息。如果清除"打印远程文档时，通知计算机，不通知用户"复选框，那么该消息会通知用户；如果选中该框，则系统将通知打印文档的计算机，此时你登录到哪台计算机就无关紧要了，该消息将会出现在打印文档的计算机上。

（4）单击"确定"按钮。

（四）常用设置

1. 指定默认打印机。依次单击"开始"→"设置"→"打印机和传真"命令，打开"打印机和传真"窗口。在该窗口中有已安装的多台打印机图标，右击要作为默认的打印机，在出现的快捷菜单中单击"设为默认打印机"命令。

2. 删除打印机。打开"打印机和传真"窗口，选择要删除的打印机图标，单击鼠标右键，在弹出的快捷菜单中选择删除，则删除该打印机。

3. 打印任务管理。单击"开始"→"设置"→"打印机和传真"命令，打开"打印机和传真"窗口。在该窗口中双击"打印机"图标，则显示打印状态的窗口。从打印状态窗口可以对打印任务进行管理，可观察打印队列情况、暂停打印任务以及删除打印任务等。

4.排除"不打印"故障。在软件中选择"打印"命令,有时打印机不响应,产生此故障的原因有多种:

(1)电源线未接到打印机上或没有电源。应检查电源线连接和电源情况。

(2)打印机和计算机之间的数据线连接不正确,断开并重新连接打印机和计算机之间的数据线。

(3)打印机可能处于手动送纸状态,按一下前面板按钮即可。

(4)打印机可能被暂停。从状态窗口或打印管理器将"打印机"菜单下的"暂停打印"选项前的对钩取消,就可恢复打印。

(5)打印机软件未配置正确的打印机端口。检查软件中的打印机选择菜单,确保它访问正确的打印机端口。若计算机有多个并行端口,要确保并行电缆连在正确的端口上。

三、复印机的使用与保养

复印机是比较常见的一种办公设备,它主要用来复印文件、书刊等稿件。

（一）操作方法

使用复印机的具体操作方法如下:

1.预热。打开电源开关,此时复印机进入预热状态,操作面板上指示灯亮,出现预热等待信号。操作面板上相应的指示灯亮或发出声音,表示机器预热结束,接下来便可以进行复印。如果机器没有装入纸盒、纸盒没有纸或机器有卡纸等故障时,复印机将不能进入待机状态,操作面板将显示相应的符号或故障代码。

在复印前应放好复印纸。复印送纸有两种方式:送纸盒自动送纸和手动送纸。一般情况下使用自动送纸,如果制作胶片或纸张较厚,则使用手动方式送纸。

2.检查原稿。拿到复印原稿,应检查原稿的纸张尺寸、质量、数量、装订方式等,做到心中有数。检查原稿的装订方式,可以拆开的原稿应当拆开,这样复印时不会产生阴影。

3.放置原稿。

(1)放置在原稿台玻璃板上。不同型号的复印机放置原稿的方法一般有两种:一种是将原稿放置在稿台的中间;另一种是靠边放置在定位线上。复印前应对复印机的放稿方式加以了解。原稿正面朝下向着玻璃板放置,轻轻盖紧原稿盖板,以防漏光而出现黑边。

(2)使用原稿自动输送装置。原稿自动输送装置可连续、逐一地将原稿输送盒内的原稿送入复印机,提高复印效率。

使用原稿自动输送装置,首先要将原稿对齐放置于原稿输送盒内,如果原稿被夹着或钉着,则应先取下夹子或订书钉。将原稿正面向上,完全推入输送盒,并根据原稿的尺寸调整侧边导板。选择自动输送模式。

4.选择复印纸尺寸。一般复印机具有自动选择纸张模式,在这种模式下,若将原稿放置在原稿输送装置或玻璃板上,复印机会自动检测到原稿的尺寸,并选用与原稿相同的纸张。这种模式只适用于按实际尺寸复印。

当复印尺寸不规则时,例如复印报纸、杂志时,不能自动检测到纸张尺寸时,可以指定所要的尺寸。方法是:根据所需复印件的尺寸要求,将纸装入相应的纸盒里,按纸盒选择键,选中所需复印纸尺寸的那个纸盒即可。

5.缩小与放大。通常,复印机都带有复印缩放功能,调节复印机的复印倍率有以下方式:

(1)固定的缩放倍率,即缩放只有固定的几档,这很容易将一种固定尺寸纸上的稿件经过放大或缩小后印到另一种固定尺寸的纸上去。例如,A4～A3,即将 A3 规格的原稿复印到 A4 纸上。

(2)使用无级变倍键进行无级变倍复印。使用这种方式,可对原稿进行50%～200%、级差为1%的无级变倍缩放。

(3)使用自动无级变倍键,实行自动无级变倍。使用这种模式,机器会根据原稿和供纸盒内的纸的尺寸自动设置合适的复印倍率。

6.调节复印浓度。应根据原稿纸张、字迹的色调深浅,适当调节复印浓度。可以选择自动浓度选择方式进行调整,当采用自动方式不能满足复印的要求时,可以用手动的方式进行调整。原稿纸张颜色较深的,应将复印浓度调浅些;字迹浅、线条细、不十分清晰的,则应将浓度调深些。

7.设定复印份数。输入份数,可以将一份原稿复印出所需要的份数。

8.开始复印。按下复印键,复印机开始复印,自动复印出设定数量的复印件。复印数量显示屏的数值将逐渐递增或递减计数,直至复印结束,显示复位。在连续复印过程中,需暂停复印或需插入新的文件复印时,可以按下暂停键或插入键,这时复印机将在完成一张复印后停止运转。

(二)注意事项

1.复印机工作环境。

(1)电源要求。应使用稳定的交流电,复印机电压为 220V,电源的定额应为 220～240V、50Hz、15A。在安装时与其他电器设备不要同时使用一条电源线路,并使用接有地线的三相电源插座。

为了便于插拔,应将插座放置于机器附近。当较长时间不使用机器时,要拔下电源线。

下班时要关闭复印机电源开关,切断电源。未关闭机器开关不可拔掉电源插头,这样容易造成机器故障。

如果出现以下情况,应立即关掉电源,并请维修人员进行维修:机器里发出异响;机器外壳变得过热;机器部分被损伤;机器被雨淋或机器内部进水。

（2）其他要求。主要注意以下方面：

- 注意防高温、防尘、防震。
- 避免阳光直射复印机，以避免其光材料和电子元件老化失效。
- 环境必须整洁，无粉尘，地面保持干燥。如果粉尘太多，会使复印机的光学系统在使用过程中受污染，使复印件不清晰。
- 要适度通风，因为复印机会产生微量的臭氧。
- 为保证最佳操作，至少应在机器周围留出20cm的空间。
- 不要将复印机放置在不稳定或倾斜的地方。
- 尽量减少搬动复印机的次数。要移动，必须水平移动，不可倾斜。

2. 复印纸的检查。添加复印纸时，先检查一下纸张是否干爽、洁净，然后理顺复印纸，放到与纸张大小规格一致的纸盒里。不能超过复印机所允许放置的厚度。为了保持纸张干燥，可以在复印机纸盒里放置一盒干燥剂，每天用完复印纸后将复印纸包好，放于干燥的柜子内。

3. 复印常见问题与处理。

（1）卡纸。复印机面板上的卡纸信号出现后，需要打开机门或左右侧板，取出卡住的纸张，然后应检查纸张是否完整，不完整时应找到夹在机器内的碎纸。分页器内卡纸时，需将分页器移离主机，压下分页器进纸口，取出卡纸。复印机偶尔卡纸是不能避免的，但是如果经常卡纸，说明机器有故障，需要进行维修。

（2）废粉过多。复印机在成像过程中，会产生很多废墨粉并收集在一个盒中，废粉装满后会在面板上显示信号，此时必须及时倒掉，否则将会影响复印质量。

4. 添加碳粉。当碳粉指示显示红灯信号时，应及时添加碳粉。加粉不及时可能会造成复印机故障。加碳粉时应摇松碳粉并按照说明书进行操作。

5. 其他需注意的问题。

（1）使用前，开机预热半小时左右，使复印机内保持干燥。

（2）在复印过程中一定要盖好盖板，以减少强光对眼睛的刺激。

（3）每次使用复印机后，一定要及时洗手，以清除手上残留粉尘对人体的伤害。

（4）如果复印书籍等装订物，应选用具有"分离扫描"性能的复印机。这样，可以消除由于装订不平整而产生的阴影。

（5）如果复印品的背景有阴影，可能是因为复印机的镜头上有灰尘，此时，需要对复印机进行专业清洁。

（6）保持复印机玻璃台清洁、无划痕，不能有涂改液、指印之类的斑迹，否则会影响复印效果。如有斑迹，使用软质的玻璃清洁物处理。

（三）保养方法

维护保养是提高复印质量、保证复印机正常运转和延长设备使用寿命的重要前提。

1.良好的工作环境。复印机不能在以下地点使用：

(1)阳光直射的地方。

(2)高温或低温潮湿的地方。

(3)通风不良和产生氨气的地方。

(4)空调器、加热器或风扇的排风口处。

2.电源要求：

(1)要使用电压波动很小的电源。

(2)千万不要使用多路插座,把其他机器插在复印机使用的插座上。

3.接地。为了防止漏电情况发生,复印机应永远接地。

(1)连接地线到插座的地线端,遵守当地电力标准的地线接触点。

(2)不能把地线连接到煤气管、电话电线或水管上。

4.使用中的保养。为了保证在最佳条件下使用复印机,请遵守下列预防措施：

(1)绝不把重物放在复印机上,或使其受到打击。

(2)电源插头总是插在插座上。

(3)复印机运行时不要试图拆下固定的任何板或盖,不要关断电源开关。

(4)当连续大量复印时,保证室内通风良好。

(5)不要让任何磁性物品接近复印机。

(6)不要把花瓶或盛水容器放在复印机上。

(7)每天工作后或电源中断时,保证关上复印机电源开关。

(8)小心不要让纸片、书钉或其他小金属物掉进复印机里。

5.定期保养：

(1)接通电源后看一下操作面板上的各种指示灯的状态是否正常,预热的时间是否符合规定。各项正常后,查看复印机启动是否容易,而且整个系统运转是否平稳且噪声低。

(2)逐一按各个操作键——如放大、等比、缩小、插入复印、手工供纸、纸盒的选择等,看复印机能否正常工作。

(3)检查复印的效果,看复印件是否与原稿一样。检查包括底灰情况、图像的分辨率、图像歪斜情况、图像前缘偏移情况、同步情况、复印倍率变化情况、复印图像色调变化情况、有无空白区及无图像区、有无黑或白条纹等。

(4)静电复印机经过一段时间的使用后,其显影部件产生的粉尘、机件的污染和磨损以及橡胶和塑料的疲劳或老化等都会影响到复印机的稳定运转,使复印品的质量下降,严重时甚至造成机器停机。因此,必须对复印机进行定期保养维护,也就是定期对静电复印机的感光鼓、电晕器、显影装置、光学系统、供输纸机构等进行检查、清洁、润滑、调整或更换。排除故障隐患,才能确保复印机运转的可靠性。

6.清洁保养。清洁、保养复印机时应关闭机器主电源,拔下电源插头,避免金属头接触,使机器短路。

清洁时要严格按要求操作,不能用溶剂清洁不耐腐蚀的零部件。清洁结束时,一定要等部件表面完全干燥后再装到机器上试机,否则会使其短路甚至被击穿。使用润滑剂时,要按说明的要求进行。一般塑料、橡胶零件不得加油,否则会使其老化。

清洁的部位主要有:

(1)清洁原稿台玻璃板、原稿盖、送稿机皮带等。用柔软的湿布来擦拭,然后再用干布擦干。

(2)清洁反光镜和镜头。用镜头纸从一端到另一端向着一个方向擦拭。

(3)清洁复印机内部。先拔掉电源,然后再打开机器前门,轻转拉出充电电极、转印电极和消电电极,取出显影器、定影器、纸盒等,最后把感光鼓轻轻取出。清洁机器内部,擦干后再装机。

- 清洁感光鼓。要将感光鼓从机器上取下来,首先取下周围部件之后再拿着感光鼓两端取下,不要用手直接接触触感光鼓的表面。用柔软的湿布朝一个方向擦去表面上的墨粉,也可以用酒精或专用清洁剂擦拭,晾干后再使用。

- 清洁充电、消电和转印电极时,要用脱脂棉擦拭电极金属屏蔽及电极丝。擦电极丝时不要用力,以免弄断。特别脏的地方,可用浸有少许酒精的棉球擦拭。等完全干燥后,再将电极插入机内,注意不要划伤感光鼓的表面。

- 清洁器和定影器要从机器内取出后才能清洁。将清洁器上回收的墨粉倒入显影墨粉盒内,用刷子清洁。

四、刻录机的使用与保养

刻录机一般用于数据备份和制作光盘等。刻录就是将数据从硬盘转移到光盘上,它需要专门软件来配合完成。

(一)操作方法

1.连接光盘刻录机与计算机。由于光盘刻录机的接口不同,光盘刻录机与计算机的连接也分为内置和外置两类。较常用的有内置式 IDE 接口刻录机、外置式 EPP 接口及 USB 接口刻录机。按照操作说明进行连接。

2.安装光盘刻录机驱动程序与刻录软件。将附送的光盘放入电脑 CD-ROM 中,打开刻录机驱动程序与刻录软件程序,先双击运行刻录机驱动 SETUP 命令,再双击运行刻录 SETUP 命令,根据提示逐步进行安装即可。

3.制作数据光盘。在光盘刻录机中放入刻录光盘,启动刻录软件进行刻录。

适合光盘刻录的刻录软件品种较多,刻录软件主要有 Adaptec Easy CD creator 和 Ahead Nero 等。刻录软件的功能体现在多方面,如刻写数据盘、制作音乐盘、复制光盘、带启动系统的数据盘、数据音乐混合盘、刻写 VCD 盘片、带有使用户能够像普通的磁盘拷贝操作那样将数据文件写入光盘的包刻录功能。

最好使用刻录机捆绑赠送的正版刻录软件;尽量不要在电脑上安装两种或多种

不同品牌的刻录软件,以避免出现不兼容或其他问题。

(二)注意事项

1.散热安装。把刻录机装在最上面的座架,把普通光驱装在下面靠近硬盘的座架,即尽量使刻录机与硬盘等设备离远一些,以利于刻录机的散热。较好的散热可以延缓刻录机各部件的老化,延长刻录机的使用寿命。

2.保持清洁。平时要做好刻录机的防尘工作,可以定期对刻录机外壳进行清洁,用专门棉签来进行清扫。及时除掉壳体上的灰尘。同时,机箱和电脑桌等要放置平稳,避免在刻录机工作时出现震动和摇摆。

3.避免刻录机长时间工作。在刻录光盘时,激光头必须达到一定的功率才能够将光盘片上的材料熔化,进行刻录。如果长时间工作,会导致激光头热量越聚越高,刻录机的温度也会升高,有可能导致刻录出错甚至损坏光盘。因此,最好不要让刻录机长时间工作。在平时的使用过程中,尽量不要用刻录机听歌、看 VCD、安装软件、读数据等,以避免因刻录机的频繁使用而加速其激光头的老化。

4.刻盘中的注意事项。

(1)在刻盘的过程中尽量不要执行其他程序,保证刻盘的成功,避免盘片的报废。

(2)在刻录的过程中不要对刻录机面板按键进行任何操作,特别是弹出仓门钮,在刻录过程中弹出仓门轻则盘片报废,重则损坏机芯和激光头。

(3)在进行刻录时不要随意关闭刻录软件,中止或取消刻录,否则极容易损坏盘片或者造成盘片中的数据损坏而不可读。

(4)及时取出盘片。刻录工作完毕后应及时将盘片取出,不要留在机体内,如果盘片留在机体内,在下次电脑开机时,光驱将会自动检测到机体内有盘片而自动读盘。这样久而久之,就会因为激光头的频繁使用而缩短它的寿命。

(5)不要使用质量太差的刻录盘片,否则会对刻录机的刻录激光头伤害很大。

5.注意防尘、防潮。灰尘落在激光头等部件上会影响光驱的性能,潮湿的环境会使光驱内部的电路出现故障。要注意清洁,保持室内湿度不要太高。

(三)刻录机使用技巧

1.刻录光盘时关闭所有其他的应用程序。在刻录光盘时,应关闭任何杀毒、faxmoden、电子邮件、电源管理和屏幕保护以及其他应用程序,如果登录了网络,要退出网络环境或者暂时移去网络功能。

2.为防止刻盘过程中断,最好使用 1 倍速刻录光盘。光盘刻录机在写光盘时根据不同的刻录机有不同的最高刻录速度,如有 1 倍速、2 倍速、4 倍速等。为防止刻盘过程中中断现象的发生,可以采用 1 倍速刻录光盘。

3.先测试再拷贝。在刻录机安装好后,刻录光盘前,一定要先测试一下速度。如果出现错误,应进行检查,要确认所使用的机器能满足最低配置要求。

4.多份拷贝时,建立光盘映象文件。在进行多份拷贝之前,一般最好将光盘内容映象到硬盘中,然后再进行拷贝,这样可以减少出错的概率。

(四)刻录机的优化

1.用"超级兔子魔法设置"来优化刻录机(如图4-4所示)。方法是使用该软件的"硬盘与刻录机"优化功能。如使用DVD刻录机,在"缓冲"选项卡中设为"DVD更大",然后再把"刻录机速度"设置成最低速度——不管读什么盘,4X就够了,高速反而容易读不出或者减损刻录机的寿命。另外,还能用它自定义自动播放CD的程序,非常实用。

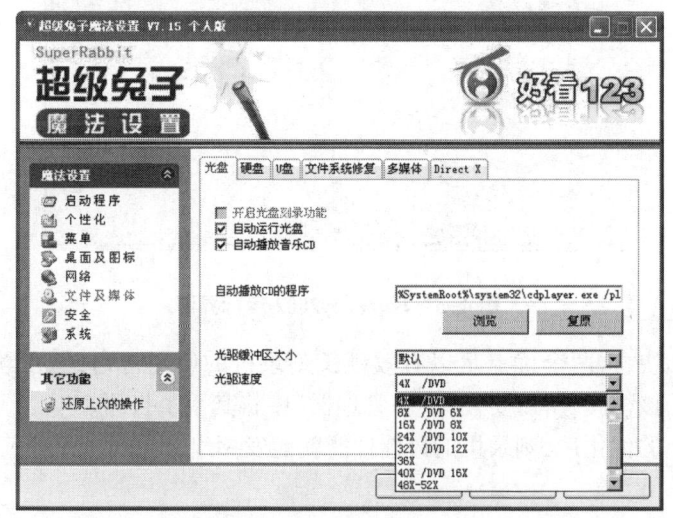

图4-4 超级兔子魔法设置

2.用更改刻录机速度的软件来辅助读"烂"盘。很多擦花不是很严重的"烂"盘在高速情况下是无法读出来的,但如果把速度降下来就能顺利读出来了,目前有很多刻录机调速软件,可以达到很好的效果(如NeroDriveSpeed等)。

3.用BadCopy2002来拷贝严重"擦花"损坏的重要数据盘。有些严重损坏的数据盘是无法修复的,尤其是背面数据面有破损的话,那根本就无法读出数据了。如盘内存储的数据重要,可用BadCopy2002快捷方便地把损坏的文件拷贝到硬盘上。BadCopy2002的运行界面如图4-5所示,使用方法非常简单——选好源光盘路径和"目标位置"后按"复制"即可。

国外共享软件有BadcopyPro等,http://www.crsky.com/soft/912.html 提供下载。

4.打开刻录机的DMA传输模式。目前所有40速以上的CD-ROM和所有DVD刻录机都支持DMA传输模式,该模式除了能降低CPU占用率外,还能让刻录机的传

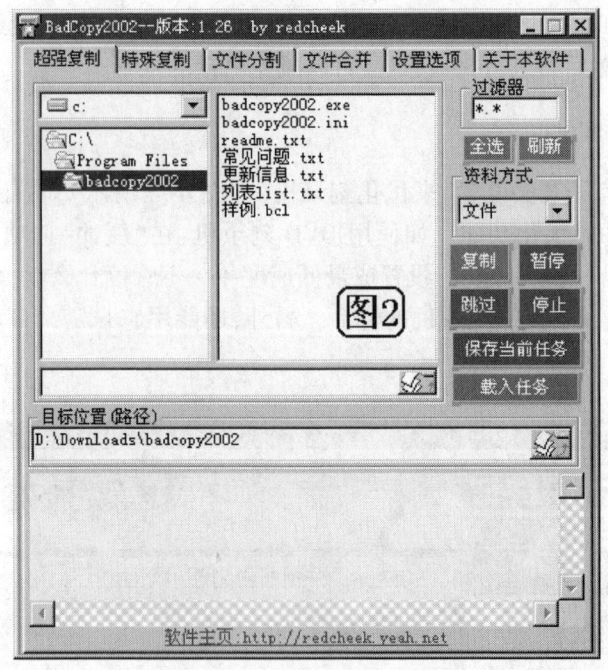

图 4-5　BadVopy2002 运行界面

输速度大大加快,这两个优点足以有效延长刻录机的使用寿命,但在默认情况下系统并没有打开该模式,所以要在"设备管理器"中将其手工打开。

经过以上的优化后,刻录机的最佳性能就能发挥出来。

小结

本章按照实际需要,介绍了办公用品的预算、采购和库存管理等相关知识,这是做好办公室工作的必要知识。

本章介绍的扫描仪、打印机、复印机和刻录机,是办公室中使用频率最高的办公设备,结合各设备的使用说明,熟练掌握其使用与保养方法,能高效率地做好办公室工作。

广义的办公设备,除本章所介绍的外,还有电话、传真等,其使用与保养方法,参见第六章第一节。

复习思考题

1.办公用品的类别有哪些?

2.制订预算方案应遵循哪些原则？
3.办公用品预算要经过哪些程序？
4.政府采购的主要方式是什么？
5.什么叫最大库存量、最小库存量和再订货量？
6.如何进行库存管理？
7.办公用品的发放流程有哪些？
8.办公用品软件包括哪些功能？

实训题

利用学校、校外单位等处的办公设备条件，训练常用办公设备的操作和保养。
1.训练扫描仪操作方法和常见故障解决的能力。
2.训练打印机操作方法和使用技巧。
3.训练复印机的操作方法和保养方法。
4.训练刻录机的操作方法和使用技巧。

拓展向导

1.办公室用品管理
（1）慧聪办公用品网：http://www.office.hc360.com。
该网是专为办公用品、设备、耗材等采购、供应和维护而设置的办公用品大型专用网络平台。
（2）复合机日常使用与故障处理汇总：http://info.office.hc360.com/2009/03/30150453100.shtml。
数码复合机是现代办公中常用的复印设备，如使用过程中出现故障，可以参照该文内容进行处理。
（3）百度文库办公设备相关资源推荐：
● 笔记本电脑连接投影仪使用常识：http://wenku.baidu.com/view/917907f2-f90f76c661371aa8.html。
● 教室多媒体中控台操作方法：http://wenku.baidu.com/view/edd8108371fe-910ef12df8b7.html。
● 会议室环境准备要求及安装标准：http://wenku.baidu.com/view/5044d2d-076a20029bd642dc2.html。
● 数码相机的使用方法与技巧：http://wenku.baidu.com/view/0669207d27284-b73f2425045.html。

百度文库是著名的供网友在线分享文档的开放平台,注册登录后,用户可在线阅读,是一个知识非常全面的共享平台。

2.相关资源

(1)未来办公室新趋势:http://wenku.baidu.com/view/b2a2a584b9d528ea81c779ec.html.

作为办公室工作人员应了解未来办公室的新的发展趋势,从容应对新的办公环境。

(2)设备故障诊断:http://wenku.baidu.com/view/0a96cb630b1c59eef8c7b4be.html.

该文简要介绍了设备故障诊断的内容和方法,了解这方面的知识,当办公设备出现故障后,可以及时诊断并应对。

第五章　办公室信息管理

学习目标

- 识记：信息的概念
- 了解：信息的特征、类型和办公室信息工作的特点
- 明确：办公室信息工作的内容、原则
- 掌握：办公室信息工作的程序，重点掌握办公室信息收集、整理、传递、存储和反馈的要领和方法

1950 年，美国政府在考虑是否出兵朝鲜之前，对刚成立不久的中国政府是否出兵没有确切把握，因为中国政府出兵将直接关系到朝鲜战争的成败，但此观点并未得到美国军方的重视。美国知名的民间战略咨询机构兰德公司调集其内部和外部的各类专家，通过对美、朝、中三方的历史、文化、民族特性、实力对比等方面的研究分析，得出一份长达 600 页的报告，核心结论是一句话："中国将出兵朝鲜。"兰德公司向美国政府开价 500 万美元出售该报告，但美国政府未予理会。

几年后，当美军在朝鲜战场上被中朝联军打得丢盔卸甲、狼狈不堪时，美国政府才意识到这份报告的价值。出于研究需要，美军急忙以 260 万美元的价格买下了这份已过时的报告。

战后，美军总司令麦克阿瑟将军感慨地说："我们最大的失策是怀疑咨询公司的价值，舍不得为一条科学的结论花费一架战斗机的价格，结果是我们在朝鲜战场上付出了 830 亿美元和 10 多万士兵的生命。"由此可见，信息在现代社会有着至关重要的作用。

当今社会已进入信息时代，信息已成为一种宝贵的资源。人人都是信息的传递者，人人也是信息的接收者。对于领导者来说，信息是实施科学决策和有效管理的重要资源。因此对于办公室人员来说，信息管理就成为一项重要的工作内容。正如世界著名未来学家阿尔温·托夫勒所预言的那样："谁掌握了信息，控制了网络，谁就掌握了整个世界。"

第一节　办公室信息概述

一、信息的含义

"信息"一词源于拉丁语,意为"陈述、解释"。然而,关于信息的说法,仍是仁者见仁,智者见智。

信息论的创始人、美国科学家香农认为,信息是关于环境事实的可通信的知识,是通过包括数据(字母、符号和数字)、代码、图案、报表、指令等各种形式反映出来的。

控制论创始人、美国数学家维纳在《控制论与社会》一文中指出,信息是人们在适应外部世界,并使这种适应反作用于外部世界的过程中,同外部世界进行交流的内容的名称,既不是物质也不是能量。

英国牛津词典指出,信息就是谈论的事情、新闻和知识。

韦氏词典指出,信息就是在观察或研究过程中获得的数据、新闻和知识。

我国商务印书馆出版的《现代汉语词典》对信息的解释有二:一是指音信、消息;二是信息论中指用符号传递的报道,而报道的内容是接收符号者预先所不知道的。

其实,信息有狭义和广义之分,狭义的信息是指具有新知识、新内容的消息,诸如信号、情报、指令、数据等可感知的形态。广义的信息是指对各种事物的存在方式,运动状态和相互联系特征的一种表述与陈述。

综上所述,信息是人们对客观事物的基本特征及其运动状态、发展规律的表述和传递,是一切能被人的感觉器官和大脑所接收的关于外界事物及其变化的消息,是人们所能接收的一切指令。

对于办公室人员来说,常以收集资料、研究政策、反映情况、提供咨询、草拟公文等方式处理信息,协助领导决策。因此,从一定意义上说,办公室工作就是接收、交换和传输信息的过程。

二、信息的特征

当今社会信息同物质、能源一起成为现代物质文明的三大要素。物质给人类提供材料,能源给人们提供动力,而信息给予人类知识和智慧。也就是说,信息具有与物质、能源明显不同的特征。信息的特征概括起来,有以下几个方面。

(一)客观性

信息是对事物存在的一种客观反映。对于人类来说,信息就是一种客观存在,真实、准确是信息最本质的特征。信息的内容必须符合客观实际。若不符合事实,信息就失去了价值。

（二）时效性

信息的价值取决于信息的时效性,特别是反映客观事物某种发展趋势、动向的信息,时效性越强,信息的价值就越大;反之,信息的价值就越小。朝鲜战争与兰德公司的案例就反映了这一点。

（三）传递性

信息的传递便是其价值的另一种体现,传递是信息的基本特性,失去传递性的信息就失去了有效性。信息传递的渠道多种多样,语言、书信、表情、动作、报纸、杂志、公文、电报、电话、传真、广播、电视、网络、卫星等都可以传递信息。

（四）共享性

萧伯纳曾经说过一句经典的话:"你有一个苹果,我有一个苹果,彼此交换一下,我们仍然是各有一个苹果;你有一种思想,我有一种思想,彼此交换,我们就都有了两种思想,甚至更多。"

信息可以同时为众多的接收者共同分享,却不会像物质资源那样因使用而减少。从整体来看,这种共享性的特点使信息资源能够发挥最大的效用,同时又能使信息资源生生不息。

（五）开发性

信息的质量高低、适用程度和效用大小取决于信息资源的开发度,即取决于对无效信息的过滤、有效信息的获取以及提炼信息的水平等。经过筛选、整理、概括、归纳、扩充,可以使信息更精练,含量更丰富,价值更高。

（六）依附性

信息只有依附于一定的物质载体才能保存下来,不受时间和空间的限制,通过载体传播。信息依附的载体有语言、文字、符号、形体、表情等表意性载体,有声波、电磁波(光波)、网络等无形的承载性物质载体,还有纸张、磁带、光盘等有形的承载性物质载体。

（七）可塑性

可塑性又称可转换性,指信息可以被加工处理成所需要的形式,可以进行各种载体的转换。例如,将一篇中文论文翻译为英文,将一组数据制成一个表格或坐标图,将自己的讲话录入磁带,将一篇报纸上刊登的信息输入网络。

（八）可伪性

由于信息来源的多样、加上人为因素的干扰，以及信息传播渠道中的干扰，信息的真实性可能被掩盖。《三国演义》第九十五回《马谡拒谏失街亭　武侯弹琴退仲达》中，诸葛亮设空城计，吓退司马懿大军的故事，就是一个信息真实性被掩盖的例子。因此，对于虚假信息我们要学会鉴别和剔除。

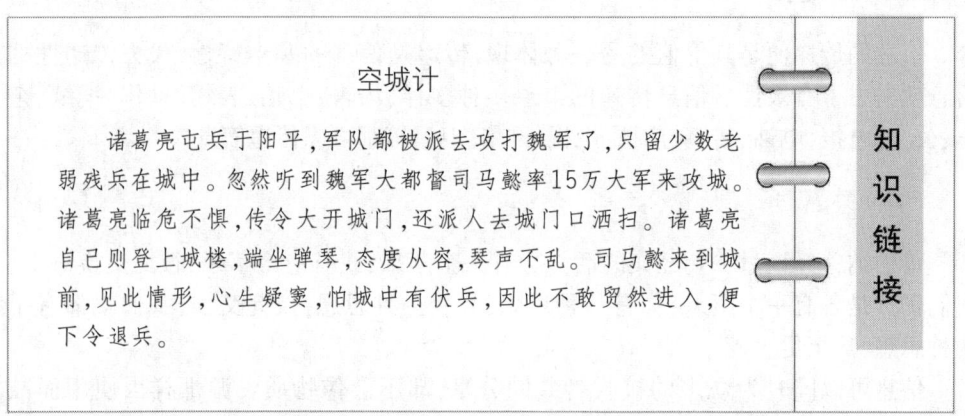

空城计

诸葛亮屯兵于阳平，军队都被派去攻打魏军了，只留少数老弱残兵在城中。忽然听到魏军大都督司马懿率15万大军来攻城。诸葛亮临危不惧，传令大开城门，还派人去城门口洒扫。诸葛亮自己则登上城楼，端坐弹琴，态度从容，琴声不乱。司马懿来到城前，见此情形，心生疑窦，怕城中有伏兵，因此不敢贸然进入，便下令退兵。

知识链接

三、信息的类型

信息的分类，没有固定模式。从不同的角度着眼，信息便有不同的分类。

（一）按信息的表现形态分

1. 文字形态信息。文字形态信息即以书面形式表达的信息资料，如报纸杂志、图书、专著、译著、图录、地图、档案、总结、报表、大事记、地方志、专业文献、词典、百科全书、年鉴、名人录、企业名录、电话号码簿等载体所包含的信息。

2. 声像形态信息。声像形态信息是以直接记录声音和图像为载体的信息资料，如照片、录音带、录像带、幻灯片、影片、唱片、实物模型等。

3. 记忆形态信息。记忆形态信息即存在于人们脑海中还未以文字或声像表达的信息，又称"零次文献"[①]或"零次情报"[②]。

（二）按信息所涉及的社会领域分

按信息所涉及的社会领域分，信息可分为政治信息、经济信息、文化信息、教育信息、军事信息、科技信息、体育信息等。

---

① 零次文献：零次信息的载体。
② 零次情报：是没有正式的固定载体的非正规情报。

(三) 按信息来源的性质分

按信息来源的性质分，信息可分为自然信息和社会信息。自然信息是自然界自发产生的，如山川河流、风雨雷电的自然变化。社会信息是人类社会运动的状态和方式，是社会各方面有意识、有目的发出的信息，包括政治、经济、文化、军事、科技等方面的信息。

(四) 按信息加工处理的程度分

按信息加工处理的程度分，信息可分为一次信息、二次信息、三次信息等。一次信息即原始信息，也就是我们通常讲的"第一手材料"。二次信息是对一次信息进行加工整理后形成的一类新的文献信息。三次信息是根据特定的需要，在一次、二次信息的基础上，经过分析研究和综合概括而形成的更深层次的信息资料。

(五) 按信息传递的范围分

按信息传递的范围划分，信息可分为公开信息、内部信息和机密信息。

四、办公室信息工作的内容

(一) 日常工作中的信息工作

办公室人员的日常事务工作一般包括：值班、接打电话、接待工作、安排活动等。在处理这些日常工作中，必须按照特定工作内容的需要，做好信息工作。

(二) 操办会务中的信息工作

会议是信息沟通、信息处理的重要手段。办公室人员要做好会议期间信息的收集、传递、反馈工作，做到多听、多记、多想，全面收集、掌握好第一手资料。

(三) 文书处理中的信息工作

办公室人员每天花时间处理各种文件的工作就叫文书处理，文书处理中的信息工作包括信息交流、信息处理和信息输入输出等内容。

五、办公室信息工作的程序

办公室人员进行信息工作的程序包括收集、整理、传递、存储、利用和反馈等环节。各个环节相互连接，密不可分，形成完整而有序的信息工作流程，见图5-1。

六、办公室信息工作的特点

办公室是信息集散中心，办公室人员是领导决策的参谋，因此，对办公室人员来

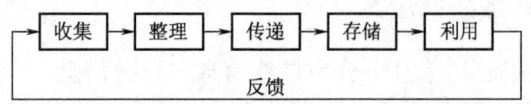

图 5-1 信息工作程序

说,信息工作自有其特点。

(一)服务性

服务性是办公室人员信息工作的主要特点。办公室人员信息工作的根本目的是为上司提供各类有价值的信息,而提供信息的工作实质上就是一种服务性工作。因此,办公室人员的信息工作要服从于组织领导的意图和要求。办公室人员要及时了解上司对信息的具体要求,掌握上司的工作进程,根据上司的意图去捕捉信息。

(二)广泛性

办公室人员的信息工作不能偏于一隅,要广泛收集各种信息,诸如社会、政治、经济、法律、文教、卫生、外事等方面的信息都要关注。

(三)综合性

办公室人员要对收集的信息进行加工处理、综合分析和高度概括。办公室人员提供的信息要满足不同级别上司的需要,这样才能起到辅助决策的作用。

(四)时效性

办公室人员要能够在第一时间为上司提供有价值的信息。时间的延误会使掌握的信息价值衰减或消失。

(五)准确性

办公室人员提供的信息要符合客观实际情况,信息涉及的时间、地点、任务、情况、例证、引语等,都要准确无误,不容置疑。

七、办公室信息工作的原则

为了有效利用信息,办公室人员开展信息工作时,必须遵循如下原则。

(一)真实性原则

信息要如实反映客观现实。真实是信息的生命,不真实的信息将会导致组织的决策失误,从而贻误整个组织的决策判断。遵循真实性原则就必须做到从实际出发,实地调查研究,认真收集各种原始信息,有喜报喜,有忧报忧,不掺假,不虚报;信息资料的时间、地点、数字、人物、情况、例证、引语都应该核对无误。

（二）准确性原则

办公室信息的重要性要求办公室信息工作必须具有准确性。如果办公室信息不准确,那么将会对公司或者部门开展其他工作产生不良影响,甚至造成一系列严重后果。

 阅读材料

洋葱的故事

一家大公司的经理曾讲过这样一个耐人寻味的小故事:"一天,我坐车路过一家蔬菜店,看见门口摆着一堆新鲜的洋葱。洋葱的皮被太阳晒得红红的,上面还沾着泥巴。回到办公室后,我让人到那个蔬菜店给我买个洋葱。可是,当那个洋葱放到我的办公桌上的时候,只剩下一点心儿了。原来,当科员买来把它交给科长之前,把外面那层沾着泥巴的皮剥掉了;到了科长那里,科长又把那几层红皮剥掉了,因为这样看起来更美观;送给我的秘书的时候,她又剥了几层皮。这样,当洋葱到我手上的时候,虽然还是洋葱,但已经不再是我所需要的洋葱了。所以,我把他们通通叫来批评了一顿。"

虽然为上司收集情报不像买洋葱的小故事那么简单,但道理却是一样的。准确性是指信息的正确性,在文中指正确领会领导意图,这是信息工作的基础。

（三）针对性原则

组织活动中,信息需求是不断变化的,因此,办公室人员要以服务上司决策为目标,确定收集信息的范围,按照上司决策的需要有针对性地收集、整理、提供信息,不可一刀切,全包圆。

（四）时效性原则

信息具有时效性,传递速度越快,信息质量越高,价值越大。办公室人员信息处理的时效性包括:收集信息要及时;信息的加工制作要及时;传输信息要及时;反馈信息要及时。只有做到及时,才能赢得组织发展的主动权。

 阅读材料

击毙山本五十六

山本五十六是第二次世界大战中"珍珠港事件"的主要策划者。日军对珍珠港的偷袭,给美军造成了重大损失和人员伤亡。1943年4月,美军情报人员破译了日军的密码,获悉山本将于4月18日乘中型轰炸机,由6架零式战斗机护航到前线视

察的消息。为了抓住时机,及时除掉这个美军的祸患,罗斯福总统亲自做出了"截击山本"的决定。美军派出战斗机提前做好充分准备,进行空中伏击,于布干维尔岛上空击落了山本五十六的座机,山本被击毙。

(五)全面系统原则

全面系统是指时间上的连续性和空间上的广泛性。为了实现信息工作的目的,必须保证信息获取的全面系统。

(六)超前性原则

没有超前的信息,就难以制定有效的对策。因此,办公室人员收集、整理信息要有超前性、预见性,要抢先捕捉信息,迅速加工传递,增强信息的指导性和预测性。

案例

惊人的推理

1973年3月的一天早晨,日本东京三菱公司信息分析人员松山起床后,一边洗漱,一边听着早间电视新闻。突然,一条简讯吸引了他,他赶忙走到屏幕前,但简讯已经快播完了。于是他赶紧吃完早餐,一边嘀咕着"扎伊尔发生了叛乱",一边驾车直奔公司。一到公司,松山拿着刚在路上买的一份早报直奔公司总裁办公室,将此消息告诉总裁。总裁笑嘻嘻地说:"扎伊尔与我们相隔万里,它发生叛乱能与公司有什么关系?"松山气喘吁吁地说:"不!有关系!同扎伊尔相邻的是赞比亚,那是世界上最重要的产铜国。如果扎伊尔的叛军向赞比亚移动,进而切断交通,就必然影响世界市场上铜的产量和价格……"总裁没等松山把话讲完,激动地站了起来说:"有道理!"总裁立即拨通了三菱公司驻赞比亚首都卢萨卡分公司的长途电话,命令他们密切注视扎伊尔叛军的动向。不久,叛军果然向赞比亚铜矿产区移动,而这时世界各新闻机构和商界都还没有反应,市场上的铜价也没受到影响,于是三菱公司趁此机会买进大批铜材。随着扎伊尔局势的变化,世界市场上铜价猛涨。当每吨铜价涨了60多英镑时,三菱公司将所购之铜抛出,轻易地赚了一大笔钱。

第二节 办公室信息的收集

信息收集是指通过各种方式获取所需要的信息。信息收集是信息得以利用的第一步,也是关键的一步。信息收集工作的好坏,直接关系到整个信息管理工作的质量。当然,信息收集也是一项艰巨而复杂的工作,要做好这项工作,必须掌握收集信息的一些"窍门"。

一、信息收集的范围

办公室人员要收集的信息资料非常丰富。具体来说,包括以下几个方面。

(一)上级信息

上级信息是指上级下达的信息,包括上级组织下发的各种文件、资料、简报、内部通信和刊物,也包括党和国家的有关方针、政策和法令、规定等。

上级信息是直接指导各级组织工作的准则,是各下级组织决策的重要依据。办公室人员要根据本部门管理工作和上司决策的需要,有准备地收集上级信息。

(二)内部信息

内部信息是组织管辖范围内各部门的信息,包括对上级政策贯彻执行的情况,本组织工作落实的情况,所属部门对工作的重要安排,所属部门重要工作的进展情况、存在的问题、重大事件、群众反映、思想动态及自然灾害等。内部信息是本组织进行宏观调控和制定决策以使取得最佳效果的依据。它的收集依靠所属部门定期、定时的反馈报告,以及办公室人员自己定期、专门的调查收集。

(三)平行信息

平行信息是同行或本组织外平级单位之间横向联系、相互交流的信息,包括相互间往来的文书材料、互通有关政治、经济、文化、科技和社会动态等信息。

利用平行信息,特别是与本组织业务相关的同行的信息,有助于克服闭门造车的弊病,也有助于取长补短、共同提高。它的收集主要依靠相互交换的文件资料,参加同行组织的研讨会,参观访问,甚至从街谈巷议中去捕捉。

(四)社会信息

社会信息是社会上具有普遍性、倾向性的新问题、新苗头,重大的社会动态、思想反映、生活方式和群众的有关愿望、意见、呼声、建议和要求,所在地区的历史沿革、经济状况、民俗风情、人文地理、人口分布、气候变化、自然灾害等各个方面的信息。

充分了解社会信息,将使组织的工作更具有针对性,不至于脱离社会实际。

(五)国际信息

国际信息是指发生在国际社会的有关政治、经济、军事、科学、文化、管理等各个方面的信息。国际信息是一个国家、一个地区和一个部门不可缺少的信息组成部分,能使本部门在激烈的国际竞争中不至于闭目塞听,从而取得相关优势。

二、信息收集的渠道

通过不同渠道都可以获得有价值的信息。因此,办公室人员要完整、准确地收集信息,拓宽收集信息的渠道,充分利用各种条件,多渠道地广泛收集信息。

(一) 大众传播媒介渠道

大众传播媒介包括广播、电视、互联网、报纸、期刊及其他文献载体,是现代社会获取信息的重要途径。特别是随着电子科技的发展和电视卫星通信网的完善,互联网已成为信息交流的重要载体,它可以跨时空、跨地域传递信息,是办公室人员获取信息的主要来源。但大众传媒的信息杂乱无序,许多信息未经核实,可能包含虚假信息和信息垃圾,要有鉴别地收集有价值的信息。

(二) 图书馆信息查阅渠道

图书馆中众多的书籍和报纸杂志是一个巨大的信息宝库,这里也是办公室工作人员经常涉足的查阅信息的地方。书籍中的信息蕴含量大,系统性强,又相对成熟。图书馆能够提供借阅、阅览及网上信息检索等服务。

(三) 联机信息检索渠道

联机信息检索渠道是指将用户终端与检索中心(计算机)用通信线路直接连接,用户通过终端输入提示、指令,使检索中心的多元计算机联合运行,从而从众多数据库中直接找出信息并提供给用户。联机检索是快速检索获取信息的有效途径,可快速收集信息网中所提供的各种信息。

互联网上有许多搜索引擎,能使办公室人员迅速找到相关的信息系统。为保证搜索成功,需认真选择输入搜索引擎的关键词。不然,将得到大量参考项,其中有许多是不相干的。如果选项范围太窄,搜索引擎又可能会发现不了相关信息。

(四) 关系渠道

关系渠道指业务往来关系、横向人际关系、纵向从属关系等渠道。办公室人员要在业务往来活动中获取信息,如在同海关、银行、商检、工商、税务、保险、统计等部门的业务往来中,不失时机地掌握经济信息,了解相关法规、条例,收集各种信息。

办公室人员要在人际关系交往中捕捉新情况、新动态、新信息,善于交友,利用交谈、来信、来访和接听电话等了解信息,获取第一手材料。

办公室人员要善于在上级主管部门的指导、监督工作中把握信息;在会议、会谈中收集信息;在有关收文、承办文书、电报中提取有价值的信息。

（五）贸易交流渠道

办公室人员应尽可能多地参加贸易交流活动，扩大视野，积累信息。要利用各种贸易交流机会，如展销会、交易会、洽谈会，进行调研，了解情况，索取信息材料，在相互交流之中获得能满足需求而又相对集中的信息内容。

（六）调查渠道

调查是有目的、有重点、主动收集信息的重要方法。办公室人员要有目的、有计划地进行调查，亲自深入现场，通过各种途径和方式，直接收集第一手资料，挖掘层次更深、质量更高的信息内容。办公室人员陪同上司出差时，是收集信息的极好机会，应利用考察、实地调查亲自感受和获取信息，深入了解情况。

（七）信息机构渠道

信息社会需要庞大的信息传播中介机构储存信息。信息机构肩负着信息传播中介的使命，成为信息源的集散地，成为人们获取、利用信息的重要场所。办公室人员可委托信息机构定向收集相关信息，善于利用信息机构所储存的丰富的信息资源。社会上的咨询公司、信息储存交流中心、资料中心等单位为社会各级组织提供社会化的信息咨询服务。因此，办公室人员可以结合本组织的业务性质、任务、职能，合理选择、购买适用的信息资料。

三、信息收集的方法

信息收集的具体方法有以下几种。

（一）收存

收存即直接收受、登记和保存各种文件、信函等。

（二）复印

复印即选择载有所需信息的报纸杂志、图书等予以复印。

（三）记录

记录即将以电话、广播、发言、交谈、谈话等方式传播的信息采用现场文字记录或回忆记录的方式记录下来。

（四）录音

录音即用相关录音设备将以电话、广播、发言、交谈、谈话等方式传播的信息记载下来，但对当面口头传播的信息予以录音需要征得讲话人的同意。

(五)录像

录像即对现场、实物或电视中的信息,利用手机、数码相机、DV 等摄影设备录制下来。

(六)剪贴

剪贴即选择载有所需信息的报纸杂志、图书等予以剪裁和粘贴。

(七)网络查找

网络查找是指或自己制作信息收集软件,或利用信息检索工具,或进入国际互联网收集信息。

四、收集信息的注意事项

(一)收集各种形态的信息

1. 文字形态的信息。这是指以书面文字为载体的信息资料。
2. 声像形态的信息。这是指直接以声音和图像为载体的信息资料。
3. 记忆形态的信息。这是指在人际交往中形成的存储在人脑中的信息。
4. 数据形态的信息。这是指电子计算机能够生成和处理的所有事实、数字、文字等一系列储存在数据库里的信息。

(二)建立通信联系索引卡

办公室人员经常在工作中与相关方面的人员打交道,应建立记载往来多的单位,并注意存储保留个人或客户信息的卡片,便于需要时迅速找到对方的通信联系方式,及时进行业务联系。通信联系索引卡的形式见表 5-1。

表 5-1　通信联系索引卡样式

通信联系索引卡	
单位名称:	
地址:	
工作人员姓名:	
电话号码:	传真:
备注:	

（三）信息收集要有超前性

在竞争激烈的工作环境中,没有超前的信息,就很难有效地应对。因此,秘书收集的信息要有超前性、预见性,要抢先捕捉信息,迅速加工传递,增强信息的指导性和预测性。

第三节　办公室信息的整理

未来学家、经济学家约翰·奈斯比特说过,没有经过整理的信息,不是我们的朋友,甚至是我们的敌人,当然更不是财富和资源。

信息的整理是对收集到的大量原始信息,在数量上加以浓缩,在质量上加以提高,使之便于传递、利用和储存。信息的整理是整个信息工作的核心,它包括信息的分类、筛选和校对。

从"南线北移"到"向山水资源进军"

江西某县的南部,有7个乡镇经济比较发达,工农业总产值占全县27个乡镇工农业总产值的53.4%。这些乡镇最大的特点就是乡镇企业办得好。于是有人提出"南线北移"的设想,主张像南面7个乡镇那样,在北面20个乡镇大搞乡镇企业。这个设想是否可行呢?县委办公室组织调查组进行了深入细致的调查,获得了大量的典型材料。他们首先采取归纳法,通过分类完成对各个乡镇典型的认识。然后采用对比法,对南北乡镇各自的有利条件和不利条件做了比较,发现南线7个乡镇人多田少,水陆交通便利,有从事手工业的传统,而北线的20个乡镇人少田多,交通不发达,祖祖辈辈以种田为业。通过调查,县委办公室得出了如下结论:南线的优势在工业,北线的优势在农业,"南线北移"的条件在近期内不够成熟,不利于北线发挥其所长。由此,县委办公室提出方案:北线除个别条件好的乡镇可以适度发展工业外,主要战略应放在发挥自己的资源优势上。这个调查报告得到了县委、县政府的重视,随即做出了"向山水资源进军"的战略决策。于是,北线各乡镇大种柑橘、苎麻,大养鱼、鳖、螃蟹,经济得到了快速发展。

一、信息的分类

分类是整理信息的重要方法。它是根据信息所反映的内容、来源、性质等,将信息分成不同类别。办公室人员要按信息的不同内容、来源、时间、性质和作用,根据一定的规范要求,将信息分类,使信息条理化。

(一)信息分类的步骤

信息的分类过程包括辨类和归类。

1.辨类。辨类即对信息进行类别的分辨。辨类实际上是对信息进行主题分析,分辨其所属类别的过程。通过辨类,把有关信息归入到分类体系中的相应类目。

2.归类。信息经过辨类后要进行归类。归类是从主题分析转换成分类存放,即依据辨类的结果,使信息资料在分类体系中各就各位。在归类中,由于信息可能从不同的角度反映和表现不同的主题内容,为了有效地利用,有必要使用多种检索工具进行多角度揭示。

(二)信息分类的方法

面对五花八门、丰富多彩的信息,办公室人员要选择正确、恰当的方法将原始信息分类。信息分类的方法,一般有以下几种:

1.时间分类法。即按信息形成的时间先后顺序分类的方法,按通常的读取习惯来说,要以年、月、日的自然顺序分类、排列。如果信息的形成日期相同,可归为一类,但要按信息形成单位级别大小排列。时间分类法可与其他方法结合运用。时间分类法的特点是可用作大型信息系统的细分。一个案卷内部的信息可按时间分类、排序,如某公司信息按照时间分类,见图5-2。

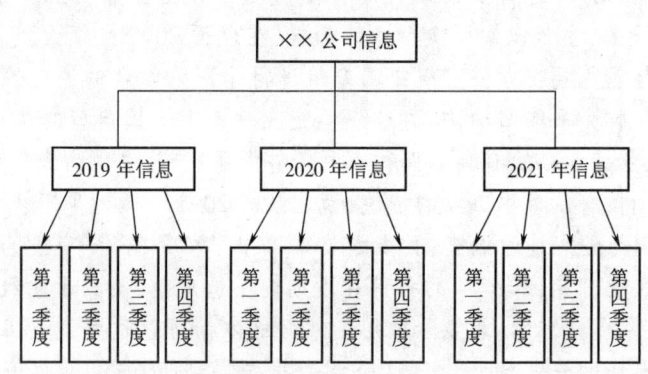

图5-2 某公司信息时间分类法示例

2.字母分类法。字母分类法是按照拉丁字母的排列顺序将信息分类。通常是按作者姓名、单位名称、信息标题等的字母顺序分类组合。

按字母排列的规则是:按第一个字母顺序排列前后次序;第一个字母相同则按第二个字母顺序排列,以此类推。第一个字母表示文档在文件柜中存放位置最初的索引,第一个字母以后的字母决定文档的准确位置。

可将数量少、无须一一分别立卷的信息放在一起组成综合卷,写清卷内信息的目录。各综合卷存放于其他信息的前面。

字母分类法的特点是，不需要索引卡片，分类规则容易掌握，操作简单，查找比较方便，能与其他分类法结合运用。

3.数字分类法。数字分类法是指将信息以数字排列，每一通信者或每一专题给定一个数字，用索引卡标出数字所代表的类别。索引卡按所标类目名称的字母顺序排列，放在索引卡抽屉里。当要查找某信息时，先从索引卡中按字母顺序找出通信者名或专题名，得到信息的数字，再在相应的文件柜中找出标有该数字的案卷。为了更方便地查找，可编制按姓名字母顺序排列的索引，每个姓名对应一个数字。在计算机广泛应用的今天，数字分类法越来越受到人们的重视，它简便易行，适于电脑储存。

目前采用十进制数字编制法比较普遍，尤其是按专题分类时，使用十进制数字排列法立卷，能相当容易地根据信息上所编的案卷号得知该信息所属范畴和该案卷在文件柜中的位置，非常便于查找。

4.主题分类法。主题分类法是按信息内容进行分类的方法，主要根据信息标题或主题词分类。主题分类法使相关内容信息材料集中存放，方便检索。为了全面、准确地反映主题，便于利用，可以按多级主题分类。信息最重要的主题名称作为首要因素，次要的主题作为第二个因素，以此类推。可用最基本的分类目录导片标示出各类信息的主题内容，这些主题都是与单位的业务相关的，各主题之间根据字母顺序进行排列。

主题分类法的特点是相关内容信息材料集中存放，信息能按逻辑顺序排列，方便检索。

5.地区分类法。地区分类法又称地理分类法、地域分类法，是按信息形成所涉及的地区或办公室区划等特征，将信息分为各个类别，按字母的先后顺序排列。信息按国家、省份、城市、区、县的名称的字母顺序排列，使有关地区的所有文件集中存放，然后再按其他问题分别立卷。公司业务和销售部门由于业务的需要，适合采用地区分类法，将信息按地区或地理位置集中存放。

地区分类法便于查找具有地区特性的信息，能与其他分类法综合运用。如某一地区内的有关公司信息、销售信息，而且容易掌握。例如，某大型空调生产企业的市场销售信息即是按地区分类法分类的，见图5-3。

二、信息的筛选

筛选是对信息的再选择，表现为对收集到的大量信息在初步归纳分类的基础上进行鉴别和选择，去粗取精，去伪存真，摒弃虚假和无效的信息，提取真实、有价值的信息。

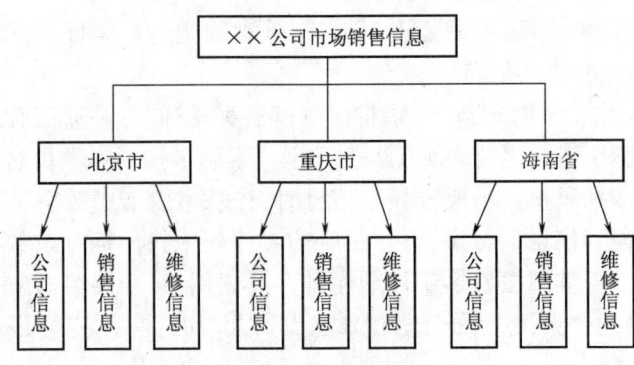

图 5-3 ××公司市场销售信息

(一) 信息筛选的步骤

信息筛选一般按以下步骤进行,见图 5-4。

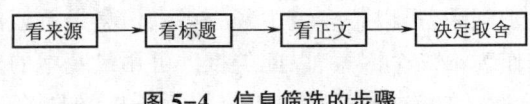

图 5-4 信息筛选的步骤

1.看来源。不同来源的信息,其重要性不尽相同。上级形成的信息带有全局性、综合性和权威性,而平级和下级形成的信息主要起参考作用。办公室人员要从多种信息来源中把握重点组织、部门和人员的信息。

2.看标题。信息的标题一般可以反映信息的内容和价值,办公室人员要认真分析标题,把握信息的主题,根据信息的标题确定信息价值的大小。

3.看正文。先浏览正文,了解其主要内容,初步确定是全部选用还是部分选用,甚至不用,即进行初选。

初选后,对拟用信息再认真阅读,判断其是否有价值。如果可用,再看有无内容不准确、不完整和表述不清楚的地方。

最后,对经过筛选的信息分别处理:对选中的信息,进行加工处理;对暂时不用但可以备查的信息,进行暂存;对不用的信息,按有关规定进行暂存、移交或销毁。

4.决定取舍。对信息进行严格的选择,从中挑出能满足需求的信息,保留对工作具有借鉴作用、参考作用的信息,舍去虽真实但无用的信息。信息的取舍,一是要突出主题思想,凡是与反映信息主题无关的资料要剔除;二是要注意典型性,从大量原始信息中发掘出能揭示事物本质的典型信息;三是要富有新意,尽可能抓住能反映客观事物新变化的信息;四是要具有特点,从各种事物的实际出发,有所侧重地开发信息。

在决定取舍时常常会遇到几份信息反映同一类问题的情况。对此,可采用两种方法:一是选择重点的、有特点的材料,综合成一份信息材料;二是择优录用,选择宏观的,淘汰微观的,或是选用典型的,淘汰一般的。

(二)信息筛选的方法

信息的筛选实际上是对原始信息资料的选留过程。信息筛选既要考虑急用之需,选留含量大、有价值的信息,又要从长远利益出发,考虑到信息的系统性和连续性以及未来的潜在需要,选取有保存价值的信息。信息筛选的方法通常有下列几种。

1.查重法。查重法即剔除内容重复的信息,选留有用信息,以减少其他信息工作环节的无效劳动,避免冗杂。当然,这种方法也并非一味排斥重复,如果需要,也可以保存一部分重要的信息资料复本,以供一定情况下的多人使用。

2.时序法。时序法即按时间顺序对信息资料进行存放。在同一内容的情况下,较旧的剔除,较新的信息资料则选留。这样可以使选留的信息在一定时间内更有价值,特别是对于来自文献中的信息资料,更需选择时间最近的予以留存,特别重要的旧文件也是如此。

3.类比法。类比法即把同类型的信息进行比较,留下信息量大,能反映事物或问题本质的信息;反之,则剔除。当然,有些信息虽然信息量并不很大,或者反映事物本质也并不深刻,但可作为主要信息资料的重要补充,对于这样的信息,也应予以保留,不能一概剔除。

4.专家评估法。对于某些专业性、技术性较强的信息,办公室人员难以确定其取舍的,可以请有关专家或专业人员进行评估,根据评估结果,结合本组织当前和长远的需要,综合考虑其取舍。

5.老化规律法。这主要是针对文献信息资料而言的,文献学认为,文献的使用价值随时间的增加而逐渐降低,甚至会完全失去价值,这就是老化规律。一般来说,文献的利用率第一年最高,以后逐渐下降,文献的老化情况在文献学中一般用半衰期来表示。所谓半衰期,即指某学科目前尚在利用的全部文献的一半是在近期多长的一段时间内发表的。一般来说,半衰期越长,说明老化速度越慢;半衰期越短,说明老化速度越快。文献信息资料的筛选应从其行文年代及本学科文献老化的半衰期两方面进行考察,以便确定取舍。

(三)信息筛选注意事项

信息筛选对提高信息的利用率起着至关重要的作用,办公室人员必须掌握信息筛选的要求。

1.要分析信息的需要,注意选择对现实工作有指导意义的、与业务活动密切相关的信息。

2.注意选择带有倾向性、动向性或突发性的重要信息。

3.注意选择与本组织活动相关的新情况、新问题、新经验、新见解等信息。
4.注意判定信息的真伪和价值大小,把握信息的"新鲜度"。

三、信息的校核

信息校核,即对经过初步甄别的信息做进一步的校验核实,分析信息的真实性与可靠性,对信息的准确性进行认定。

(一)信息校核的范围

信息校核的范围包括信息中所涉及的事实、观点、数据、图表、符号,以及时间、地点、人物等。

具体来说,一是要鉴别信息所反映的问题是否发生,该事物是否存在,数据是否准确无误,内容有无夸大或缩小,有无弄虚作假现象。二是要鉴别信息所反映的情况是否有偏颇之处,应保证其在全局层面上是正确的。三是要鉴别信息所反映的情况在具体时间范围内的真实性。在"彼时"是真实的信息,如果移植到"此时"则未必真实,因此要确证信息所反映的情况的时间范围,也就是注意时效性。经过校核,如发现信息与事实有出入,或者有错误,就应该加以校正或剔除。

(二)信息校核的方法

1.溯源法。对收集到的信息所涉及的有关问题进行审核查对,首先要溯本求源。例如,尽量找到掌握第一手资料的人;核对有关原书、原件等原始资料,并查对其主要参考文献;按信息内容所叙述的方法、步骤,自己重复试验或演算;等等。这样可以从根源上找到资料的错误所在。

2.比较法。对反映某一事实的各个方面的信息材料进行比较,判断这些信息的说法、结论是否一致,从中判断出最为真实可靠的信息。

3.核对法。依据权威性材料进行对照分析,发现并纠正信息中的差错。如用《中国统计年鉴》来对照某一部门的年终统计资料。

4.逻辑法。逻辑法即对信息中所表达的事实和叙述方法进行逻辑分析,发现问题和疑点,从而辨别真伪。例如,同一材料前后矛盾,依据逻辑学的"矛盾律",我们就可以断定其中一个错了,或者两个都错了。

5.调查法。调查法即对信息中所表达的事物的运动变化情况,通过现场调查来验证它的真实性和准确性。

6.数理统计法。数理统计法即对原始信息资料中的数据进行定性分析,运用数理模式进行计算鉴定,看其数据计算是否准确,分类是否合理,与结论是否一致。

四、信息的综合分析

信息的综合分析是在对原始信息进行鉴别、筛选基础上的深加工,是决定信息质量的关键一环。

信息综合分析的步骤如下：

第一，充实内容。充实内容就是对零散、肤浅、杂乱的信息，弄清楚其性质、范围、意义，从而充实、丰富它的内容，使其成为完整、深刻和系统的信息。

第二，综合分析。综合分析是对一段时间内获得的信息，从整体上进行系统的归纳和分类，做出定量、定性的分析和判断。

第三，提出意见。提出意见是在综合分析的基础上，对经过整理的一些重要信息资料提出相应的处理意见，供领导参考。

第四节　办公室信息的传递

人们收集信息的目的在于应用，信息只有经过传递流动，才能更好地体现其价值，发挥其作用。信息传递的速度越快，范围越广，信息的利用就越迅速、广泛，信息共享的意义就越大。

一、信息传递的模式

所谓信息传递，就是以信息提供者为起点，通过传播媒介或载体把信息传递给信息接收者。

（一）信息传递的要素

传递信息必须具备三个要素，即信源、信道、信宿。

1.信源。信源即信息的提供者。信息的来源，可以分为原生源和再生源，前者指生成的信息以原始信息形式直接进入传递，后者指收集、加工后以二次信息的形式进入传递。

2.信道。信道即信息传递的渠道，包括信息传递的媒介、载体和运行方式。

3.信宿。信宿即信息传递的终点，包括信息的接收者和信息的利用者。

（二）信息传递的模式

信息传递，就是以信息提供者为起点，通过传播媒介或载体把信息传递给信息接收者或使用者，其模式见图5-5。

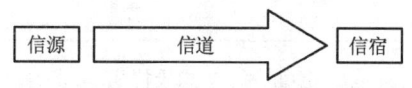

图5-5　信息传递的模式

二、信息传递的方向

(一)内向传递

内向传递是指为了进行协调与合作而在组织内部进行信息交流。内向传递信息一般通过信件、备忘录、通知或告示、传阅单、内部刊物等形式进行。

(二)外向传递

外向传递是在日常工作中有效利用各种媒介向外部组织传递信息,一般通过信件、新闻稿、新闻发布会、报刊简短声明等形式进行。

三、信息传递的形式

信息传递的形式主要有信件、备忘录、报告、通知、指示、新闻稿、组织内部刊物、传阅单、新闻发布会、声明、直接邮件等。

(一)信件

信件是正式的书面交流信息,可用于外向传递(如给客户、供应商的信件)、内向传递(如给员工的晋升或提高工资的信件)。信件通常在一些数量有限和需要特殊信息的人之间传递,大部分信件使用组织的公文纸。信件内容通常包括目的、主题、结束语三部分。

(二)备忘录

备忘录多用于通知有关工作事项。备忘录常在组织内部使用,尤其是在相互了解的人之间使用。

1.备忘录的格式。组织一般都有各自的标准备忘录格式,备忘录表格可以预先打印或准备好。备忘录格式如图5-6所示。

```
给——接收信息人姓名
从——发送信息人姓名
抄送——其他需要信息的人
日期:
主题:
内容
```

图5-6 备忘录格式

2.备忘录的优点。
(1)信息量较少。

(2)采用书面形式,便于查阅和参考。

(3)文字不必像信件那样正式。

(4)使用方便。

3.备忘录的缺点。

(1)沟通较慢。

(2)不便于交换看法。

(三)报告与指示

1.报告。报告是向上级汇报情况的正式文件,包含了有关内容的详细信息,用来正式陈述事实性的信息。报告要做到内容准确,结构合理,重点突出,行文力求简洁,结论科学合理。

 案例

上报信息要简明扼要

××××年3月24日,×县金矿劳动服务公司在运输途中丢失3桶氰化钠。该县公安机关一直抓紧对此案的侦查工作,至4月10日,已陆续找回两桶。事情的经过是:3月24日早上,该县××乡××砖厂一职工李×上班经过××桥头,发现一青色圆桶,李欲将其拉回家,恰被自称为县金矿职工的青年(姓名不详,待查)发现,想以500元买下,李怕钱少吃亏而未成交,遂将铁桶拉回家中。至4月7日,李将这桶氰化钠以1 000元卖给某个体金矿(矿主姓名待查),矿主发现后即报县公安局,由此,该桶氰化钠被查获。第二桶被发现是在4月9日,该县在电视上发出了协查通告,县钢铁股份有限公司周某看到电视后回忆,并即到公安部门报:3月24日,他在收购废钢铁时,有一人拉来一圆铁桶,与协查物相似,因该桶有毒物标志而未收购。4月10日,公安部门根据此线索,找到了那个人,经查证实该铁桶是遗失的氰化钠。这桶氰化钠是此人于3月24日在××市五里路段发现的。他拾起随车拉到钢铁股份有限公司出售,因未能卖出而运回家。

这条信息对事件的过程交代得过于详细,显得太啰唆。高层领导不管具体破案,不需要了解查获这两桶氰化钠的细枝末节,只需了解一个梗概。在写这类报告时一定要简明扼要,交代清楚事件的时间、地点、人物、起因、经过、结果这几个要素就可以了。这条信息可考虑改为:3月24日,×县金矿劳动服务公司在运输途中丢失3桶氰化钠。其中两桶氰化钠在4月10日分别于××至×县路段间被路人捡到,拾得人出售时,被人发现,报告公安机关,得以收回,另一桶下落尚未查明。

2.指示。书面指示应简明清晰,要讲清应完成什么工作,以及完成这项工作的时间及工作方法。

编写书面指示应注意:其一,讲清目标;其二,指明工作方式;其三,规定时限;其四,指出实现预定目标应采取的措施;其五,指出发送对象。

(四)通知

通知使用的范围最为广泛,使用频率最高。通知的事项或要求办理的事情,往往有很强的时间性。通知的语言要求精练。

(五)组织内部刊物

组织内部刊物主要介绍组织最新动态和业务进展情况,是沟通上下、联系员工的桥梁。内部刊物的内容一般有:组织内部信息、职务升迁信息、员工信息、员工嘉奖信息、业务往来信息等。

(六)传阅单

需要传阅内容较多的信息时,可使用传阅单,上面列出所有应阅读该信息的工作人员的姓名和部门,阅读完信息后在传阅单上签字。传阅单的格式如表5-2所示。

表5-2 传阅单样式

传阅单		
姓　名	传递日期	签　名
传阅后返回给(姓名、部门/办公室)		

(七)新闻稿

组织公布决定或政策时,可采用发布新闻稿的方式向社会公众传递信息。新闻稿要简明扼要,直入主题,客观反映事实,不做评论说明。

一般来说,一个组织的新闻稿应有固定格式。如果没有,在纸张的顶端写上"新闻稿"几个字,然后按新闻稿的格式开始撰写。如何撰写新闻稿呢? 通常的做法有:

1.新闻稿越短越好,一两页纸即可。
2.在新闻稿的上部,写上组织的名称、地址和电话。
3.在组织名称和地址下面,写上联系人的姓名和电话。
4.确定发布日期,明确新闻稿是否要立即发表,还是稍后发表。
5.页边要保留3cm~5cm的宽度,留给审稿者足够的页边作注释。
6.段落要简短。
7.如果新闻稿超过一页,在第一页的底端可标注"接下页"字样,在第二页的顶端可标注"接上页"字样。

8.在页面顶部写标题。

9.新闻稿应清晰和准确地打印,然后送到报社、杂志社、电台和电视台等信息传播媒介,也可通过微博、微信公众号甚至是自媒体渠道发布。

(八)新闻发布会

新闻发布会主要是向社会公众公布重要的信息,如公司展示最新产品、演示技术上的最新成果等。展览会前或展览期间,都可举行新闻发布会。办公室人员要落实发布会日期、地点、出席人员名单;准备展览用品、赠品;制作工作人员及展览会使用标牌;发请柬和资料;布置会场;起草发布稿;等等。下面是一则新闻发布会的发布稿实例。

案例

广州本田新一代雅阁(Accord)下线新闻发布稿

新闻界的朋友们,上午好:

今天会场上有来自国内外110家媒体的170多位记者,首先对各位在百忙之中抽出时间出席今天的广州本田新一代雅阁(Accord)轿车下线仪式及试乘试驾活动,表示热烈的欢迎,对以在座各位为代表的新闻媒体给予广州本田的大力支持表示衷心的感谢。

一、××款雅阁轿车回顾

1998年7月1日,广州本田汽车有限公司成立,引进生产第六代美国版雅阁系列轿车。4年多来,雅阁轿车得到了中国顾客的厚爱,广州本田累计生产销售了13.9万辆雅阁轿车。对这些用户,我们真诚感谢他们对广州本田产品的信赖。本着为用户负责任的态度,广州本田将继续提高用户的满意度,确保××款雅阁轿车的售后服务、零部件供应,请广大用户放心。

二、新一代雅阁轿车特点

广州本田的产品保持与世界同步,今天下线的全面换型的新一代雅阁系列车型的风格、技术和性能均达到了世界先进水平。其发动机性能、变速箱和车身都经过全新设计,整车驾驶和操作性、乘坐舒适性和适用性,特别是安全、环保和节能等方面均已居于同级轿车之前列。下午,请各位试乘试驾,亲身体验一下新一代雅阁的驾乘感受。

三、新一代雅阁轿车市场定价

广州本田成立以来,通过持续地增加生产量,提高国产化率和生产效率,使产品成本不断下降,我们决定把成本降低的成果回报给广大用户,同时提高产品的性价比和产品的竞争力,把新一代雅阁2.4i-VTEC的全国统一价格定为25.98万元(含运费)。

四、新一代雅阁轿车上市时间

新一代雅阁将于1月25日通过全国的广州本田汽车特约销售服务店上市。在新车上市之前,广州本田对全国的特约销售服务店的员工进行了新一代雅阁产品知识、维修技术、零部件知识为期两个月的培训,充分做好了新车上市之前的准备工作。为了更好地满足顾客对不同动力的要求,配有2.0升、3.0升发动机的新一代雅阁轿车也将分别在3月及4月份下线。

五、新年展望

近年来,中国的GDP每年均有快速增长,北京2008年将举办夏季奥运会,上海2010年将举办世界博览会,这些举措必然拉动中国经济进一步发展。从日本、韩国的经验来看,日本1964年、韩国1988年举办奥运会后,两国汽车市场都经历了快速发展的时期。中国现在的情况与日本、韩国当年的情况非常相似。因此,种种迹象表明,中国的汽车工业将面临一个非常好的发展机遇。广州本田将抓住这个机遇,今年实现产销目标11万辆,并在建成年生产能力12万辆生产规模的基础上,继续进行工厂改造。广州本田仍将继续把提高用户的满意度作为我们的工作目标,加强特约销售服务网络建设,将在全国建成200家特约销售服务店;在建立北京商务中心的基础上,在华东地区也建立商务中心,及时保证和满足对华东地区特约销售服务店的零部件供应。同时,我们会认真研究和满足顾客的需求,提高产品质量,不断推出新车型,为顾客提供多品种、高性价比的产品。

在中国新春到来之际,祝大家身体健康,家庭幸福,万事如意!谢谢大家!

广州本田汽车有限公司
20××年×月×日

(九)声明

在报刊上宣布新的任命或电话、地址的变更等常使用声明这种信息传递手段,声明要简短,引人注目。

(十)直接邮件

直接邮件是将组织的信息材料通过邮局寄出的传递方式。

1.直接邮件的优点主要有:

(1)可以使信息直接抵达目标群体。

(2)可以精确地得出直接邮寄的答复率及成本效益。

(3)目标群体人数不多时,在不设立专门部门、不请教专家的情况下,就可以顺利地处理邮递事务。

2.直接邮件的缺点主要有:

(1)邮件要封装、贴邮票、送到邮局,花费精力大。

(2)比电子邮件发送速度慢。

(3)邮件可能丢失或错投。

3.直接邮件的用语。若直接邮件的对象是高级管理人员或决策者,用语应谨慎规范;若对象为一般管理人员,用语则要精简明了,突出关键。

四、信息传递的方法

信息传递的方法通常分为语言传递、书面传递、电信传递、可视化辅助物传递等。办公室人员应根据信息的形式、类型、使用目的及信息接收者的要求,选择有效的方法。

(一)语言传递

1.语言的形式。语言传递是将信息转换为语言传递给信息接收者。其主要形式有对话、座谈、会议、提出请求、口头报告、演讲等。

2.语言传递的特点。语言传递是组织机构处理日常工作的主要信息交流方式,其特点见表5-3。

表5-3 语言传递的特点

优 点	缺 点	适用情况
1.传递具有即时性 2.传递信息迅速、简单、直接、效果好 3.不受场合、地点的限制 4.信息反馈及时	1.获得信息零乱 2.信息传递范围窄 3.靠人脑记录和储存信息,信息难储存 4.易因语音不清出现失误 5.出现差错无查找依据	适宜广泛交流,多用于组织内部传递信息;对口头交流所涉及的重要内容,可用书面形式记录

3.语言传递的技巧。语言传递的效果与信息发出者采用的技巧有关。因此,办公室人员在语言传递信息中要有较强的口头表达能力,讲究语言交流的技巧。

(1)交谈中用词要文明礼貌,表达准确,吐字清晰,语意连贯。
(2)交流中思路清楚、逻辑性强,不能前后矛盾。
(3)根据对方的反应用幽默、风趣的话语来营造融洽的气氛。
(4)注意运用各种说话技巧,提高语言的吸引力。
(5)结合话题适时地提出自己的看法和观点,不要一味地赞同对方的意见。
(6)精心选择谈话的话题,既要照顾对方的兴趣和需要,也要注意发挥自己的优势。

(二)书面传递

书面传递信息是用文字、数据或图表表示信息,借助一定的载体进行传递,留有可供参考的记录,是一种重要的信息传递方式。

书面传递信息的主要表现形式是文本、表格、图表、框图、演示文稿等。办公室人员可用来编发各种信息简报、报告、统计报表及市场信息快报等交流信息,反映组织、部门或某个地区出现的新动态、新情况、新经验。

1.文本。文本是大多数信息的传递形式。为了增强文本的影响力和清晰度,可以运用一些文字处理技巧。如对标题和重点内容加粗或画重点线;对各要点加上序号和符号;使用艺术字;使用文本框,突出部分文本;使用不同字体和字号显示信息。

2.表格。

(1)表格的结构。用于传递信息的表格一般包括以下部分:

表头——表的名称,用以概括说明表的内容,一般写在表的上端中部。

横轴标题——在表的左侧,对横栏中的数值作说明。

竖轴标题——在表的上方,对纵栏中的数值作说明。

指标数值——列在横栏标题与纵栏标题的交叉处。

(2)编制表格的注意事项。

第一,标注计量单位。指标数值有一定的计量单位。当表中指标数值都是同一计量单位时,将计量单位标写在总标题的右侧;当同栏指标数值以同一单位计量而各栏的计量单位不同时,则应将计量单位标写在各栏标题的右侧。

第二,数字规范。数字书写要统一整齐。同一竖列的数字要上下对齐,小数点后保留的位数要一致。如果不需要有数字时应用横短线"—"表示;当某数字与上下或左右相同时,仍要填写,不能用"同上"或"同左"等字样代替。

第三,布局合理。表格应体现一定的目的,按逻辑顺序布局,尽量精简文字,留出足够的填写空间。有序安排表格行和列的项目,使得接受者在掌握所列的有意义数字的同时,摒弃所有无关的数字。通过表格处理,可以将有关数字排列进去,而且可以看出数字间的对比关系来。

3.图表。统计信息以图表的形式传递,更容易使接收者理解。有效地使用图表,可以简化信息、加速交流,但图表不能完全代替文字,只能大量地减少文字数量。

基本的图表有柱状图(见图5-7)、饼状图(见图5-8)、折线图(见图5-9)。柱状图中的信息用柱形图标示,多用于统计数字的比较。饼状图中的圆饼被分成几个区域,每个区域在整体中占一定比例,可用来反映各部分统计数字占整体的份额。折线图多用于表示事物的发展趋势。办公室人员应根据信息传递的类型选择图表形式,并能用图表准确地表述信息。

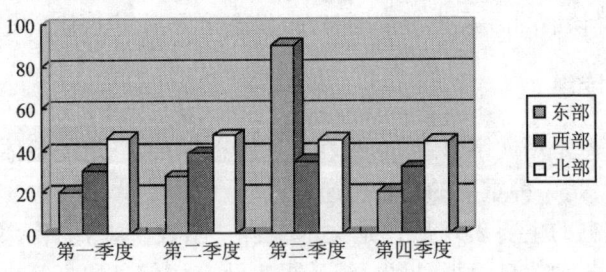

图5-7　某公司20××年每季度手机销售额(万元)

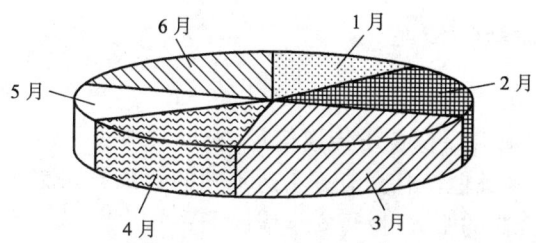

图 5-8　某公司 20××年 1—6 月手机的销售份额(%)

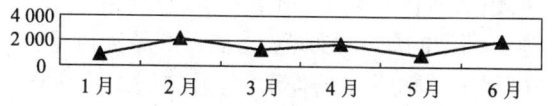

图 5-9　某公司 20××年 1—6 月手机的销售量(台)

4.框图。框图是用图解的形式来表示信息。框图有流程图、组织图等形式。流程图以简单直观的图解方式表示某项工作的程序,用于分析任务的逻辑进程。任务用方框表示,用箭头连接,箭头表示信息或任务的流向,如图 5-10 所示。组织图显示一种线性关系,如图 5-11 所示。

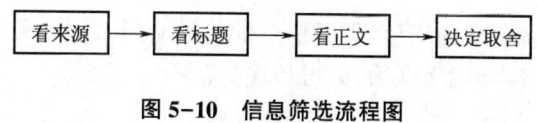

图 5-10　信息筛选流程图

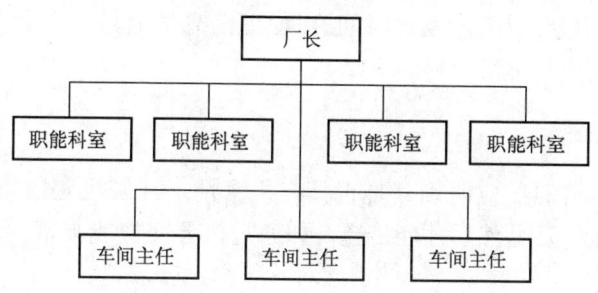

图 5-11　企业组织图

(三) 电信传递

电信交流信息是利用现代化的通信手段传递信息的一种方式。电信传递信息量大,速度快,效果好,抗干扰力强,不易失真。办公室人员电信传递信息的途径有电话、传真、电子邮件等。

(四)可视化辅助物传递

可视化辅助物主要包括以下几类:

1.影像。利用摄影和录像技术传递信息,能形象地表示信息,具有真实性、直观性和感染力,可以收到其他信息交流方法达不到的效果。如制作录像带介绍产品性能、推销产品、宣传企业的服务、进行安全培训等。

2.投影。投影用于演示信息内容,将相关内容投射到屏幕上,能引起人们对信息内容的关注。

3.展示架。展示架包括展板和架子,用于展示信息内容。

4.展示或示范。这里所谓的展示或示范,指展示产品实物,演示产品的实际操作。

5.布告栏。布告栏用于张贴通知或告示等,通知组织的内部事项或征求员工对某事项的意见。写通知或告示应尽量避免生硬的语气。通知或告示要醒目,做到文字信息简单,图片和色彩具有吸引力,让人们在一定距离能阅读。

五、信息传递的要求

为确保信息传递的顺利进行,办公室人员应注意以下三个问题。

(一)全面审核

对要传递的信息要全面审核,重要信息的传递必须经过主管领导审核。当确认信息的内容、发送单位准确无误后,方可传递。

(二)限时传递

对拟传递的信息,应确定发出时间,以保证信息的时效。传递人员不得无故拖延,违者采取相应违规举措惩罚。

(三)安全保障

对于拟传递的信息,应明确其是否具有机密性。凡属机密信息,应由主管领导确定密级以及发送范围,然后才能传递。如通过机要交换或邮寄,在装封、投递中应进行登记。

案例

喜讯后面的悲剧

天华公司办公室主任张晶,与新利公司办公室主任陈华是大学同学,两人常在一起聊天。两家公司都进行皮鞋出口贸易。在一次闲聊时,陈华说她最近心情不太好,因为公司生意不佳,总经理急得茶饭不思,常把气出在她身上。张晶说:"你也不要太在意,我们做办公室主任的要学会自己调节心情。我们公司的业绩还不错,今天上午我们经理与俄国××公司签订了一个合作意向书,生意做成了,可赚上一百多万元。"

过了几天,张晶随总经理去白云宾馆与俄国××公司签订正式合同,过了约定时间,还不见俄方的身影。后来,俄国××公司打来电话说已与新利公司签订了合同。

总经理百思不得其解,办公室主任张晶心情沉重。

第五节 办公室信息的存储

信息存储,就是将整理后的信息用一定的方法,以文字、图像、数据等形式,按一定的次序进行严格的登记、科学的编码和有序的排列保存,以备日后使用。

信息存储能够丰富信息资源,利于集中管理,使信息的查找方便快捷,减少信息的无序存放和防止信息的丢失,从而实现信息资源的共享。

一、信息存储的步骤

信息存储一般按以下步骤进行,见图5-12。

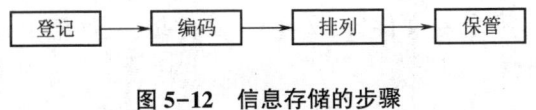

图5-12 信息存储的步骤

(一) 登记

信息登记是指建立信息的完整记录,它能系统反映信息的存储状况。信息资料的登记分为总括登记和个别登记。总括登记就是对所存储的信息按批分类登记,一般只登记信息种类及总量等,其反映的是存储信息资料的全貌。个别登记是按信息存储的顺序逐件登记,是对每一类、每一份、每一册信息资料的详细记录,优点是便于掌握各类信息资料的具体情况。登记的形式有簿册式、卡片式,可视具体情况灵活运用。

(二) 编码

信息的编码应表示出信息的组成方式及其相互关系,一般由字符(字母或数字)组成基本数码,再由基本数码结合成基本数据。编码的方法有多种,常用的有:

1.分组编码法。分组编码法即利用十进位阿拉伯数字,按数字来分别大、小类,进行单独编码,从左向右分类,左大右小,左边数字表示大类,右边数字表示小类。例如:

1000——市场信息资料

1100——市场纺织品信息资料

1110——市场化纤品信息资料

1111——市场涤纶销售信息资料

2.顺序编码法。顺序编码法即按信息发生的先后顺序或规定一个统一的标准编码,可按数字、字母、内容(如政治、经济、科技、文教……)的顺序排列编号。

(三)排列

1.时序排列法。时序排列法按照接收到的信息的时间先后顺序排列,即按信息登记号先后顺序排列。时序排列法简便易行,但分类不清,不便于按照内容查找信息。这种信息排列法适用于信息资料不多、服务对象比较单一的组织。

2.来源排列法。来源排列法指按照信息来源的地区或部门,结合时间顺序,依次排列,以便于查找信息。

3.内容排列法。内容排列法指按信息资料所反映的内容分类排列,可依据信息资料分类号码的大小排列。

4.字顺排列法。字顺排列法指按信息资料的名称字顺来排列信息。

(四)保管

一般将信息资料保管在文件夹、文件盒、文件袋、文件柜中,保管中要注意防损坏、防失密、泄密、窃密。

二、信息存储的方式

随着科学技术的进步,信息存储的方式除了传统的手工存储外,还包括计算机存储、电子化存储、缩微胶片存储等方式。

(一)手工存储

手工存储既适用于通常保存在文件夹或文件柜中的纸质信息,也可用于磁盘、光盘等计算机信息的存储。

手工存储包括两方面:

1.信息原件存储。这是指文字材料、录音带、录像带、胶卷底片等的存储。

2.目录、索引存储。对于大量的信息材料,办公室人员应当另外编制目录或索引卡,与原始信息一并存储,以便检索利用。索引卡是一种厚纸板,可立于文件柜中,隔开文件夹,起到分类作用。索引卡分为有洞和无洞两种。有洞的,可穿在文件柜中的挂钩上,使之不易失落,而分类的顺序也不致弄乱。若文件柜没有挂钩,就必须用下方无洞的索引卡才能保持整齐。

(二)计算机存储

随着计算机技术的广泛应用,办公室人员可将信息资料存储在 U 盘、光盘或其他电子介质中。以数据库、电子表格、文字处理或其他应用程序的形式形成的信息,均采用计算机存储保存,但要注意将所存储的信息定期备份,并将备份文件另行存放。

(三)电子化存储

电子化存储又称为电子文档管理系统。所有文档存储在 CD-WROM(光盘一次写入,多次读出)盘上。保存的信息由计算机系统建立索引,并能以各种方式查找。

(四)缩微胶片存储

缩微胶片存储是指利用专门的光电摄录技术装置,把以纸张为载体的信息高密度缩拍在缩微胶片上。每片缩微胶片尺寸很小,占用很少的空间。缩微胶片需要使用阅读机显示,借助阅读机阅读存储的信息。

缩微胶片存储需要以下设备:照相机,由原始文档制作底片;阅读机,底片上的文档图像非常小,需借助阅读机阅读;打印机,需用底片上信息的纸面拷贝时,就需要特殊的打印机来制作拷贝;打印-阅读机,一种具有阅读机和打印机综合功能的设备。

三、信息存储的装具与设备

(一)常见的存储装具与设备

信息存储装具与设备常见的有文件夹、文件盒、文件袋、普通文件柜与文件架(如直式文件柜、横式文件柜、敞开式资料架等)。

(二)特殊的存储装具与设备

针对光、磁、缩载体材料的特殊保存要求,国内各厂家也陆续开发了各种类型的存放装具,比较有代表性的有三大类:

1.温湿度控制柜。

(1)可同时进行温湿度调控的存储柜。该设备采用压缩机制冷系统,最大特点是解决了对柜内温湿度的同时调控,有两种规格,调控范围为:温度 13℃~20℃、湿度 20%~45% 和温度 16℃~22℃、湿度 40%~55%,基本可满足《电子文件归档与管理规范》规定的保存要求(温度 17℃~20℃、湿度 35%~45%),同时也较好地实现了防尘、防光等性能,是一种功能较全的保存设备,设备售价相应比较高。

(2)单项进行湿度调控的存储柜。该产品市场种类较多,一般都采用电子除湿器做控湿元件,从原理上讲有两种方式,即用半导体制冷芯片除湿和化学吸附剂除湿两种模式。目前市场上已有多种采用半导体制冷芯片除湿的控湿柜,调控范围一般可达 20%~60%,可满足磁、光盘的湿度保存环境要求,但比较常见的多以放置物品的玻璃门和抽屉式结构为主,如做信息部门专用储存设备,在结构上还需进一步改进和完善。

2.其他专项控制柜。

(1)电脑控制光盘存贮柜。该产品针对信息部门用户开发,单柜储存容量大,采用辐射式存放和旋转传送方式,与电脑联机并配以条形码识别技术进行存取,可实现对存储光盘的快速检索和动态管理,存取便捷。其主要特点是在解决光盘放入容器和快速检索、存取等方面比较突出。

(2)磁带柜。这种产品由于在国内开发应用的时间比较早,在信息部门使用也比较普及,国内很多大的信息装具厂都生产这种产品。技术指标为在外磁场强度为 200GS 时,柜内磁场强度不大于 5GS,远低于对磁性材料产生破坏的磁场强度要求。此外,由于这种柜子的结构特点,其也具备较好的防尘、防光和防碰撞等功能。

(3)防火防磁文件柜。近些年,人们对意外灾害造成的损失越来越重视,特别是对火灾所造成的损失尤为担心,出于对珍贵文件、光磁载体材料安全的重视,防火文件柜的开发和应用也开始多了起来。以某科技有限公司生产的防火防磁文件柜为例,其技术指标为:防火加热 1 小时试验,柜外最高 1 000℃,柜内最高 33.3℃;防磁可达柜外磁场强度 600mT,柜内壁磁感应强度 0.3mT~0.6mT。

3.密集架。在结构上,主要采用在密集架的架体上安装抽屉,或直接在隔板上安装存放磁带、光盘、缩微胶片等物体的分隔架。该形式保证了设备具有高效的存储空间,光磁载体存储量大,设备投资少,但对这些载体的保护则需要依库房环境调控能力来解决,一般存放架体本身不能提供特定的保存措施。

四、信息存储管理系统

为了做好信息工作,更好地发挥信息的作用,要建立适合本组织工作特性的信息管理系统。在一个组织中,既可集中立档,也可分散立档,还可建立计算机信息管理系统。无论建立哪种信息系统,都应做到:信息资料便于存放和查询;文件柜大小合适,适合存放各种文件;编目简洁清晰,易于查找及归档。

(一)信息集中管理系统

信息集中管理系统就是将所有类型的信息都集中在一起存放管理,在组织内建立一个完整的信息系统,形成高效的信息服务体系和信息借调系统。

信息集中管理系统,便于实现信息的科学化、现代化管理,保密性强,使用起来具有整体性。但它的分类和编目系统庞大,在存储和查阅时会带来一定的麻烦。

(二)信息分散管理系统

信息分散管理系统是指所有文件都由组织内各个部门分别保管,以方便查阅。

采用信息分散管理系统,各部门信息管理方式有很大的灵活性和专门性,可根据实际情况采用最适合本部门特点的信息管理方式。例如,有些部门可采用分专题的信息立档方式,而有些部门则采用分地区的信息立档方式;销售部门可按客户立档,供应部门则可按原材料的产地、种类立档等。

信息分散管理系统内,部门信息可自行分类编目,由于内容相对单一,使用起来简单方便。分散信息管理系统规模不太大,易于管理,适于保管机密文件,能发挥各部门员工熟悉本部门业务的优势,提高信息的质量。实践中,可以根据各部门的名称建立一套字母编号供各部门在来往文件和类别标题中使用。

(三)计算机辅助信息管理系统

随着办公自动化的发展,很多组织的文件在计算机上产生,他们在网上处理、传递,电子文件也就大量产生,因此运用计算机进行信息管理势在必行。计算机辅助信息管理系统是用计算机对信息的编目、整理、检索、利用和保管等工作进行辅助管理。

计算机辅助信息管理系统的功能有:可以利用扫描技术将信息数字化,将二次文献录入到计算机内;进行信息数据的加工处理、存储和管理;进行数据的统计;进行信息目录或全文的检索;根据需要快捷传递信息,提供信息利用服务,实现信息资源共享。

目前,比较理想的信息系统应该是充分利用计算机在各部门立档的基础上,再建立一个有联网功能的集中信息管理系统。

第六节 办公室信息的开发利用与反馈

办公室信息工作的目的是为了有效地利用信息。

一、信息的开发

信息开发是对信息进行全面挖掘、综合分析、概括提炼,以获得事物发生、发展、变化的高层次信息。简而言之,就是对信息进行有序化处理、加工与提炼。

(一)信息开发的类型

按照对信息资源加工的层次,信息开发分为一次信息开发、二次信息开发和三次信息开发等。

1.一次信息开发。一次信息即原始信息,如会议文书、组织的技术文献、产品目录、备忘录、内部报告、信件等。一次信息具有直接参考和借鉴的价值。对一次信息进行开发有利于把无序的原始信息转变成有序的信息,节省使用原始信息的精力和时间,提高利用率。

2.二次信息开发。二次信息开发是对一次信息进行加工整理后形成的一类新的文献信息,专门提供信息线索,供人们查阅信息来源。它是对信息进行加工后而得到的浓缩的信息,容纳的信息量大,可以使人们在较短的时间对较大范围内的信息有概括性的了解。其主要的开发形式有目录、索引、文摘、简介等。

3.三次信息开发。三次信息开发是根据特定的需要,在一次、二次信息的基础上,经过分析研究和综合概括而形成更深层次的信息产品。其任务就在于从零星无序、纷繁复杂的信息中梳理出某种与特定需求相关的内容,解释某种规律性的认识,并最终形成书面报告,从而为决策服务。三次信息是高度浓缩的信息,提供的是评述性的、动态性的、预测性的信息。其主要形式有简讯、综述、述评、调查报告等。

(二)信息开发的主要形式

信息开发的主要形式包括简报、索引、目录、文摘、简讯、调查报告等。

1.剪报。

(1)剪报的特点。剪报是指根据需求,确定选取周期,选择不同的专题,对报刊资料中有用的信息进行选取、组合、编辑制作和传递。剪报是将繁杂的报刊资料专题化、集中化的一种开发方法,属于一次信息开发。

(2)剪报制作的操作步骤。剪报制作的操作步骤如图5-13所示。

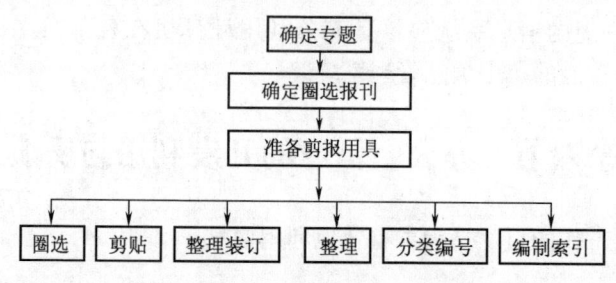

图5-13 剪报制作的操作步骤

(3)剪报制作的注意事项:

其一,不好剪则复印。比如,剪下某些所需内容有损整个版面有用资料的完整性,这时就需要复印相关资料。

其二,标记重点。领导在阅读剪报时并不一定都看得那么仔细,遇到忙的时候,甚至只浏览一下标题。所以,如果有重要的内容,办公室人员一定要用红笔画上重点线,以引起领导的注意。

其三,说明和注释。对于篇幅较长的文章,特别是国外杂志上与本组织有关的最新报道,办公室人员要在文章旁边加上必要的说明文字。遇到一些新名词或英文缩写,要加以必要的注释。

其四,标明信息来源和去处。办公室人员在剪报上要注明每份信息的来源,包括报刊名称、日期或期号;注明剪报的部门、剪报人;注明每份剪报所报送的领导或抄送部门、抄送人。

2.索引。索引是将信息的特征及其出处按照一定的原则和方法排列起来的检索工具,是办公室人员快速准确地查找信息、提供咨询、开展信息利用服务的必要手段。索引将信息中的题名、主题、人名、地名、事件等按字顺或其他次序排列组成款目,属于二次信息开发。

信息资料索引可分为篇目索引和内容索引。篇目索引用来指明信息资料的出处。内容索引将信息资料中的事件、人名、地名等一一摘录出来,分别按顺序排列,并指明它们的出处。例如:按姓名编制索引,揭示信息中所涉及的人物并指明信息出处,利用者借助人名索引,可以查到记载某一人物的信息材料。

3.目录。目录是一系列相关信息的系统化记载及内容的揭示,它依据信息资料的题名编制而成,可供人们鉴别和选择信息资料。目录编制属于二次信息开发。

4.文摘。文摘是指对主要信息简明扼要地摘录其重要内容,属于二次信息开发。信息资料文摘一方面可以直接向人们提供信息资料的要点和主题;另一方面还可以使人们据此线索,找到原始资料和完整的信息。

文摘有指示性文摘和报道性文摘两种。指示性文摘是一种篇幅短小的摘要,以向利用者指示信息源的主题范围、使用对象为目的。它只向利用者提供信息源中涉及的内容纲要,以使利用者正确了解信息源为原则。指示性文摘适用于信息篇幅长、内容复杂的信息资料。报道性文摘是原文要点的较详细的摘要,以向利用者提供信息的实质性内容为主要目的,是信息源的浓缩。报道性文摘适用于主题比较单一集中、内容较新颖的信息资料。

5.简讯。简讯是一种以简明扼要的语言报道事情最新动态的信息,主要反映工作进展、有效做法及成功经验等方面的信息,多用于情况交流和相互沟通。简讯通常用"××快报""××简报""××动态""××快讯"等冠名,属于三次信息开发。

6.调查报告。调查报告是通过对典型问题、情况、事件的深入调查,经过分析、综合,揭示出事物客观规律的书面报告。它是一种在实地调查获得数据、事实的基础上,经过分析研究后得出的能真实反映有关事件本质特征的三次信息开发产品。

(三)信息开发的方法

信息开发的方法主要有汇集法、归纳法、纵深法、连横法、浓缩法、转换法、图表法等。

1.汇集法。所谓汇集法,是指把许多原始信息按一定的标准汇集在一起的方法。这种汇集要围绕一个主题,把一定范围内的有关资料有机地汇集在一起,适用于反映一个地区或一个部门某方面的状况。该种方法在信息资料较多,反映面宽的时候较为适用。

2.归纳法。所谓归纳法,是指将反映某一主题的原始信息集中在一起,然后加以系统综合、归纳分析,以便完整、清晰地说明某一方面的情况的一种方法。归纳法要求分类合理、线条清楚、综合准确。

3.纵深法。所谓纵深法,是指根据需要,把若干个具有内在联系且有一定共同点的信息,或几个不同时期的有关信息资料从本质规律层面深入分析,以形成一个新的认识,搞清问题的来龙去脉的方法。

4.连横法。所谓连横法,是指按照某一主题的需要,把若干个不同来源的原始信息做出比较分析,形成一个新的信息的方法。采用连横法时应注意:来自不同方面的信息要具有一定的同质性;要选择最能说明该主题的信息。

5.浓缩法。所谓浓缩法,即通过压缩信息资料的文字篇幅,达到凝练主题、简洁行文的目的的一种方法。使用浓缩法要使主题集中,即一篇信息资料只表达一个中心思想,阐明一个观点;要压缩结构,减少段落层次;要凝练语言,简明地表达含义。

6.转换法。所谓转换法,是把不易理解的信息转换为易理解的信息。如原始信息中有数据出现,把不易理解的数据转换为容易理解的数据或文字说明。

7.图表法。图表法是指,将原始信息资料中的有规律的数据制成图表,使人一目了然,从而便于信息的传递与利用。

二、信息文稿的编写

信息文稿的编写,是用书面形式对信息进行有序化处理,是把筛选、加工过的信息按照要求写成信息文稿,挖掘信息的深层次价值的过程。

(一)信息文稿的编写步骤

1.确定主题。无论信息长短,包含内容多少,都有要明确说明的问题,只有确定了主题,才能围绕主题组织材料,进行综合分析。

2.分析材料。要围绕主题进行选材,对调查或通过其他渠道获得的原始信息材料进行分析、梳理,决定取舍。

3.进行材料组合。按照主题要求,依一定逻辑顺序,把选择出来的信息材料有条理地组织起来,成为一个有机整体。

(二)信息文稿编写的类型

1.动态型信息。动态型信息反映某项工作、活动或事件的发生、发展和变化,说明客观情况,可以使人们从大量变化着的现象中看到问题的本质,从而更好地预测未来。动态型信息是一种能迅速、及时地反映商务活动中出现的新情况、新动向的报道形式。凡是报道企业新近发生的重大事件,包括重要的会议、重要的活动以及员工中随时出现的新思想、新情况、新问题和重大突发事件,都属动态型信息。

动态型信息的编写必须做到：标题简洁、新颖；内容准确无误；材料重点突出，全面反映客观过程；合理使用背景材料，增强信息的价值。

2. 建议型信息。建议型信息指办公室人员根据工作实际，直接为领导出主意、想办法而形成的信息材料，这类信息对于领导正确决策有一定参考价值。

建议型信息文稿一般由标题、背景、建议内容及理由四部分组成。建议型信息的编写要有针对性，既要反映问题，又要提出解决问题的措施和办法；建议要有理有据，切实可行。

3. 经验型信息。经验型信息是反映一个地区、一个组织、一个部门某方面经验的信息，侧重于对事物发展规律的认识和探索，着重揭示事物的本质。

经验型信息的编写可采用顺叙法，即先写做法和经验，后写效果；也可采用倒叙法，即先写效果，再写做法和经验。经验型信息的编写必须做到：内容具体，观点明确，分析透彻，数据充分。经验型信息应典型，具有实际指导意义。办公室人员要通过调查总结经验，善于借鉴、提炼有关的调研成果。

4. 问题型信息。问题型信息即负面信息，分为已经发生、正在发生和将要发生三种。问题型信息文稿由标题、背景和问题三部分构成。背景即问题发生的时间、地点、条件、原因等。问题部分事实要准确，表述要清楚。在揭示问题的同时，应提出解决问题的方法。

5. 预测型信息。预测型信息是依据现有事实或根据以往积累的经验，对某一事态发展趋向做出推测的一种信息形式，其特点是具有超前性。

预测型信息文稿由标题、预测内容和预测根据三部分组成。编写这类信息要尊重事实，掌握规律；科学分析，全面论证；语言要严谨，数据要准确。

6. 综合型信息。综合型信息是一种全面、概括地反映一个时期、一个区域、一个事件、一个问题的带有全局性意义的信息形式。它具有反映范围广、声势大的特点，既反映事物的总体规模和总的特点，又对局部的典型情况加以说明和分析。

编写综合信息要充分积累材料，善于分析和概括；要点面结合，精心组织材料。

三、信息的利用

信息利用是信息工作的核心阶段和终极目的。如果信息得不到利用或者利用价值较低，那么围绕信息的一切工作都毫无意义。

莱曼的小纸条

2006年足球世界杯1/4决赛时，东道主德国队与阿根廷队狭路相逢。120分钟常规赛后，双方战平，比赛进入残酷的点球决战。这时，德国队的守门员教练递给守门员莱曼一张小纸条，上面写了阿根廷队场上有资格踢点球的队员的相关信息，内容包括他们在平时训练和正规比赛中踢点球时每个人的习惯动作、角度、力度。结果莱曼扑出了对方的两个点球,德国队最终淘汰了阿根廷队,进军半决赛。

(一)信息利用的含义

信息的利用,是指将获取、处理过的信息应用于实际工作,使信息的价值得以实现的过程。办公室人员信息工作的目的,就是为了充分有效地利用信息,为上司的科学决策和科学管理服务。

(二)信息利用的基本方向

对办公室人员来说,信息利用的基本方向有两个:一是帮助自己完成本职工作;二是提供信息利用服务,即为他人使用信息提供服务。办公室信息服务的重点是为上司利用信息提供服务。

四、信息的反馈

信息反馈工作是检验信息工作成效的重要环节,是新一轮信息利用工作的基础。

(一)信息反馈的程序

信息反馈是指施控系统将信息输出,输出的信息对受控系统作用的结果又返送回施控系统,对施控系统的信息再输出发生影响,起到控制和调节的作用,从而使系统保持稳定或达到预定目的的过程。

信息反馈是一个过程,必然遵循一定的程序。要强化信息反馈的功能,就必须按科学的程序办事。这样,才能使信息反馈发挥有效的作用。一般来讲,信息反馈的程序包括四个步骤,见图 5-14 所示。

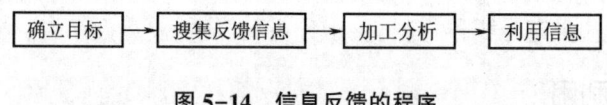

图 5-14 信息反馈的程序

1.确立目标。所谓确立目标,指确立信息工作和信息传递活动的具体目标和具体要求,对信息工作和信息传递活动目标实现情况的评估有明确的依据。

2.搜集反馈信息。这是指根据确定的具体目标和要求,及时搜集和回收各种反馈信息。

3.加工分析。这是指对搜集上来的反馈信息进行加工、分析,并将其结果与既定目标和要求进行比较分析,找出差距。

4.利用信息。利用信息是指采取各种手段、方法和具体行动,使信息工作和信息传递活动的实施情况回到完成既定目标、满足原有要求的正确轨道上来,为各项活动的顺利开展打下良好的基础。

(二)信息反馈的方式

信息反馈的方式主要有口头、书面、通信、网络反馈等。

1.口头反馈。口头反馈是指信息的接收者用口头语言将反馈信息传达给信息的发出者,多用于近距离的信息反馈。例如,同一社区内社区居民的信息反馈,本组织员工的信息反馈。口头反馈的内容十分广泛、丰富,具有及时、直接的特点。

2.书面反馈。书面反馈指信息的接收者以书面形式向信息发出者传递反馈信息,多用于分析型信息的反馈。这种方式一般只用于传递比较单一的反馈信息,如比较单一的评价信息、需求信息等,很少用于传递比较复杂的反馈信息。书面反馈方式更为正规,可以归档保存,为日后的查考提供根据。在一些情况下,有的组织还特地要求公众提供书面形式的反馈信息。

3.通信反馈。通信反馈方式也称为电信反馈方式,是信息接收者利用通信手段向信息发出者传递反馈信息。通信反馈方式的特点是:可以远距离传递反馈信息,传递反馈信息迅速及时,便于信息发出者随时掌握信息接收利用的情况,及时改善信息传递的质量。这种方法的不足之处在于:一是受通信设备的限制,如有的地方通信不方便,打电话、发传真都很困难;二是很难详尽地传递复杂的反馈信息。随着科学技术的迅速发展和通信设施的推广应用,利用热线电话等反馈信息的通信反馈方式已成为重要的反馈方式。

4.网络反馈。网络反馈是一种复合式的信息反馈方式,包括人员网络反馈和计算机网络反馈。人员网络反馈是由一定组织牵头组成的分布在各地的信息网点的人员定期或不定期地将其搜集到的反馈信息传达给信息的发出者。人员网络反馈的信息一般都经网点人员进行了初步的整理,利用起来较为方便。

计算机网络反馈是组织通过加入一定的计算机网络系统,由网络系统中的各网点搜集反馈信息,然后传输到中央处理机,由中央处理机传送给信息的发出者。计算机网络反馈信息非常迅速,能够随机检索利用,并可通过终端打印机打印输出,利用方便。随着科学技术的迅速发展,网络反馈逐渐成为主流的反馈方式。

信息反馈的方式很多,除上述介绍的几种外,还有大众传播媒介反馈、调查研究反馈、行为观察反馈等方式。

(三)信息反馈的形式

信息反馈的形式主要有正反馈和负反馈、前反馈和后反馈、纵向反馈和横向反馈、主动反馈和被动反馈等。

1.正反馈和负反馈。从反馈对决策中心和决策执行的影响来看,反馈信息可分为正反馈与负反馈。

正反馈一般为反映决策执行中的成绩、经验方面的信息,对决策者的组织指挥起肯定或加强作用,使进行中的活动按既定的方向发展。

负反馈一般反映执行中的问题和失误方面的信息,对决策者的组织、指挥起减弱、否定或部分否定的作用,可以改变或部分改变原来的工作或生产经营活动的方向和状态,使偏离决策目标的行为减弱,使执行行为朝着适合目标达成的方向前进。

在上司的决策中,正反馈和负反馈都是需要的,负反馈能起到正反馈所不能起到的纠错补偏的作用。

2.前反馈和后反馈。从反馈作用的时间关系上来看,反馈信息可分为前馈和后馈。

前馈是在信息发出之前,对一个系统将会发生的偏差进行预测的过程。信息前馈的作用是使决策得以更好地实施,使实施结果尽可能地达到决策的预期目标。

后馈是信息发出以后将执行结果与期望的标准相比较,看其是否符合控制标准,进而总结经验教训,制定改进措施,以利于将来的行动。后馈信息的形式是多样的,按其结构有单一后馈和复合后馈;按其范围有整体后馈和局部后馈;按其作用效果有正后馈和负后馈等。

前馈与后馈的区别主要体现在:前馈是对控制过程中可能出现的情况和问题的预测,后馈是对控制过程中正出现的情况与问题的反馈;前馈是在偏差出现之前就采取预防措施,后馈是在偏差出现之后才采取纠正措施。现实中的最佳控制方式应是这二者的有效结合、综合运用。这样,既可以预知将要出现的问题而提前控制,避免出现偏差,又可以针对已出现的偏差采取及时有效的控制措施,以弥补预测时可能产生的误差和纰漏。

3.纵向反馈和横向反馈。从反馈信息的流向上可分为纵向反馈和横向反馈。执行系统内由下而上或由上而下的反馈,是纵向反馈。执行系统外的反馈,是横向反馈或称多渠道反馈,如来自相对独立的信息系统以及与执行机构平行的组织系统的反馈等都是横向反馈。

4.主动反馈和被动反馈。按照反馈的能动性,可将其分为主动反馈和被动反馈。主动反馈的特点是主动性、时效性强;被动反馈的特点是信息滞后、消极反馈。

小结

当今社会是信息社会,办公室工作与信息密切相关。办公室人员必须掌握信息的含义、特征、类型以及办公室信息工作内容、程序等基础知识,这有利于增强其对信息的认识,牢固树立信息观念。

办公室人员进行信息工作的程序包括对信息的收集、整理、传递、存储、利用和反馈。各个环节相互连接,密不可分,形成完整有序的信息工作流程。

复习思考题

1. 什么是信息？它具有哪些特征和类型？
2. 办公室人员收集信息的渠道和方法有哪些？
3. 信息分类、筛选、校核的方法分别有哪些？
4. 信息传递的要素有哪些？请列举信息传递的形式与方法。
5. 怎样进行信息的登记和存放排列？
6. 信息开发的形式有哪些？如何编写信息资料？
7. 办公室人员在信息反馈中如何处理好报喜与报忧的关系？

 **实训题**

1. 情景练习

某保险公司发现了不少假保单，这不但严重干扰了公司的正常业务，带来许多纠纷和麻烦，而且对公司声誉造成了恶劣的影响。为了解决假保单问题，公司决定利用一个月的时间进行清理、调查工作，要求办公室在信息方面进行配合。如果你是该公司的办公室主任，你准备怎样发挥信息工作的职能进行配合？请代拟一份工作方案。

2. 综合训练

（1）制作××信息工作流程表。

（2）从报刊上收集与办公室人员职业相关的岗位招聘信息，然后进行分类、筛选、校核、分析，编写一期《求职参考》。

（3）对信息进行分类，并将其存储到计算机中。

（4）对每类信息写出按语。

拓展向导

相关资源

（1）办公室档案收集整理的几点体会：https://wenku.baidu.com/view/4a0d5fec9b89680203d8259a.html。

该文介绍了办公室信息收集的特点及创新应用，对于办公室人员进行信息收集颇有益处。

（2）《最新办公室文秘写作大全》：张浩主编，蓝天出版社2007年版。

该书对办公室文秘写作进行了详细讲解，便于办公室人员对文秘写作的学习、理解和实际操作。

第六章　办公室事务工作(上)

学习目标

- 识记：电话机的常用服务功能、文书工作的任务和内容、印章的式样与种类、会议要素
- 了解：电话机的基本类型、文书工作的原则和要求、传真接发的程序、会议后勤保障工作
- 明确：电话接发的礼仪、会中及会后服务事项、会议文书的拟写
- 掌握：电话接发的程序、收发文处理的要求和程序、印章与介绍信的管理和使用、会前准备事项

办公室秘书工作对一些人来说显得非常神秘。许多人以为秘书每天的工作就是陪老板外出谈生意，出席各种豪华宴会，非常风光。那么，秘书每天实际上都在做些什么呢？先来看一个在北京某外企总经理办公室工作的秘书一天的工作吧！她毕业于北京某大学中文系，在这家公司的总经理办公室已经工作两年了，顶头上司是公司副总，美籍华人，负责公司销售工作。

8:40　到达自己的办公室

8:45　打扫上司的办公室、接待室等房间，查点备用物品

9:00　上司到办公室

9:15　为上司冲咖啡，确认当天的日程安排，通知总经理办公室主任在接待室接待预约好的客人

9:30　有传真或电子邮件的话，根据上司的指示回复

9:45　邮件到达后进行分拣，将紧急的信件和包裹分发给收件人

10:00　接听电话，将前一天来访客人的数据输入电脑中的顾客名录中，整理报纸杂志、剪报、扫描等

10:30　接待客人，给客人沏茶等

11:40　上司外出，将上司交代的文件打印完

12:00　午休

13:00　回到办公桌前,上网查资料,接听电话等

13:10　上司回到公司,给上司冲咖啡,报告电话留言,领回上司上次出差时的单据,核算出差费用

14:00　根据总经理办公室主任的指示,复印并打印文件

14:30　招待客人,给客人沏茶

15:25　回到办公桌前继续起草报告(计划明天写完)

15:30　为公司司务会准备咖啡

16:00　为总经理办公室主任写好信之后,写好信封,并通知快递公司将信取走;公司司务会结束后清理会场,打印出第二天上司的工作日程表,交给上司

17:30　上司出门办事,整理未完成的文件

18:00　下班

除此以外,秘书还经常要从事预订饭店、为上司准备午饭、准备客户礼品、打扫秘书办公室、给会议准备茶水等工作。

随着现代办公内容的日益综合化和细化,办公室工作的范围也日益广泛。通信工作、文书工作、印章和介绍信管理、安排和组织会议等工作都具备了时代赋予的新特点。

第一节　通信联络工作

办公室是信息枢纽,如何及时准确地收发信息是做好办公室工作的重要前提。办公室通信联络主要依靠电话、传真、网络等通信工具,办公室人员只有掌握这些通信工具使用的规范程序和礼仪技巧,才能保证办公室工作信息的畅通。

一、如何接打电话

(一)电话机的基本类型和基本功能

1.普通电子按键电话机。这是使用最广泛的电话机,它除具备接听和按键拨号呼出两大基本功能外,又因其所具备的辅助功能的多少而有很多种类和型号。常见的辅助功能有:重拨、暂停、增音、闭音、铃声调节、免提、音乐等待、长途加锁、号码储存、连续自动缩位发号、以闪灯替振铃、时间显示等。

2.无绳电话机。无绳电话机的母机与普通按键式电话机基本相同,所不同的是母机和手机在一定范围内以无线电接通,多数产品母机和手机之间还可互叫和通话。该种电话机的手柄与话机主机之间没有连线,主机到手柄的信号是通过无线信号传输的,因此拿着手柄可以在距离主机一定范围内使用电话。

3.录音电话机。录音电话机有几种类型,如留言录音自动应答型,通话内容录音

型,集自动应答、录音和遥控查询等功能为一体的全功能型。录音方式有磁带录音方式与集成电话(IC)录音方式,前者录音时间较长,声音保真度较高,后者可靠性高,但一般录音时间较短。

4.免提式电话机。免提式电话机分半免提式电话机和全免提式电话机。半免提式电话机:具有不拿起手柄就可以拨号并能听到信号音及对方讲话功能的话机,但若要讲话,必须拿起手柄。全免提式电话机:具有不拿起手柄就可以拨号、讲话与听话功能的话机。

5.移动电话机。这是一种随身携带、可以在室内外或移动体上进行无线通话的电话机。这种电话机重量轻、体积小、携带方便,用它可自动地与市话网接通,完成市内通话和长途通话。移动电话机具有一般自动电话功能和无线电台功能,既能满足公用电话网的通话要求,又能满足无线移动网的通话要求。

6.VOIP 网络电话机。VOIP(VoiceoverIP)是通过 IP 网络传输语音、影像信号的一种技术。VOIP 网络电话又分成有线、无线 VOIP 网络电话,以及提供影像输出的 VOIP 视讯会议设备(可视网络电话机)等不同类型的产品。由于 VOIP 网络电话机上具备 RJ45 网络接口端口,所以不需凭借计算机主机,即可通过宽频连接 IP 网络进行通话,其使用性能与传统电话一样。

此外,还有投币式、磁卡式、数字式电话机等。集计算机技术、电话技术和电视技术之大成,集文字、声音和图像为一体的多媒体智能电话是电话机的发展趋势。

(二)电话机的常用服务功能

与办公室通信工作实务关系密切的电话机常用服务功能有:

1.热线服务。办公室人员在工作过程中肯定有一些需要经常拨打的电话,那么,只要把"热线"对象的电话号码予以登记,以后每次通话,只要摘机,就会自动接通预先设定的"热线"对象,省去拨号程序。

"热线"对象可根据需要随时改变。设置了"热线电话"的电话机同样可以发挥普通电话的功能。方法是摘机后 5 秒钟内必须拨号。如果 5 秒钟内不拨号,则自动接通"热线"。

2.缩位拨号。办公室人员可将常用的 20 个电话号码登记在电话机的相关键位代码上,在进行业务联系时只需直接拨打相应的代码就可联系上对方,从而节省了拨号时间。

3.转移呼叫。接打电话时办公室人员经常会碰到这样的一些情况:电话占线或无人接听。"转移呼叫"功能可以使人不必为此而发愁。"转移呼叫"就是事先设定一个临时电话号码,所有来电都会自动转到设定的临时电话上(包括移动电话),这样便可以及时处理各种来电。但要注意的是,使用完毕后,必须立刻注销该功能。转移呼叫又可分为无条件转移、遇忙转移和无应答转移三种。

4.呼叫等待。作为组织枢纽的办公室,上传下达、左右沟通,工作繁杂,电话也经常处于"忙碌"状态,有时即使你心急火燎,也只能望"机"兴叹。这时,便可利用"呼叫等待"来排忧解难。在双方通话时,利用"呼叫等待",第三方可"闯入",而面对"恣意闯入"的第三方,你可以根据需要做出不同的选择。

（1）**拒绝第三方的介入**。双方通话过程中,如有第三方"闯入",话机会予以提示,提示音超过一定时间后,通话人如果不作任何操作,提示音便会自动消失。

（2）**改与第三方通话,并保留原来的通话**,与第三方通话完毕后再恢复原来的通话。

（3）**分别同原通话方和第三方交替通话**。在与一方通话时,另一方无法听到,这样你就可以充当中间人的角色,为双方转送信息,以避免一些他们直接通话可能造成的尴尬或不便。

5.**遇忙回叫**。面对"忙"得不可开交的电话,对方又没有"呼叫等待"功能的服务,有时为了拨通一个重要或紧急的电话,办公室人员不得不暂时放下手中的工作,坐在电话机前面反复拨号,这严重影响了工作效率。"遇忙回叫"功能则可以为办公室人员消除这种烦恼。只要设置一下,即使对方占线,办公室人员也可以放心地去做其他事情。对方线路一有空,电话便会自动接通并振铃通知你。此功能服务时间为20分钟,超过这一时间限制后此项服务将自动注销。

6.**三方通话**。"三方通话"顾名思义,就是让通话三方在通话中同时"碰头",可避免"传话"过程中一些不必要的失误。目前,三方通话只限于同局号用户之间使用。

7.**会议电话**。从某种意义上说,"会议电话"是"三方通话"功能的进一步扩展。会议电话不受电话区域的限制,每个电话用户都可任意利用有关的会议电话设备召集各地的电话用户举行电话会议。参加电话会议的用户还可以通过免提扬声电话机或其他的扩音设备,扩大参加会议的实际人数。会议电话能大幅度节省开会的时间和费用,是一种较为经济的会议方式。

8.**录音式电话**。这种功能使办公室人员在离开办公室时也能清楚往来的电话,而且它无须通过电信部门,只需要购买录音式电话机即可实现,这克服了普通电话机只能同时通话的缺点,可实现异时通话。在无人的情况下,只要事先在磁带上录入自动回答程式,离开办公室时,把录好回答程式的磁带装好,并使磁带回到起始位置,将录音电话键置于自动应答上,这时在有电话打进来的时候,电话录音便开始工作。首先是对方听到事先录入的声音,然后便听到蜂鸣声,提示录音开始,录完后会自动停机。

（三）**接听电话的程序与技巧**

1.**做好记录准备**。办公室人员一定要养成随时准备电话记录的职业习惯。平时要准备好笔和电话记录本,放在电话机旁边,电话铃一响,左手摘机,右手拿起笔马上准备记录。

2.**礼貌摘机应答**。办公室人员一般应在电话铃响过两声后立即摘机接听,如果因故在电话铃响过三四声后才接,应主动向对方表示歉意:"对不起,让您久等了。"

呼叫对方应当用"您好",而不要用"喂"。

3.主动报明身份。接通电话后,办公室人员要先问好,然后再主动自报家门,以便对方确认自己所打的电话无误。自报家门一般是通报组织及其部门名称。例如:"您好!(这里是)东华公司办公室。""您好!××××(组织名称),请问有什么可以帮到您的吗(请问找哪位)?""您好!××公司行政办公室,我是秘书×××。"

4.辨明对方身份。如果来电方也作了自我介绍,则可正式通话。否则,办公室人员就应礼貌客气地了解对方的身份,包括对方的单位及来电人的姓名和身份,尤其是在给领导转接电话时,更应如此。例如:"请问您是……""请问您的尊姓大名?有什么需要我帮忙的吗?"切忌单刀直入问"你是谁"、"你找谁"或"你要干什么"之类的话。

如果一接电话就能辨认出对方,便可直接问好通话。

5.礼貌代接电话。

(1)接电话时,如果对方不是找自己,应问清楚找谁后,用手轻捂话筒,请要找的接话人接听电话。

(2)如果要找的人不在,需转达有关事项,代接电话的人一定要认真记录重要事项,待对方讲完之后,还应该重复一遍,以验证记录是否准确,同时将自己的姓名告诉对方,让对方放心。电话记录应包括通话者的姓名、单位、通话时间、内容、联系方式、是否回电话等内容。代接的电话要及时传达转告,不要耽误。

(3)不应问清楚对方的姓名和要办的事后,再告诉对方要找的人不在,这样很容易让人产生误会。因为打电话只能根据对方的声音来做判断,这样的回答会让对方感到人在与不在取决于打电话者是谁和什么事,这是很不礼貌的。

(4)如要传呼电话,应礼貌地告诉对方:"请稍等,我这就去请×××来接电话,大约需要1分钟。"如果对方要找的人刚好不在,应彬彬有礼地告知对方并商议有关转告事宜,例如:"×先生(小姐)刚好不在,方便让我转告他(她)吗?"千万不能鲁莽地说上一句"他不在"就挂上电话。

6.认真倾听记录。对方陈述通话内容时,应用心倾听并认真做好记录。在记录时,应弄清对方的来电意图,抓住要领,记住细节。应记录关键要素,在确保信息的准确性以后,记在规范的电话记录本上。

7.仔细复核信息。凡有不明白、不清楚的地方一定要请对方重复或者解释。重要的内容,应予以复述。当有外人在旁边的时候应让对方复述相关信息,自己再加以确认;当没有外人在旁边的时候应自己主动复述相关信息,请对方确认其准确性。

8.礼貌结束通话。通话完毕,双方应该互道再见、礼貌告别。一般是由地位高的一方先挂断电话。办公室人员应轻轻挂断电话并检查是否挂好。

9.整理电话记录。接听电话时,来电内容通常先记在便条或记录本上,通话结束后应及时整理。重要通话应填写在专门的电话处理单上。电话处理单应包括来电单位、来电人、来电时间、来电号码、接话人、来电内容、处理结果等项内容。电话处理单参考格式如表6-1所示。

第六章 办公室事务工作(上)

表6-1 电话处理单(电话接听记录表)

编号：

来电时间	年　　月　　日　　时　　分至　　时　　分		记录人	
来电者姓名		职务	单位	
来电内容				
领导批示				
拟办意见				
处理情况				
备　　注				

边学边练

到年底了，公司特别忙。马上就要召开董事会，由于销售大幅度滑坡，姜总心情不太好。这天上午10点左右，广告公司的赵总打来电话，想就明年的广告代理问题与姜总交换一下看法。姜总正忙得晕头转向，听说要谈明年的广告问题，就对秘书说："不就是明年的广告吗？现在没时间！"秘书该如何回答广告公司赵总的电话，现在有这么几种选择：

A.今天我们姜总时间安排得很满，实在抽不出时间。回头我再给您打电话过去可以吗？

B.您的事我们姜总基本知道，但是今天没空。下次再约时间吧。

C.我们姜总正急着赶份材料，不能接电话。

D.赵总，关于明年的广告问题，您跟我们公司企划部的张经理谈，可以吗？

E.我们姜总今天身体有些不舒服，有什么事您先跟我说，我再转告他，可以吗？

以上几种选择，你认为哪种比较适合，并请说明理由。

评析：选择A相对较好，因为它给上司留下了回旋的余地：待这段时间忙过之后或是情绪稳定之后，上司可能会自己或者委托他人来谈广告问题。

(资料来源：一平工作室，作者谭一平)

(四)拨打电话的程序与技巧

1.做好通话准备。

(1)做好良好的精神准备。打电话前要调整好自己的情绪，保持愉快的心情，切不可让对方感觉到自己没精打采。

(2)做好规范的态势准备。打电话一般采取坐姿或站姿，并应微笑应对，以保证气息的顺畅。切不可躺着或斜倚着身体打电话，更不能边吃东西边打电话或打电话的同时做其他不相关的事情。

(3)要准备好通话提纲。为保证通话内容的准确性和完整性,提高通话效率,应在打电话前清楚通话的目的,明确通话的要点,理清陈述的顺序,准备好通话时所需要的文件资料。如果是传达领导者的口头指示,应先做好详细记录,一般内容的通话事先应打好腹稿,重要内容的通话应写出提纲。通话内容要点应包括"5W1H"六个要素,即 Who(何人)、When(何时)、Where(何地)、What(何事)、Why(何因)、How(如何做)。

(4)做好物质准备。应准备好电话号码簿、笔和记录本,以方便电话拨号和电话记录。

此外,打电话前还要选择好拨打电话的时间,尽可能在对方方便的时候打电话。往国外打电话,还要注意时差问题。

2.正确拨出电话。摘机后应立即拨号,拨号时精神要集中,以免拨错。要耐心等待线路接通,至少要让电话铃响6次以上,确认对方没人应答才挂断电话。特别是登记了"热线服务"功能的电话机,要在5秒钟内拨号,否则就会直接启动"热线",造成误打。

3.确认受话对象。电话接通后,如果对方未自报家门,首先应用亲切的语调向对方问好并确认对方是否是自己要找的对象。例如:"您好!请问是××公司吗?"如不慎拨错了电话,应向对方表示歉意。

4.主动自我介绍。电话接通后,如果对方自报家门,是你所要找的受话对象,应亲切地称呼对方并自我介绍。例如:"您好,×小姐(×先生),我是××××公司的秘书×××。"如果不是受话对象本人,应问好并自我介绍,然后请对方转受话人。例如:"您好,我是××公司的秘书×××,麻烦您请×××先生(小姐)听电话。"(或"麻烦您转×××。")如果找不到要找的人,千万不要"咔嚓"一声挂断电话,而应向对方表示一下谢意或留言请对方转告。

5.清楚陈述内容。拨打电话应尽量使用普通话,应保持语调、音量、语速适中。按照准备的通话提纲准确、清楚、完整、简洁、有序地陈述通话内容,对特别重要和容易弄错的地方,如双方约定的时间、地点,谈妥的产品数量、种类,认同及分歧的地方,确定的解决方案等,一定要重点强调。

6.拨错电话致歉。如不小心打错电话,应向对方道歉,如"对不起""打扰您了",等等。不可一言不发,挂断电话了事。通电话时忽然中断,按礼仪要求应由打电话方立即再拨,并向对方说明,不应等接电话一方把电话打过来。

7.礼貌结束通话。电话结束前应有所提示,另外还应礼貌地说声"谢谢""再见",然后再由地位高的一方轻轻挂断电话。

8.整理电话记录。办公室人员对打出的电话都应当记录在案,并根据通话内容的变动程度补充整理,以备查考。电话打出记录单应包括去电单位、通话人、去电时间、去电号码、接话人、去电内容、处理情况等项内容。电话打出记录表参考格式如表6-2所示。

第六章 办公室事务工作(上)

表6-2 电话打出记录表

编号：

去电单位		通话人	
去电时间		年　月　日　时　分	
去电内容			
结束时间			
处理情况			
备　注			

边学边练

小陈是某机关办公室的一位秘书。有一次他正在办公，突然电话铃响了，此时小陈正在整理文件，停了一会儿才拿起话筒问道："请问你找谁？"对方回答说找老刘，小陈随即将话筒递给邻桌的刘秘书说："刘秘书，你的电话。"没想到，刘秘书接到电话没讲几句，就和对方争吵起来，最后刘秘书大声说道："你今后要账时，先找对人再发火。这是办公室，没有你要找的那个刘天亮！"说罢就挂断了电话。原来，这个电话是打给宣传科刘天亮的，结果错打到了办公室，而对方只是含糊地说找老刘，小陈误以为要找刘秘书，结果造成了这场误会。

讨论：小陈受理电话时错在哪里？

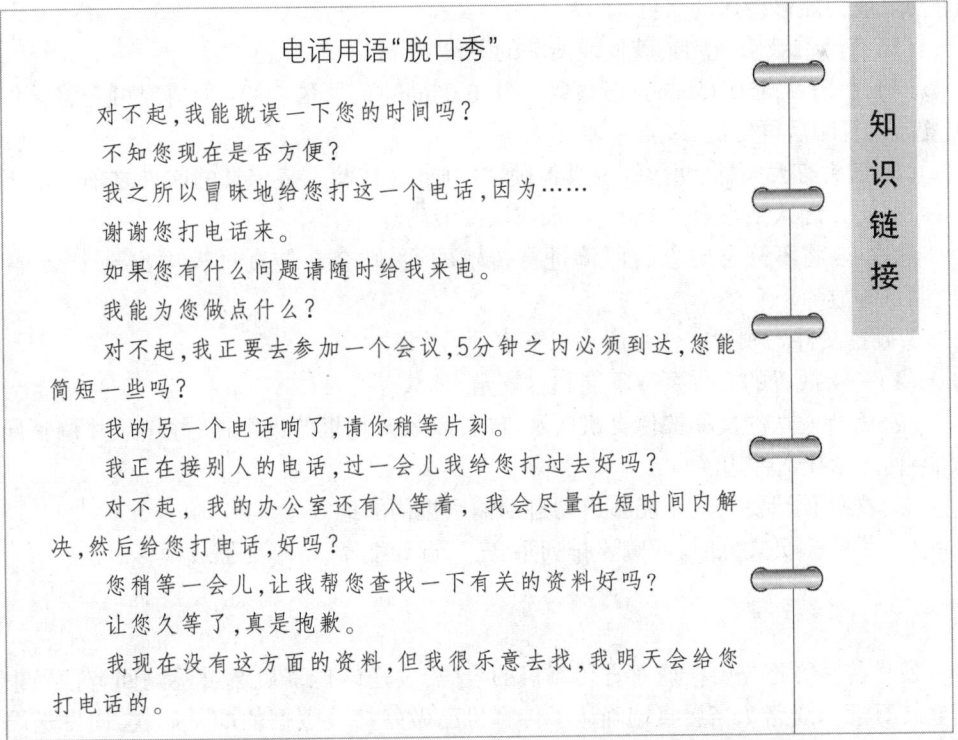

电话用语"脱口秀"

对不起，我能耽误一下您的时间吗？
不知您现在是否方便？
我之所以冒昧地给您打这一个电话，因为……
谢谢您打电话来。
如果您有什么问题请随时给我来电。
我能为您做点什么？
对不起，我正要去参加一个会议，5分钟之内必须到达，您能简短一些吗？
我的另一个电话响了，请你稍等片刻。
我正在接别人的电话，过一会儿我给您打过去好吗？
对不起，我的办公室还有人等着，我会尽量在短时间内解决，然后给您打电话，好吗？
您稍等一会儿，让我帮您查找一下有关的资料好吗？
让您久等了，真是抱歉。
我现在没有这方面的资料，但我很乐意去找，我明天会给您打电话的。

知识链接

二、如何收发传真

(一)发送传真的准备工作

1.调整传真机的工作状态。在传真通信前要根据发文要求和传输信道质量对传真机工作状态进行调整。

传真机和电话机使用的是同一条电话线路,当开展传真业务时,若传真机后板上有"传真/电话"开关,必须将开关拨向"传真"的位置。

当传输信道质量好时,应调整机内开关使传真机采用高传输速率,并应用自动纠错功能。这样,既可保证通信质量,又可缩短传输时间。当传输信道质量较差时,可选择较低的传输速率,是否使用自动纠错功能视情况而定。若线路质量非常差时,就不应使用自动纠错功能。

2.检查原稿。一台传真机收到文件的质量部分地取决于发送的原文件质量,选择原稿文件时最好使用打印机打印的或用黑墨水书写的原稿,并且使用白色或浅色的纸作为介质。凡出现下列情况之一的原稿不能使用:

(1)大于技术规格规定的最大幅面的原稿。

(2)小于最小幅面(两侧导纸板之间的最小距离),或小于文件检测传感器所能检测到的最小距离的原稿(对于以上两种情况最好用复印机进行缩小复印或放大复印,使之成为能够传送的文件)。

(3)有严重皱褶、卷曲、破损或残缺的原稿。

(4)过厚(大于 0.15mm)或过薄(小于 0.06mm)的原稿(这两种情况可先将原件用复印机复印后再传送)。

(5)纸头有大头针、回形针或其他硬物的原稿(在装入待传真的文件之前请取下上述物品,并确认纸张上的胶水、墨水或涂改液已经变干)。

总之,若将不符合要求的原稿进行传输的话,则会在传真过程中出现卡纸、轧纸、撕纸等故障。

3.放置文件。放置文件要注意以下事项:

(1)一次放置的文件页数不能超过规定页数。

(2)将待发送的文稿按传真机所示方向,放入传真机的进纸槽,并按尺寸调整导纸器,使之紧挨文件边缘。

(3)文件顶端要推进到能够启动自动输纸机构的地方。

(4)发送多页文件时,两侧要排列整齐,靠近导纸器,前端要摞成楔形。

(二)发送传真

发送传真方首先要拨通对方传真机的号码,发送端传真机通过检测回音信号来建立传真通信线路。当接收端确认了传真机已做好接收数据的准备后,会向发送端发送一个证实信号。

具体操作步骤如下：

1. 检查机器是否处于"准备好"（READY）状态。
2. 放置好发送原稿。
3. 摘取话机手柄，拨通对方电话号码，并等待对方回答，如果不进行通话，可跳过4,5两步。
4. 双方进行通话。
5. 通话结束后，由收方先按启动键。
6. 当听到收方的应答信号后，发方按启动键，文稿会自动进入传真机，开始发送文件。
7. 挂上话机，等待发送结束。若发送出现差错，则会有出错信息显示，应重发；若传输成功，此时将会显示"成功发送"信息。

发送操作时应注意：

第一，若按下"停止"（STOP）键，发送马上停止，这时，卡在传真机中的原稿不能用手强行抽出，只能掀开盖板取出。

第二，在发送传真期间，不允许强抽原稿，否则会损坏机器和原稿。

第三，当出现原稿阻塞时，要先按"停止"（STOP）键，然后掀开盖板，小心取出原稿。若原稿出现破损，一定要将残片取出，否则将影响机器的正常工作。

第四，若听到对方的回铃音，而听不到机器的应答信号时，不要按启动键，应打电话问明情况后再做处理。

（三）接收传真

传真机有两种接收方式：一种是自动接收；另一种是手动接收。

1. 自动接收。凡具有自动接收功能的传真机都能按此方式操作。在接收前首先要检查接收机内是否有记录纸，各显示灯或液晶显示是否正常，只有当接收机处于"准备好"状态时才能接收。自动接收时，无须操作人员在场。过程如下：

（1）电话振铃若干声后，机器自动启动转入自动接收状态，液晶显示"RECEIVE"（接收）状态或接收指示灯亮，表示接收开始。

（2）接收结束后，机器自动输出传真副本，液晶显示"RECEIVE"消失或接收指示灯熄火灭。

（3）机器自动回到"准备好"（READY）状态。

2. 手动接收。操作步骤如下：

（1）使机器处于"准备好"（READY）状态。

（2）当电话振铃后，拿起话机手柄回答呼叫。

（3）按发方要求，按"启动"键（START），开始接收。

（4）挂上话机。

接收完毕,若成功,则会有通信成功的信息显示;若不成功,则会有出错信息显示或警告,此时可与发方联络,要求重发,直至得到满意的传真副本为止。

第二节 文书工作

办公室人员,通过互相衔接的手续、程序,完成制发、办理和管理文书的三个方面的工作,这通常被称为文书工作。它是办公室一项重要的基础性业务工作。

一、文书工作的任务和内容

文书工作是指机关在日常工作活动中围绕文件的形成、处理和管理所进行的工作。根据文书工作的不同阶段,其具体任务主要有以下几方面。

(一)对文书的内容加以必要的规范

对文书的规范包括对公文体式和公文文种的规范。规范的目的是为文书内容的准确表述和正确理解创造必要的条件,在收发文双方的机关间确立共同认可和遵守的标准。

(二)对文书的行移运转制定必要的制度

文书作为机关信息传递的一种工具,为保证其正常运转,就必须对文书的输送制定必要的制度。这包括对文书运转的方向、投递的方式、处理的程序加以分类,明确各步工作的内容和要求。

(三)对文书内容的办理规定统一的要求

机关制发文件,主要是体现作者的意图,作者意图能否体现,取决于许多方面的工作质量,因此,文书工作中把文件的产生过程分解成许多不同的环节,如拟稿、核稿、签发、印刷等,并进一步规定了每个环节工作的要求。如文件进入签发程序,文件的签发者必须审阅全文,审阅后认为合格的要签上自己的意见、姓名、日期和联系方式。同样,为了保证文件内容得到正确的理解和办理,文书工作中对收文的全过程也划分不同的程序并规定了各步程序的工作要求。

(四)对文件的管理采取妥善的措施

文件办理完毕后,需要将那些有保存价值的文件立卷归档。文书工作中要合理设置文件的归卷类目,把工作中办理完毕的文件分类存放。要执行平时归卷的制度,保证文件随办随存,避免散失。要按照有关规定对形成的文件材料进行整理,并立卷归档。只有对上述工作有明确的规定,才能保证文件的安全保管。

二、文书工作的原则和要求

(一) 准确

准确是对文书工作提出的质的方面的原则要求。它要求文书工作的所有环节都要做到准确无误,一丝不苟,这样才能充分发挥文书工作的作用,保证党和国家的方针政策及组织的规章制度得到贯彻落实。

(二) 及时

及时是对文书工作效率的原则要求。文书工作讲求及时,就是讲求效率。它要求文书要重时效,要迅速。迅速,就是节奏要快,把文书工作运转的周期减少到最低的程度。文书处理在讲求及时迅速的同时,还要注意时限的恰到好处,即对一些文件的处理不拖延也不提前。及时的原则是由文书工作的时限性决定的,在文书工作中必须严格遵守这一原则。

(三) 安全

安全是对文书工作保密和完整的原则要求。它要求在文书工作中既要保证文书材料内容上的安全,防止泄密和丢失,又要保证文书材料物质上的安全,防止文件的破损,保证文件的完整。文书工作安全的原则,是由文书工作的政治性、机要性决定的,是文书工作中的重要原则之一。

(四) 简便

简便是对文书工作实效的原则要求。它要求文书工作要精简、方便。发文要少而精,不要事事都发文件;文件处理要减少中间环节;管理文件要方便实用。简便的要求是文书工作服务作用和时限性的反映,是文书工作的又一重要原则。

(五) 党政分开

党政分开主要是针对政府机关的文书来说的,即要根据党、政机关的地位、作用和职能,做到在行文上党政分开,在文书处理上党政分开,在文书管理上党政分开。

(六) 统一

统一是对文书工作管理上的要求,包括管理权责上的统一、标准上的统一和制度上的统一。管理权责的统一是指各组织部门都应设立或配备专职人员负责公文处理工作。标准上的统一是指文书工作应按统一的标准和规范来进行,如文件名称、格式上的统一等。制度上的统一是指文书工作应建立统一的文书工作制度,如收发文制度、保密制度、用印制度、归档制度、文件销毁制度等。

三、发文处理

(一) 交拟、拟稿

交拟时，交拟人和执笔人均须透彻地搞清楚4个方面的内容，即拟文的背景、依据、意图、要求。草拟公文应当做到：

1. 符合国家的法律、法规及其他有关规定。如提出新的政策、规定等，要切实可行并加以说明。

2. 情况确实，观点明确，表述准确，结构严谨，条理清楚，直述不曲，字词规范，标点正确，篇幅力求简短。

3. 公文的文种应当根据行文目的、发文机关的职权和与主送机关的行文关系确定。

4. 拟制紧急公文，应当体现紧急的原因，并根据实际需要确定紧急程度。

5. 人名、地名、数字、引文准确。引用公文应当先引标题，后引发文字号。引用外文应当注明中文含义。日期应当写明具体的年、月、日。

6. 结构层次序数，第一层为"一、"，第二层为"（一）"，第三层为"1."，第四层为"（1）"。

7. 应当使用国家法定计量单位。

8. 文内使用非规范化简称，应当先用全称并注明简称。使用国际组织外文名称或其缩写形式，应当在第一次出现时注明准确的中文译名。

9. 公文中的数字，除成文日期、部分结构层次序数和在词、词组、惯用语、缩略语、具有修辞色彩语句中作为词素的数字必须使用汉字外，应当使用阿拉伯数字。

拟制公文，对涉及其他部门职权范围内的事项，主办部门应当主动与有关部门协商，取得一致意见后方可行文；如有分歧，主办部门的主要负责人应当出面协调，仍不能取得一致时，主办部门可以列明各方理由，提出建设性意见，并与有关部门会签后报请上级机关协调或裁定。

(二) 审核、签发

审核即公文起草成形送交领导人审批签发之前，对公文的观点、文字、内容、体式等所做的全面审核工作。审核主要由各组织的办公厅（室）主任或业务部门负责人或指定人员负责。审核时，主要是抓住文稿内容、体式、行文规则等方面的要求，进行综合审查与核定。具体可以根据下列7点要求进行审核：①是否符合国家法律法规的要求；②是否体现了党和国家的方针、政策和机关领导的要求，有无矛盾之处；③措施是否妥当，办法是否行之有效；④结论是否正确，论理是否符合逻辑；⑤主旨是否明白显露；⑥结构是否合理，语言是否符合语法和公文的特点；⑦公文的体式是否合体。

签发，是指机关领导人对已审核的文稿进行审批，签署表示核准发出的意见。

它是文稿形成定稿的最后环节,也是保证公文质量的最后关口,因此也是制发公文的决定性环节。签发文书应认真、明确、规范。

签发的种类:

1.正签,指在自身法定职权范围内签发公文;

2.代签,指根据授权代他人签发公文;

3.核签,又称加签,指上级领导人签发下级机关或部门的重要公文;

4.会签,指两个或两个以上机关联合行文时,由各机关的领导人共同签发公文。

(三)印制、校对

对印制工作的要求是:内容准确,格式规范,页面整洁,字迹清楚,美观大方,便于阅读和保管。

校对工作非常重要,是保证文书质量的重要环节,要求校对人员必须严肃认真、一丝不苟。校对主要有3种方法:对校法、折校法和读校法(两人合作)。

(四)用印、登记

发文用印要注意4点:①确认有领导人签字并且符合规定;②盖印份数必须与原稿上标明的份数相同;③印章应盖在落款中央,上不压正文,下要压日期("骑年盖月");④盖印必须端正清晰,忌"歪、倾、斜、偏、花"。

登记即对准备发出的公文做统一记载,以便于日后对公文进行清点、控制、查找和回收。一般应使用发文登记簿,一文一页登记表,其项目有:发文日期、文号、标题、发往机关、份数、秘密等级等。

(五)封发、传递

封发,即装封发出。封发分5个步骤:清点、写封、填写发文回签单(也叫发文回执)、装封和加封。

传递。根据文件密级高低和缓急时限的不同,传递的渠道和方式有:机要通信传递;机要交通传递;专职人员传递;文件交换站传递;电信传递(无线密码电报、有保密设施的传真机、计算机网络)。传递文件有3条基本要求:迅速及时、安全保密和手续完备。

四、收文处理

(一)收文、阅文

1.收文。收文包括签收、分类、登记3个流程。检查、清点无误后方可签字接收,之后对所收文件进行正确分类。所收文件可分为6大类:上级机关指令性和指导性文件;下级机关请示、平行及不相隶属机关商洽件;上级机关批复件及平行、不相隶属机关复函;内部各部门调查性及下级机关陈述性来件;内部刊物、工作简报等类文书;公关性文书。登记方法则主要采取分类登记法和流水式登记法。

2.阅文。阅文是办文的先决条件。阅文的基本要求是:"四看清"——性质与主要内容;制发与主送机关;缓急与时限;秘密等级与保密时限。阅文有"三法":泛读法、跳读法和精读法。

(二)筛选、传阅

1.筛选。经过筛选,一般将文件分为三类:必阅件——领导必须看到的文件,亦即办公室人员必须呈送的文件;批办件——需要领导审阅和批示的文件;参阅件——仅供领导参考的文件和材料。办公室人员对这些文件应提炼、综合,并加写"内容提要"。

2.传阅。传阅是指在文件只有一份或很少几份,而需要阅知的人很多的情况下,由文书人员组织阅文者传递、阅知。传阅文件的要求是:第一,传阅的次序,一般是先机关的主要领导、后机关的其他领导,先主管部门、后其他业务部门。第二,对投入传阅的文件,事先由文书人员填好阅文单,单上写明文件的标题、编号,并排列好阅知人员的姓名。阅件人阅后在阅文单上签注姓名及阅文时间。第三,机要文件传阅不得"横传",即阅件人接交文件只对文书人员,阅件人之间不能传递文件。这是文件传阅中避免发生差误的一条重要经验,过去管这种做法叫"传阅一个点"。

(三)拟办、批办

1.拟办。拟办是指办公室秘书对来文如何处理提出初步意见,供领导人或有关负责人定夺。拟办的意见似请示或建议。

"拟办"栏签署的内容,主要有四种情况:

一是阅知类,即只写明请某某领导阅知,不提出任何具体意见。

二是阅示类,即只要求某某领导给予批示,但不提供具体参考意见。

三是建议类,即不但要写明文件的送阅对象,还提出一些有关意见。例如:"请××同志阅后交××同志办理""请××同志阅示,建议此件应……办理为宜""引件请各位书记传阅,并建议提交常委会上作专题研究"等。

四是评议类,即不但写出语言性意见,还提出相应建议。比如:"此件第×点提法欠妥,望再作调查研究后上报。请××同志阅示""此件较好,拟批转,请××秘书长阅定。"

拟办的方法主要有:

(1)对上级来文的拟办,应提出要求办理、贯彻落实的具体人员或部门,可写为"请××同志批示""拟请××局研究办理""请××长阅""请×××、×××、×××同志阅"。

(2)对下级机关或平行、不相隶属机关来文的拟办,需要明确指定负责复文的业务部门或业务人员,必要时注明时限。例如:"拟请××处在×月×日办复""拟请××处×

×同志负责办理"。

(3)对需要联合办理的公文的拟办,应明确指定牵头单位,以免机构之间互相争办或者相互推诿。可写为:"拟请××局牵头,××局会同办理"。

(4)对难以提出具体意见的公文的拟办,在拟办前可先和有关部门联系,听取意见后再提出拟办方案。

2.批办。批办意见的内容有:该文由何单位(部门)、何人负责办理;如何办理、办到何种程度;对下级请示予以答复的原则性意见;对重要文件和急件提出办理时限;需两个以上单位(部门)或人员办理时,应批明主办单位或主办人。

(四)承办、催办

1.承办。承办包括对上级指示的贯彻执行,本级机关公文的下达,下级机关请示、报告的处理。这里讲的"承办",既含办文,又包括办事。

做好公文承办的基本要求如下。

(1)承办上级公文的要求是:首先要消化理解上级指示的内容精神,这是完成承办任务的基础。办文时不能照抄、照转,充当"收发室",办事时不能死搬硬套,充当"传声筒",必须根据实际情况具体加以贯彻。上级文件指示的传达,要按照有关规定和领导批办意见,不能只是念念上级的文件了事。对上级文件一经下达后,要根据领导批办意见,及时检查贯彻执行的情况。

(2)承办下级请示、报告的要求。对请示要着重审核所请示问题的事由、依据情况、要求,是否符合实际,是否正确。要认真审核报告的情况、观点有无与上级指示相抵触之处。根据上级有关规定和机关领导批办意见,对请示用口头或书面做出答复,答复问题要明确、肯定。对报告可根据不同情况分别做出处理,如批转,转报上级,摘其要点编写简报、快报等。

承办的文件较多时,应区分轻重缓急,将其分为正在办理的和急于待办的。待办的文件分类放置,依次进行,有条不紊。文件办毕后,办文人应及时将文件退还文书工作部门。

2.催办,是指办公室人员对有关单位和部门公文承办情况进行检查和督促,使公文及时得到办理的活动。催办是避免办事拖拉、防止公文积压和"公文旅行"、提高办文效率的重要措施和有力保障。办公室应重点抓好对内催办。对外催办一般由单位主管业务部门负责。办公室应对单位领导人指定必须催办的文件,对有明确的时限要求、需按期办复的文件,长时间无意见反馈或处理结果回报的文件等进行催办。催办的方式主要有电话催办、发函催办、登门催办和会议催办等方法。

(五)立卷归档

立卷是指将办理完毕的文书按照一定的方式分类组合,进行保管的过程。立卷的基本要求主要有:立卷要按照单位活动的规律,保持文件之间的历史联系;立卷要以本单位工作中形成的文件为主;立卷的文书要齐全、完整,能够真实地反映单位活动的历史面貌;立卷要便于保管、查找和利用。公文主要按照"六个特征"进行立卷,即按作者特征立卷;按问题特征立卷;按时间特征立卷;按文种特征立卷;按通信者特征立卷;按地区特征立卷。实际工作中常采用几个特征相结合的立卷方法。

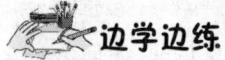
边学边练

某大学人事处秘书林强,参加省教育厅召开的2009年度职称评审工作会议,带回5份文件,办完工作后,将上述文件锁进文件柜中。2010年进行2009年度文件立卷归档时,林强告诉档案室2009年没有收到上级机关发来的文件,只将本部门的发文整理后,立卷归档。2010年,学校又要进行职称评审工作,评审标准仍沿用2009年的标准。秘书林强已于前一个月调到某省林业厅工作,新来的秘书小陈找不到原来的文件了。

讨论:请指出林强工作中的错误所在。

第三节 会议办理工作

为使会议成功举行,需要办公室人员安排承办。大中型会议应设置专门的秘书机构,即会议秘书处或会议办公室,秘书机构下设会务组、材料组、简报组、后勤组等。

一、会前准备工作

(一)制订会议方案

会议方案是办理会议的执行依据,其主要内容有以下几方面。

1.确定会议的主题。会议的主题是指会议要研究的问题、要达到的目的。确定会议主题的主要方法有:一是要有切实的依据;二是需要结合本组织的实际;三是要有明确的目的,各项议题应与会议的主题有关。

2.确定会议的名称。

3.确定会议的议程。

4.确定会议的时间和地点。

5.确定会议所需设备和工具。

6.确定与会代表的组成。

7.确定会议文件,做好文件的印制和发放工作。

8.确定会议经费预算。

9.确定会议住宿和餐饮安排。

10.确定会议的筹备机构。

案例

重庆某公司拟订于20××年9月2日召开科技成果汇报会,要邀请公司科技处处长、对外交流处处长、员工代表、新闻媒体代表等约30人参加。该会议由公司行政办公室负责筹备。该公司行政办公室会务筹备负责人写出的一份详细的会议预案如下。

重庆××公司科技成果汇报会会议预案

1. 会议名称:××公司科技成果汇报会。
2. 会议时间:20××年9月2日,会期1天。
3. 会议地点:由于是小型会议,会议地点在本公司会议室。
4. 与会人员:公司科技处处长、对外交流处处长、员工代表、新闻媒体代表等约30人。
5. 会议议程:
(1) 公司科技处处长讲话
(2) 对外交流处处长讲话
(3) 汇报专家发言
(4) 答记者问
(5) 会议总结
6. 经费预算:
(1) 汇报讲课费:300元/小时
(2) 媒体接待费:3 000元
(3) 宴请费:5 000元
(4) 资料费:200元
7. 会场准备:
(1) 整体布局:"而"字形或"山"字形
(2) 主席台:"一"字形,按礼仪排序
(3) 与会代表:媒体居中,员工两侧
(4) 会议颜色基调:庆祝型会议,以红、橙色为主
(5) 会议花卉:牡丹、玫瑰、万年青等
8. 会议物品:
(1) 汇报课件资料
(2) 公司宣传材料
9. 后勤服务:×××、×××

×××会议筹备组
××××年××月××日

(二)确定开会时间

确定开会时间一般应考虑如下因素：

1.大型会议一般应考虑季节性因素，宜选择会场所在地最适宜的季节开会，这样可以通过会议向与会代表很好地展示、宣传当地的人文风貌。

2.中小型会议主要应根据会议议题的紧急程度、会议的准备时间、赴会条件、有关领导人的日程安排等来确定开会时间。

(三)确定会议地点

确定会议地点一般应考虑如下因素：

1.地点适中。会场要设在与会人员的办公地点和与会时的住宿地点靠近的地方，以免与会者往返费时和不便。大城市中心地段比较适合大多数与会者，并且交通比较方便，但是租借成本较高。

2.空间足够。会场的大小要与会议规模相适应。会场过大，显得空旷，落座分散，与会人员不易集中精力；会场过小，又会显得拥挤局促，有压迫感。如有可能，应该有一些活动空间供休会时使用。一般来说，每人平均有2~3平方米比较适宜。若会议时间较长，可以选择略大一些的场地。

3.环境安静。会场应当是没有外界干扰的地方，没有噪声源和污染源。会场应尽量避开闹市区，场地不受外界干扰；可挂上"会议正在进行中，谢绝参观"的牌子；场内应有良好的隔音设备。

4.设施完善。会场的设备包括桌椅、视听器材、照明、室温、隔音设备等。有些会议要求会场还要有安全保密设施。会议桌宜大，椅子要舒适，灯光不宜太强，应柔和平静，室内温度冷热、通风好坏都会对与会者的情绪和实际工作效率造成影响。此外，还应考虑有汽车、摩托车、自行车的停放处。

5.成本适中。选择会议地点还应考虑会议成本预算。租赁饭店的会议室成本较高，而选择会议组织单位的会议室就没有租赁成本。

(四)确定会议的议程和日程

1.会议议程。会议议程是为完成议题而做出的顺序计划及会议所要讨论问题的程序安排。

会议主持人要根据议程主持会议。拟订会议议程是会议秘书机构人员的任务，通常由会务秘书拟写议程草稿，经领导批准后，复印分发给所有与会者。

(1)大中型会议议程的一般安排：①开幕式，领导和来宾致辞；②领导做报告；③分组讨论；④大会发言；⑤参观或其他活动；⑥会议总结，宣读决议；⑦闭幕式。

(2)西方国家会议的议程主要包括下列各项中的几项或全部：①宣布议程；②宣读并通过上次会议的会议记录(或备忘录)；③财务主管报告；④其他报告；

⑤复议旧议题;⑥讨论新议题;⑦委员会人事任命;⑧提名并选举新的负责人;⑨通知;⑩休会。

2.会议日程。会议日程就是根据会议议程对会议逐日做出的具体安排,是会议全程各项活动和与会者安排个人时间的参考依据。会议日程的制定一般采用简短文字或表格形式,将会议时间分为上午、下午、晚上三个单元,使人一目了然。

3.会议议程和日程安排应注意的问题:

(1)要紧密围绕会议目的制定会议的议程和日程。

(2)要保证重要人物能够出席会议。

(3)例会原则上要定时召开,且时间不宜过长。

(4)如遇几个议题,应按其重要程度排列,最重要的排列在最前面。

(5)尽量保证在最佳时间开会,全体会议一般安排在上午,分组讨论则可安排在下午,晚上可安排一些文娱活动。

(五)会议文件的准备

1.会议文件的类型:

(1)主旨文书。主旨文书指会议的主要文件,包括大会报告、领导讲话、传达提纲、法律草案、计划草案、决议草案、开幕词、闭幕词等。

(2)议案文书。我国人大、政协会议提交审议的文书,包括议案、议案说明等。

(3)信息文书。信息文书是记录和反映会议概况和进程的文书,包括会议记录、会议简报等。

(4)议决文书。议决文书是会议议决结果的反映,主要有会议纪要、决议、决定、公报、公告、通知等。

(5)事务文书。事务文书指会议服务性的文书,主要有会议通知、会议细则、代表须知、日程安排、代表名单、选举办法、生活管理制度等。

2.准备会议文书的部门和人员:

(1)重要文稿由专门的写作班子起草。

(2)一般会议文件由会议筹备机构和秘书部门负责。

(3)专业性和涉及部门业务工作的文件由职能业务部门负责。

(4)发言稿和各类交流材料由发言单位或个人准备。

(六)会场准备

1.会场的整体布局:

根据会议规模、类型等不同情况,会场的布局形式多样,具体可参见图6-1。

(1)较大型会议的会场一般在礼堂、会堂、体育馆举行,采取长方形扩大排列形式、大小方形的形式,其关键之处是要突出会议主席台的中心位置。

(2)中小型会议一般在会议厅、会议室召开,选择"而"字形、倒"山"字形、半圆形、椭圆形、圆形、回字形、T字形、马蹄形、长方形等布局形式。

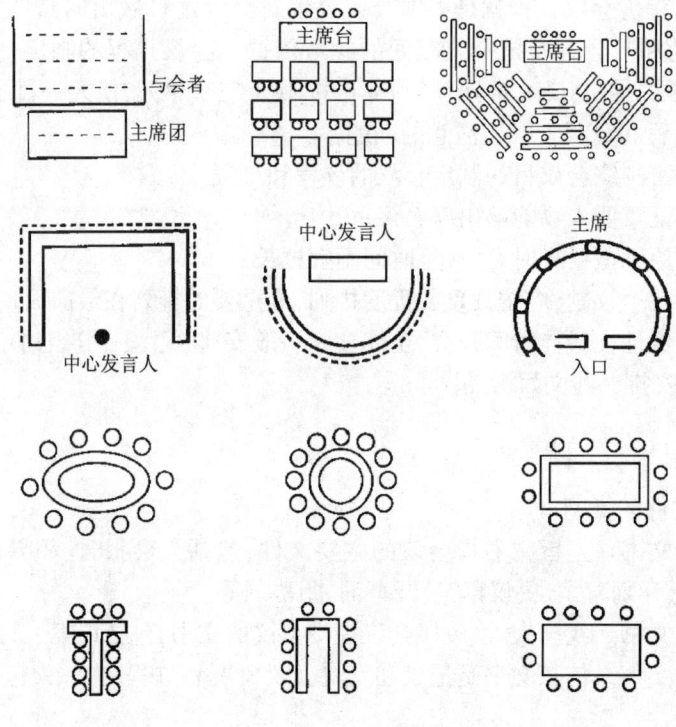

图 6-1 会场布局图

（3）座谈会或小型茶话会、联欢会多选择马蹄形、六角形、八角形或半圆形等布局形式。

（4）大型茶话会、团拜会、宴会的会场一般可摆放成星点形、众星拱月形。

（5）会见与会谈人数较少时，多选择马蹄形。

（6）会见与会谈人数较多，需要摆放会议桌时，可选择"空心式"圆形、方形或长方形等形式。

2.主席台的座位布局：

（1）依职务的高低和选举的结果安排座次。职务最高者居中，按先左后右、由前至后的顺序依次排列。正式代表在前居中，列席代表在后居侧。

（2）为工作便利起见，会议主持人有时需在前排的边座就座，有时可按职务顺序就座。

（3）在主席台的桌上，于每个座位的左侧放置姓名台签。

3.场内其他人员座次的安排：

（1）小型会场内座位的安排。小型会议室的座位安排应考虑与会者就座的习惯,同时要突出主持人、发言人。要注意分清上下座,一般离会场的入口处远、离会议主席位置近的座位为上座,反之为下座。会议主持人或会议主席的位置应置于远离入口处、正对门的位置。

(2)中大型会场内座位的安排:

• 横排法。横排法是按照参加会议人员的名单以及姓氏笔画或组织名称笔画为序,从左至右横向依次排列座次的方法。

• 竖排法。竖排法是按照各代表团或各组织成员的既定次序或姓氏笔画从前至后纵向依次排列座次的方法。

• 左右排列法。左右排列法是按照参加会议人员姓氏笔画或组织名称笔画为序,以会场主席台中心为基点,向左右两边交错扩展排列座位的方法。①

4.会场装饰:

(1)色调。色调包括地毯、窗帘、桌布等的色调。法定性、决策性会议,以褐红色、墨绿色为主,显示隆重、庄严的气氛;显示性会议则以暖色调为主,显示喜庆、热烈的气氛。

(2)会标。会标一般要标明会议的全称,多用宋体,红底白字,有的会议如追悼会则用黑底白字。主席台底幕上有时需加挂徽标,如国徽、党徽等。

(3)标语。会场内及会场入口处可适当挂一些鼓动性、庆祝性的标语。标语应该是口号式的,字数不宜过多。

(4)旗帜。大型会议在底幕会标两边要挂10面红旗。会场外可竖一些彩旗,以烘托气氛。

(5)花草。在主席台底幕下、主席台与代表席的隔离处、讲台和会场四周可适当摆放植物花草。

一般性会议选择月季、扶桑等花卉,可以使人心情愉快,气氛轻松;比较庄重的会议,最好摆放君子兰、棕榈、万年青等,可使人情感镇静,不易冲动。

(七)会议通知的写作

1.小型会议会期不长,告知事项简单,通知的写法也相对简单。其结构与写法为:

(1)标题。一般写"会议通知",或"关于召开××会议的通知",不宜只写"通知",甚至不写标题。

(2)正文。写明会议时间、地点、内容、出席(列席)人员及与会要求。

(3)部分会议需与通知一起寄出会议委托书和回执。

(4)会议通知格式多样,国内企业通常使用便函式(见例6-1)和卡片式(见例6-2)。

---

① 图6-1及上述内容参见:张丽琍. 商务秘书实务[M]. 北京:中国人民大学出版社,2004.

例6-1：带回执的便函式会议通知

会议邀请函

尊敬的客户：

　　为了进一步加强与贵公司的协作关系，听取客户对我公司产品和服务的意见，我公司拟于20××年8月16日上午9:00至下午5:00在燕丰宾馆召开客户咨询联谊会。

　　敬请回复及光临。

　　附：会议日程/路线图

××公司印章
××年××月××日

回执

　　请于7月30日以前将回执寄至：北京市朝阳区天地大厦××公司销售部王初萌小姐

　　邮编：100110　电话：8765××××

　　□我公司参加此次会议，参加人数：

　　□我公司不能参加此次会议。

姓名：
公司：

例6-2：卡片式会议通知

部门经理会议

目的：讨论公司下月工作安排

时间：20××年3月20日上午8:30

地点：公司第一会议室

如您无法出席，请于×年×月×日前电话告知×××。

电话号码_____

2.大型或重要会议会期长，内容丰富，告知事项比较多，通知的写法就相对复杂一些。其结构为：

(1)标题。一般写法是："关于召开××××会议的通知。"

(2)正文。由开会缘由、赴会应知事项和要求构成。"开会缘由"写明召开会议的原因、目的、任务；"应知事项"写明会议内容、议程、时间及会期、地点、出席会议人员或组织(部门)的名称、报到时间、地点、应带材料、注意事项等。

(3)说明。写明会议主办单位的联系人及联络方式等。有埠外与会者，还可附会议路线图。

二、会中服务工作

(一)组织签到和登记

会务秘书到宾馆或会场入口处迎接与会者,组织与会人员签到和登记,这是会议期间的第一件事,其目的是及时了解到会人数。签到对于各类有选举、表决内容的法定性会议尤为重要,它关系到是否达到法定人数,选举、表决结果是否有效,所以必须坚持签到制度,认真负责地做好签到工作。

人数较少的小型会议或例会,一般采取会务秘书点名或在会议名单上签到的方式,这样可以随时掌握到会人员情况,且不必打扰与会者。当然,要采取这种签到办法,会务秘书必须认识全部或绝大多数与会者。

小型会议一般采用签到簿签到的办法,与会人员到会时在会务秘书准备好的签到簿上签名。一般与会者应注明姓名、单位、职务和联系方式等。

重要或大型会议可以采用签到卡签到的办法,与会者要在胸卡及其存根上签上自己的名字才能进入会议场所。签到工作结束之后,会务秘书应及时将与会者的到会情况报告会议主持人,发现未到会的要及时催请。还可以采用电子签到的方法,这样可以通过计算机及时统计与会代表的基本情况。

(二)做好会议的记录工作

1.为会议记录做好准备工作。要准备足够的钢笔、铅笔、笔记本和记录用纸。准备好录音机和足够的磁带以补充手工记录。要备有一份议程表、其他相关资料和文件,以便在需要核对相关数据和事实时随时使用。

2.会议记录的内容:

(1)会议描述,主要介绍会议的基本情况,包括会议类型、时间、地点、与会者姓名、会议主题等。

(2)会议议题。

(3)会议具体发言内容与决议。

(4)会议上的临时动议。

(5)主席签名。在主席签上名后应在会议记录上写上会议日期。

3.会议记录的方法:

(1)会议记录的重点应为主要讨论的观点、决议、决定、修正案等内容,而其他内容可简要概括地记录,无需有言必录。

(2)如果当时漏记了内容,可事先做出记号,然后对照录音修改。

(3)不管是谁提出了一个动议,或附议了一个动议,或提出了任何意见,都应把人名记录下来。

(三)提供会议资料与联络协调

事前准备好的会议资料一般均在与会者签到时发出。会议期间产生的文件资料,会务秘书应及时发放到与会者手中,要注意忙而不乱。

会议中的联络协调工作是会务秘书重要的职责之一。会议组织工作头绪纷繁,环节较多,每个环节之间相互联系,相互影响,一个环节出了问题,就要影响下一个环节甚至整个会议。因此,会议的整体联络与协调就显得十分必要,会务秘书应列出详细的任务分工表,人手一份,以备检查和落实。各岗位人员要熟记本岗职责,发现问题及时沟通汇报,互相配合。作为会务秘书,必须坚决服从会议组织者的领导。要把自己的工作目标和会议的目标统一起来,既要相对独立地开展工作,各负其责,又要密切协作,主动配合。

(四)做好会议的后勤保障服务工作

组织好会议期间的食宿、车辆、娱乐、医疗卫生、照相等工作。为保证会议的顺利进行,会务秘书还应做好会议服务工作。服务工作的内容包括:

1.食宿服务。这是指妥善安排与会人员的住宿、就餐等事项。作息时间、就餐时间及地点,应在签到时通知;如会议需要提前或推迟就餐时间,要根据变动情况及时做出安排。

2.车辆服务。做好停车场所的管理和调度,要适当配备公务用车。

3.娱乐服务。如果会议时间较长,可根据会议日程在会隙或晚间适当安排文化娱乐活动。娱乐活动的内容要健康,要为多数人所喜爱。

4.医疗卫生服务。大中型会议人员集中,活动频繁。要安排好卫生保健工作,一是配备必要的专职医护人员,二是重视饮食环境卫生。

5.照相服务。中型以上会议或纪念会、庆祝会、追悼会中,往往与会人员要集体摄影留念。首先,要选择高水准的摄影师和摄影器材,以免与会者留下遗憾;其次,与会者的座次排列、队伍组织要合理;再次是背景的选择要充分体现出会议的主题和特点;最后,应注意位次礼仪(详见图6-2)。

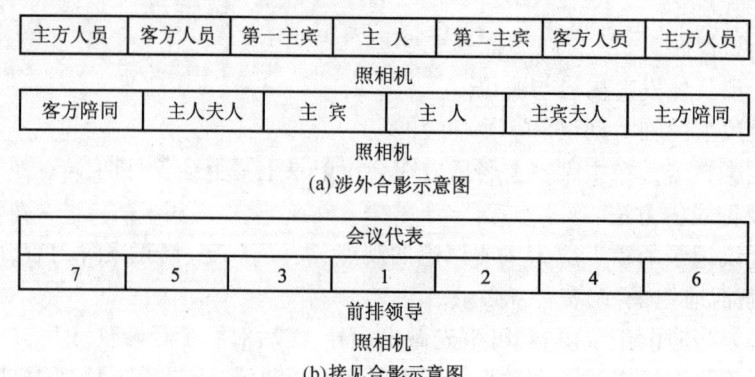

图6-2 合影位次示意图

第四节　印章和介绍信管理

在任何一个组织中,人们出于工作或其他事务的需要,常常要把一些材料拿到办公室加盖公章,或者要求开具介绍信,因此,印章和介绍信管理也是办公室的日常事务之一。

一、印章管理

(一)印章概述

印章,即图章,有时也称为"印信",主要是指国家机关和企事业单位等使用的公章。

1.印章的作用和地位。一般来说,印章具有以下三个方面的作用:

(1)标志作用。各级各类组织在日常公务活动和对外往来中一般是通过使用法定的名称来区别于其他的组织的,而这个法定名称又是通过印章来作为标志的。因此,在制发文件、接洽业务、签订合同、开具证明等过程中,印章可明确表明该组织身份的合法性和唯一性。

(2)权威作用。各级各类组织由于有特定的地位和所辖范围,因此在一定层次和范围内具有权威性。例如,上级政府机关只要将加盖公章的通知、决定、批复等公文发至其所辖的下属机关,就对它们具有约束力,下级机关就必须遵从文件的规定和要求。因为印章是该组织权威性的象征物,一切文件只有加盖了印章才能产生法定效力。没有印章,该文件的权威性就无法证实,也就不可能使人们遵照执行。

(3)凭证作用。由于印章是每个组织身份和性质合法存在的证明,因此,它在组织的各项工作和事务活动中具有重要的凭据和证明作用。例如,建立一个新的组织,或者一个组织更名后,都要颁发新的印章。又如,在对外交往中,出差人员的合法身份必须由盖了印章的介绍信来证实,其出差中的公务活动也因此具备了合法性。再如,一份文件、合同、工作证或毕业证必须要加盖印章才能使人们真正相信它具有合法性和有效性。

2.印章的式样。印章的式样由质料、形状、图案、印文、尺寸等组成,其规范要求详见表6-3。

表6-3　公章的式样规范

时　间	我国现代
质　料	角、木、橡胶、塑料、钢为主
形　状	正圆形、正方形、长方形、三角形、椭圆形等为主
印　文	简化汉字、宋体、自左向右环形排列

续表

时 间	我国现代
图 案	县以上政府机关、法院、检察院、驻外使馆的公章的中心部分刊有国徽,党的各级机关印章刊有党徽,企事业单位公章刊有五角星图案
尺 寸	国务院公章直径为6厘米
	省、部级政府机关公章直径为5厘米
	地、市、州、县政府机关公章直径为4.5厘米
	其他机关、部门、企事业单位公章直径为4.2厘米

3.印章的种类。办公室印章的种类,详见表6-4的介绍。

表6-4 印章类别表

印章的类别名称	含 义	作 用
正式印章		标志组织的法定名称、权力、凭信和职责
专用印章	各级组织或各级业务部门执行专门性业务	标志印章上刊明的适用范围
缩 印	依据正式印章和专用印章按比例缩小的印章	主要用在各类票券上作为凭信;缩印不能作为正式印章使用
钢 印	利用压力凹凸成形,不用印色	加盖在相片与证件的骑缝上,以表示证件与照片相吻合;加盖在各种票据的连接处,表示两者相和,以防止伪造;钢印不能作为对外行文及各种证件的有效标志,不能独立使用
领导人手章	由领导人亲笔书写,而后照其真迹按比例放大或缩小刻制的印章	是一个机关或单位的领导者行使职权的标志。具有权威作用,通常用于任命、调遣、罢免干部等重大事项,具有凭证作用。有些凭证需要同时加盖领导人手章与机关或单位的印章才能生效,如合同、协议书、毕业证书、聘请书、财务预决算等
个人名章	一般干部姓名的印章	代替手写签名,加盖在文件或凭证上以示负责。例如,在报表、财务预决算、银行支票、合同等文本或票据上,要加盖这类印章
校对章	专门用于校对、勘误文件或表格中个别错误之处	区别真伪,证明此处修改为文件所发单位本意;证明其修改具有法律效力
戳 记	为了方便工作,提高工作效率而刻制的	减少人员的工作量,使工作规范化

(二)印章的管理和使用

1.印章的刻制。印章的刻制和颁发是一件极其严肃的事情,《中华人民共和国刑法》第280条规定:"伪造、变卖、买卖或者盗窃、抢夺、毁灭国家机关的公文、证件、印章的,处三年以下有期徒刑、拘役、管制或剥夺政治权利;情节严重的,处三年以上十年以下有期徒刑;伪造公司、企业、事业单位、人民团体的印章的,处三年以下有期徒刑、拘役、管制或者剥夺政治权利。"可见,任何机关、团体和企业、事业单位的印章都不许擅自刻制、颁发。刻制印章,必须严格遵守国家有关文件的规定。

印章的制发一般采用分级负责的原则,下级机关或单位的印章由上级领导机构批准后刻制颁发。其中,公章一般应由上级领导机构批准后颁发给所属机构使用。牵涉两个主管部门的,应由两个主管部门同意后才能刻制。某机关在某单位附设办事机构,并委托其负责具体的业务工作,那么印章的刻制应征得两方领导机关的同意。手章和名章则应经本级机关或单位领导人批准同意,指定专人承办刻制。

刻制本机关单位印章时,承办部门必须持上级机关有关公文,按规定尺寸到指定的公安机关办理核准手续之后方可到指定单位刻制;任何机关未经批准一律不得自行联系刻章,更不得在私人摊贩处刻制印章。

2.印章的颁发。印章从承制工厂或刻章店摘取时,要认真仔细地验收检查。主要是检查印章的质量是否符合要求,有无使用过的痕迹。如发现质量不合要求,应责成承制单位按规定重新刻制;如发现印章已有使用过的痕迹或印章的版面上粘有红印泥,应立即报告当地公安部门备案查处。因为红色印泥是印章启用的标志,只有印章使用机构才可以用红色的印泥盖印。

3.印章的启用和停用。

(1)启用。印章的启用是指宣布印章自什么时候起正式生效。有关启用印章的材料和印模应立卷归档,永久保存。新印章要到启用通知规定的生效之日起才能正式使用,否则就不具有实际效力。

(2)停用。印章的停用是指在机构变动、名称改变、印章式样改变时,原印章停止使用。印章停用要处理好以下事宜:一是通知有关单位该印章已停止使用,并说明停用的时间、原因;二是要做好印章的撤销工作。停用的废印章不能在原单位长期留存,一般可送交颁发单位处理。

4.印章的管理。印章要选择比较安全的地方存放,一般是存放在办公室。印章一般存放在办公桌带锁的抽屉或保险柜内,以防印章被盗用。印章要专人专管,管印人就是使用人。印章管理人员要养成随用随取、用完放回原来存放地方的习惯。节假日时,更要注意做好印章管理的安全工作。可以将存印章的柜、抽屉锁好,并贴上封条,待重新启用时再验封条和锁。平时保管人员不能将印章委托他人代管。印章一般不能随意带出办公室使用或者交给他人使用,以免由于管理不善而造成严重后果。

5.印章的使用。一定要建立、健全相应的规章制度。公章一般由指定的办公室人员统一使用,其他印章也应专人专用。属于办公室管理的印章一般有:单位的公章、单位领导人的名章和办公室工作专用印章,如收发章、校对章等。加盖单位公章,应填写用印审批单并做好详细登记。原则上是哪一级的公章,须经哪一级的负责人批准,并审核签名。

以单位名义发出的公文、函件都必须加盖单位公章,正式公文只在文末落款处盖章。带存根的公函或介绍信、证明信等要盖两处印章:一处盖在公函连接线上(骑缝章),一处盖在单位落款处。合同、协议等文本除了在文本落款处盖章以外,还应加盖骑边章。加盖印章必须做到用力均匀,使印章端正、完整、不歪斜,更不能颠倒。

二、介绍信的保管和使用

(一)介绍信的保管

介绍信是用来介绍被派遣人员的姓名、年龄、身份和接洽事宜等情况的专用书信。正式介绍信通常为专门印制并有编号,如联系一般事务,有时也可以单位信笺代替。

(二)介绍信的使用

1.专人保管,放在有保险设施的柜内或抽屉中保存,随用随取,以防丢失或被盗。
2.出具介绍信必须经过严格的审批程序,待主管领导批准后方可开具。
3.必须在介绍信正件和存根上认真填写前往单位的名称、派出人员的姓名、身份,接洽何种事宜,开出介绍信的时间、有效期限等项,正本和存根必须一致。不得出具空白介绍信。
4.介绍信必须加盖公章方为有效。公章盖在日期处以及正本与存根的骑缝处。
5.妥善保存介绍信存根,以备查考。

小结

本章主要介绍了办公室电话接发及传真收发的程序与技巧、收文与发文处理程序、会议准备、会中服务及会后相关工作、印章和介绍信的管理与使用等,内容注重应用性、程序性和操作性,并通过相关案例和训练题,可以加深对本章知识的理解与掌握。

复习思考题

1. 请写出使用公务电话的程序和礼仪规范。
2. 请分别写出公文的发文和收文处理程序。
3. 简述应怎样保管和使用印章。
4. 简述应怎样使用和保管介绍信。
5. 会场布置主要包括哪些方面?
6. 某单位要刻制一枚新公章,秘书小王通过熟人私下刻制了一枚。短时期内,新老公章混用。请说出小王在刻制和启用新公章方面的错误。

实训题

1. 某公司秘书小李正在接电话,正好有客人来访,这时总经理又让小李马上去他办公室处理一份急件,这种情况下,小李该怎么办?

2. 力天公司拟于2017年9月25日上午9:00至下午5:00在雨田宾馆召开部门经理工作座谈会,主要内容是总结本季度公司工作情况并对下一季度公司工作作出安排。请你列出发送会议通知应注意的问题,并拟写一份带回执的会议通知。

3. 根据以下材料,以重庆市绿色社区创建工作领导小组的名义撰写一份会议通知。

为了进一步落实重庆市环保局、市精神文明办、市政委联合颁发的《关于开展绿色社区创建活动的通知》(渝环发〔2002〕103号)的精神,总结交流创建工作经验,推进试点工作的开展,重庆市创建工作领导小组决定于2006年10月27日—10月28日在合川区合州大酒店召开绿色社区创建试点工作暨培训会议。参会人员主要有各区县文明办、环保局、市政委建委分管领导各1人;创建工作领导小组工作人员1人;试点社区代表1人。会议拟进行的活动有:试点工作经验研讨交流;绿色社区基本理论教育;绿色社区创建模式与标准学习;会后组织考察试点社区。

会议相关事项要求:

(1)请市级试点社区准备经验材料(或工作汇报)一式150份交报到处;

(2)在本通知送达后,由各地创建工作领导小组办公室负责通知上述三家单位分管领导到会;

(3)会议食宿统一安排,费用自理。每人交资料费、培训费、考察费等共150元。

其他相关内容自拟。

4. 公文修改:

对以下这篇公文的不当之处加以修改。

××社区关于请求增设便民早餐店的请示报告

××街道办事处、张兴平主任：

根据《××区人民政府关于推动社区"早餐工程"建设的决定》(×政发〔2005〕68号)精神，为了加快解决社区居民早餐难的问题，我们打算在社区活动中心附近兴建便民早餐店(已经规划部门批准)，力争在2005五年12月1日开业，产权归社区所有，聘请社区内的下岗职工承包经营。便民早餐店预算建设资金共计125万元，现已筹集资金85万元，还有40万元资金没有着落，为此，要求街道给予支持解决。

另外，社区活动中心室外健身场的健身器械数量严重不足，难以满足居民健身需要，居民意见很大，故请顺便追加拨款15万元用于购置健身器械。

此事关系到社区居民的切身利益，务必批准。

2005年9月1日

5. 文件处理训练：

场景：厂办公室

情况：×××管理局通信员李×给××厂递送一份《××省财政厅、××省审计局关于开展×××财务专项资金检查的通知》(×财字〔2003〕34号)。

厂办公室文书小王收到文件后，应当怎样迅速处理该文件？

6. ××市旅游局接到××省旅游局转发的《中华人民共和国国家旅游局令》(第18号)文件中发布的《出境旅游领队人员管理办法》(以下简称《办法》)。小张核查、登记完文件后，交给吴主任。吴主任看完文件，批注了拟办意见，交给李局长。李局长当即批示，责成吴秘书起草一份学习该《办法》的文件，下发给市属各旅游公司，组织员工学习。

吴秘书接受该项任务后，该怎样进行发文程序各环节的操作？

 **拓展向导**

1. 办公室事务工作

(1) 办公室事务工作：http://www.doc88.com/p-0866170703018.html。

该文介绍了一些与本书可以相互完善的知识。在掌握本书知识点的基础上，可以把该文档作为办公室事务工作知识的拓展延伸。

(2) 办公室日常事务管理：http://www.docin.com/p-483644371.html。

该文可补充本章第四节印章的用印原则、要求等知识。

(3) 办公室事务工作流程：http://www.doc88.com/p-181335687182.html。

该文详细介绍了办公室事务工作流程和注意事项，对无职场经验的读者较有帮助。

2. 相关资源

(1)《办公室事务管理》：王玉霞主编，清华大学出版社2010年版。

该书根据秘书办公室事务管理工作的开展及企业秘书/行政助理岗位工作实际,介绍了办公室环境管理、接待、日常事务管理、信息管理、领导活动管理、辅助人力资源管理、危机管理与突发事件应急处置等内容。

(2)《办公室主任工作手册》:匡晓蕾编著,中国人事出版社2014年版。

该书知识系统,具有很强的实用性和可操作性。在日常管理、办公环境、办公计划、调查研究、协调督查、会务管理、接待管理、办公文秘、汇报传达和办公档案等知识储备的基础上,对十大工作所涉及的34个大事项、必懂的214件事做了系统介绍,并提供了十大工作的执行流程、标准、规范、检查、控制、协调、评价、奖惩、技巧、注意事项,以及操作方法和配套工具。

(3)会议倒水知识:http://www.docin.com/p-316489791.html.

"会议倒水"看似是个小问题,但在办公实务之办会中是不可或缺的,应该掌握。

第七章　办公室事务工作(下)

学习目标

- 识记:上司临时交办事项的特点、差旅前的准备事项、差旅计划的内容
- 了解:值班工作的意义、上司临时交办事项的范围、商务报销的手续
- 明确:值班工作的任务、上司临时交办事项的内容和处理原则、各种值班记录的填写、上司差旅前和差旅回来后办公室工作的内容、零用现金管理的一般程序
- 掌握:值班时突发事件处理的程序和方法、差旅计划的制作、差旅手续的办理

办公室事务千头万绪,纷繁复杂,需要办公室人员秉持细致认真的工作态度,同时具备多方面的技能。办公室工作除上一章论述的几项工作外,还包括安排值班工作、办理上司临时交办的事项、办公差旅事务、现金使用与保管等。

第一节　安排值班工作

值班工作是办公室的日常工作之一,各组织和部门值班工作的任务不同,具有各自的特点。作为办公室的一项重要事务,值班工作具有明显的岗位责任性质。

一、值班的含义

值班是指一个组织有相关的专门人员(即值班员)或由有关人员在规定的时间内轮流交替坚守岗位,负责处理一些临时性的综合事务或专项性的特定事务(如安全值班)。

值班工作就是组织指定专职值班员或兼职人员在规定时间内,负责值班,处理公务,以保证整个组织运转连续性的一项工作。

二、值班工作的意义

我国有很多组织比如卫生、医疗、能源、安全、交通等部门在节假日并不休息,需要连续工作,而且随着各组织间信息交流和业务往来的日益频繁,许多工作也不可能仅仅在法定的工作时间内完成;另外,每个组织还有可能遇到紧急或突发性事件,这些都需要有专门人员及时进行处理。而上述工作一般都是由各个组织的办公室通过值班工作来完成的,因此,值班工作对于每个组织和整个社会的正常运转都具有重大的意义。

三、值班工作的任务与要求

(一)坚守值班岗位

办公室是一个组织的信息枢纽,应保证其电话、计算机网络等通信方式24小时畅通。办公室内应配有安全、救生、医疗、急救、消防、公安等部门的联系电话,并应配有相应的记录工具。值班人员在规定的值班时间内,必须做到人不离岗、人不离机(电话机),始终保持通信联络畅通。值班室要接纳来自四面八方的函电信息,必须有人接收、传送和处理。特别是在高级首脑机关或要害部门值班,随时都可能有突发性的事件报到值班室,有许多紧急事件无规律可循,必须随时准备应付复杂情况和处理突发性事件。因此,值班室人员必须坚守岗位,有事要提前请假,如无临时接班人,不得离开岗位。

(二)认真处理事务

值班室工作庞杂、琐碎、无规律性,处理起来有时比较麻烦,但值班人员不得有丝毫大意和马虎,如果处理不当,轻则耽误工作,重则造成严重后果。因此,值班人员必须要有认真负责的态度。如认真接转电话、认真做好记录、认真接待来访人员等,真正起到咨询员、联络员、收发员的作用。

1.做好值班记录。主要是做好以下工作。

一是记好值班电话记录。值班人员除接待来访人员外,相当一部分值班工作都是靠电话来联系处理的,因此,必须认真做好值班电话记录。电话记录(见表7-1)基本

表7-1 值班电话记录表样式

编 号		来电单位	
来电电话		姓 名	
电话记录			
办事情况			
记录人		来电时间	年 月 日 时 分

上有五个要素:①来电时间;②来电单位、来电人姓名和来电方的电话号码;③来电内容,要简明扼要地记下主要精神;④领导批示和处理意见;⑤记录人署名。对这五个要素,一定要记准确、记清楚。

二是做好接待记录(见表7-2)。对外来人员的姓名、身份、证件、联系事由、接洽单位要一一登记清楚,以备查考。

表7-2　值班接待记录表样式

来访人姓名	单　位	事　由	联系方式	接待人姓名	处理情况

三是做好值班日志(见表7-3),对外来的信函、传真、电话反映的情况等,都要认真登记,使接班人员保持工作的连续性。

表7-3　值班日志样式

年　月　日	星期	值班人:
事项: 1. 2. 3.	备注	

2.热情接待来人。因事来值班室联系接洽的人很多,值班室对各种来人,要根据不同情况做出恰当的处理。对于来洽谈工作的人,在查明身份证件、问清意图后,协助并指引其办理有关事务,对于一般问题,只要不涉及机密,应尽可能地给予帮助。

3.加强安全保卫。值班员的职责之一就是做好组织的安全保卫工作,值班人员一定要处理好热情接待来人和严格门卫制度的关系。既要热情接待,又要严格执行制度,严防不法分子混入作案。如遇到紧急情况和可疑人员,应及时向领导和公安、保卫部门报告。值班人员要有保密观念,不能把亲戚、朋友带到值班室留宿,不能泄漏组织秘密,对于机密文件、他人信函,不得擅自拆阅。

(三)应付突发事件

值班人员应熟知突发性事件的应急预案,做到遇事不惊,有条不紊。

四、注意事项

其一,注意建立和健全值班制度,应有明确的交接班制度、请假制度和安全保密制度,使值班工作制度化、规范化。

其二,做好值班工作的督促检查,发现问题,及时处理。

五、突发事件的处理

(一)偶发性自然或人为灾害的处置

1.人为灾害。值班人员接到火灾报告后,要问清火灾地点、火情、扑救情况等。要根据情况确定处理方式:如是小火,报告上司即可;如是大火,首先应报火警。随后,报告上司的同时,要通知公安部门派人到现场,通知电信部门保证电话线路畅通,了解消防力量是否够用,如不够用,立即向外地、外组织求援。

2.自然灾害的处置。灾害发生后要做到以下方面:①立即报告上司;②和受灾地区密切联系,详细了解灾害情况;③根据上司意见,通知有关部门做好救灾准备,并把准备情况随时报告上司;④通知办公室负责人做好准备,一旦需要,随上司一起赶赴救灾现场;⑤立即生成相关文件下达各部门或对群众广而告之。

(二)偶发性人为事故的处置

1.较大食物中毒事件的处理。招待所、食堂、居民区发生的涉及人数较多、病情较重的食物中毒事件,得到报告后要做好下列几件事:①立即向上司报告中毒地点、人数、病情;②通知卫生防疫部门和医院做好救治准备,并迅速派医务人员和救护车辆前往中毒地点采取措施,如果本地医院住不下,还要同外地医院联系;③报告上级领导机关和主管部门;④协助医疗卫生部门联系抢救药品和运送中毒人员的交通工具。⑤联系相关部门对该食物进行检验,并将检验结果公示。

2.较大交通事故的处置。虽然机、车、船不一定属本地管辖,但发生在本地界内,当地领导机关有责任、有义务协助处理。因此,要做好以下几项工作:①立即将事故地点、大致情况向上司报告,并听取上司的处置意见;②根据上司意见通知公安部门保护现场,维持秩序;③通知卫生部门组织抢救;④和事故涉及的有关单位取得联系。

总之,偶发性人为事故很多,其处理措施可以总结如下:①报告上级机关并听取意见;②通知相关部门做好应急措施;③协助相关人员进行事故救援;④联系与事故有关的单位人员知晓事宜;⑤向社会或群众做出解释并友情提醒群众注意安全。

第二节 办理上司临时交办的事项

接受并办理上司临时交办的事项是办公室人员的一项重要工作职责,它直接体现着办公室工作的综合性、辅助性和灵活性。

一、上司临时交办事项的范围

上司临时交办的事项非常广泛,而且因人而异,大致范围包括在办文、办会、办事、信息、调研、督察、接待、协调等工作中的临时性事项。

二、上司临时交办事项的特点

(一)广泛性

上司临时交办的事项内容十分广泛,既有公务活动事项,又有私人活动事项;既有重大事项,又有琐碎事项;既有公开事项,又有涉密事项;既有整体性事项,又有局部性事项;等等。这些事项涉及面广,内容复杂,秘书必须具备良好的工作态度和娴熟的工作技能才能很好地完成。

(二)临时性

上司交代办理的很多事项都具有临时性,这就要求办公室人员随时做好记录,高度重视,抓紧办理,尽快落实。

(三)事务性

上司交办的事项一般都具有事务性特点,具体而琐碎。比如,发一个通知,接待一位客人,安排一顿便饭,购买一件物品等,这就要求办公室人员必须认真积极、心思细腻、不厌其烦、兢兢业业,只有这样才能做好这些工作。

(四)紧迫性

临时交办的事务大都比较紧急,办公室人员应该合理分配好时间,高效处理相关事务并及时反馈。

三、办理上司临时交办事项的原则

(一)认真积极,耐心细致

办公室人员应该认真积极地接受上司交办的事项,努力为上司服务,做好辅助性工作,以使上司全力以赴处理重大、宏观的问题而没有后顾之忧。

(二)坚持原则,灵活变通

对于上司交办的事项,要有自己的判断,应在符合政策精神的前提下,坚持基本原则,实事求是,同时注意灵活变通,决不能一味顺从上司,任意而为,乱开口子,不能为了保证完成任务而不择手段。

边学边练

美国辛辛那提大学秘书系教授乔治·华格纳曾提出过一个经典案例:某董事长

收到一封有长年生意往来的代理商寄来的无理信函,于是,董事长把秘书叫来,要他速记下回信的大意:"真没想到会收到这么不讲理的信,虽然我们有过长久的生意往来,也只能到此为止了,对此事我还打算公开。"他要秘书依据以上内容,迅速复函给对方。那么,秘书应采取何种态度呢?

这里有四个答案:

A."是的,遵命。"说着立刻走出办公室去打字投邮。

B.把这封信压下来。

C.向董事长建议道:"董事长,何必为了一时之气,得罪往来已久的代理商呢?请您三思啊!"

D.当天傍晚或经过一段时间,董事长息怒后,将打好的信件送给他过目,并说:"您觉得这样可以寄出去吗?"

(资料来源:陈合宜.秘书学[M].增订本.济南:山东大学出版社,1997)

讨论:选择哪个答案比较好?

(三)节约时间,确保绩效

上司临时交办的事项一般都具有高度的敏感性,是事务处理过程中的一些关键节点,因此必须正确高效地处理好这些事情。

(四)精准办理,及时反馈

对于上司交办的事情,最后的处理结果如何一定要及时向上司反馈,尤其是事情遇到意外不能按原计划进行的情况。

四、上司临时交办事项的主要内容

(一)临时性的会议通知

一些临时决定召开的会议,因时间紧,发书面通知已来不及,或会议内容与各个业务部门有交叉,难以确定由哪个业务部门主办,在这种情况下,经常交由办公室处理,使用电话或其他方式召集有关部门和有关人员参加会议。

(二)临时受托催办

临时受托催办,即查问有关部门和有关人员对上司某一批示、要求的贯彻落实情况,并将查问的结果及时回复交办的上司。在工作过程中,办公室要恰当发挥组织中一些职能部门的作用,以便顺利完成任务。

(三)受委托做好接待工作

由于上司的工作原因或精力所限,有的接待工作就委托办公室来完成,办公室应根据具体情况,或自己承担或通知有关部门做好接待工作。

(四)临时受托办理上级考察事宜

这是指根据上司指示了解在本地区工作考察的上级领导的活动及生活接待情况,做好相关服务工作。

(五)向有关单位人员转告领导的指示等

对于上司交代的需要转告的指示,要准确、及时的办理。

第三节 差旅事务

为了获取对组织有用的信息和动态,扩大业务范围,增加行业之间的联系,树立良好的公众形象,上司必须作各种各样的公务旅行,办公室人员必须了解上司旅行的任务、地点和具体的时间等,结合组织的有关规章制度以及上司的个人习惯,予以合理的安排和有效的管理,为上司的公务旅行提供一流的服务,确保上司公务旅行的顺利进行。

一、旅行前的准备

为上司的旅行做好相应的准备,是旅行管理的第一个环节,也是很重要的一个环节,它关系到整个旅行行程是否顺利。表7-4是旅行准备的一些主要内容。

表7-4 旅行准备工作主要内容

业务资料	旅行相关资料	有关事务	办公用品	个人物品
组织介绍 讲话稿 备忘录 商务文件(如谈判提纲、协议、合同草案) 被访问单位资料 请柬 ……	旅行计划(日程表) 旅行地情况的相关资料 目的地地图、交通图 旅行指南 介绍信 通信录(地址、电话、传真) 对方的向导信函 日历 世界各地时间表 ……	票务 预订旅馆 办理托运 联系翻译 体检事务 安排、落实接送 入出境事务 工作的预处理	产品样品 笔记本电脑 光盘或磁盘 微型录音机及磁带 照相/摄像机 文具用品(文件夹、笔、笔记本) 公司信封及信纸 手机及充电器 名片	护照 签证 "黄皮书" 身份证 旅费(信用卡、外汇、支票、现金等) 替换衣物 洗漱用品 备用(常用)药品 机票、车船票

上述准备最好列出清单,经上司检查、补充后一一备齐办妥。

二、旅行计划

为了保证上司能在出差期间有条不紊地、高效地工作,办公室人员必须先行为上司拟订一个合理的计划。一般来说,旅行计划应考虑如下几个方面。

(一)地点

地点一是指旅行抵达的目的地(包括中转地点),目的地名称可详写(哪国、哪个地区、哪个公司),也可略写(直接写到达公司的名称);二是指旅行过程中开展各项活动(工作)的地点;三是指食宿地点。

(二)时间

时间是指出差时间的长短、出发及到达目的地的具体时间点、工作活动的具体时间和时长等。

(三)交通工具

交通工具一是指出发、返回的交通工具;二是指商务活动中使用的交通工具。

(四)住宿

住宿主要包括住宿地点及规格等。

(五)旅行内容

旅行内容一是指商务活动内容,如访问、洽谈、会议、宴请、娱乐活动等;二是指私人事务活动。

(六)资料、物品携带

根据差旅内容必须携带的资料、物品等。

(七)工作时间表

如果旅行中工作内容较多,可把上司抵达目的地(或在中转站)的工作安排制成表格,如表7-5所示。

表7-5 旅行工作时间表

日期	具体时间	交通工具	地点	事项	备注
10月5日 (星期×)	8:00—10:30	民航班机	广州	出发	
	11:00—12:00		北京	出席分公司业务报告会(需1号材料)、午餐	
	15:00—16:00		北京	拜会××××公司领导(礼物已准备)	
	16:30—17:30		北京	参观××公司	

续表

日　期	具体时间	交通工具	地　点	事　项	备　注
10月5日 （星期×）	18:00—		北京	晚餐后下榻于××酒店(已预先订房)	酒店电话： ×××× ××××
10月6日 （星期×）	9:00—12:00		北京	出席××分公司新技术产品发布会并发言(讲话稿为2号材料)	
	12:00—13:00		北京	××分公司的午餐会(××宾馆)	
	15:00—16:00		北京	会见××分公司经理	
	17:20—19:50	民航班机	北京—广州	返回	

（八）制作总表

拟订旅行计划时，为了便于查阅，也可将有关的内容集中在一张表格上，如表7-6所示。

表7-6　××经理旅行计划表

北京—广州
20××年8月4日—8月6日
8月4日　星期三 　　上午×时　从家赴首都机场(公司派车) 　　　×时　乘×次班机离京赴穗 　　　×时　抵达广州(×××接机)，住××酒店××房间(已预先订好房间)(酒店总机：×××××××) 　　　×时　参加××公司的午餐会,地点在×××××× 　　下午×时　与××公司××经理会谈,地点在××公司接待室(需用1,2号材料) 　　　×时　与××公司××经理共进晚餐,地点在××××××
8月5日　星期四 　　上午×时　前往××贸易公司与××经理洽谈合作事宜(需用3,4号材料) 　　　×时　洽谈结束,中午与××经理共进午餐,地点在×××××× 　　下午×时　拜访老朋友××厅×××厅长(礼品已备好),地点在×××××× 　　　×时　与×××厅长共进晚餐,地点在××××××
8月6日　星期五 　　上午　处理私务 　　中午12时　在酒店用餐 　　下午×时　乘×次班机离穗回京(×××接机)

（九）备注

记载提醒上司注意的事项，诸如抵达目的地需要中转的中转站名称、休息时间、飞机起飞时间，或需要中转时转机机场名称、时间，或某国家为旅客提供的特殊服务等，或展开活动时要注意携带哪些文件，就餐时应遵守对方民族习惯的注意事项等。

旅程表的编制，有利于与上司保持联系。旅程表应一式四份，一份存档，上司及其家属各执一份，随行办公室人员执一份。

制订旅行计划时要注意：

第一，明确并尊重上司的意图和要求，了解并遵守本组织有关旅行的具体规定。

第二，出差旅程表应按时间顺序编排，条理应分明；时间安排不宜过紧或过松；要考虑上司的身体情况，避免上司的劳累，同时也不能间隔太久，减慢进程。

第三，如果上司是初次到某地旅行，在征得上司同意后，应留出一定时间为上司处理私务服务。

第四，如果需要中转，应尽量减少衔接时间，以避免时间的浪费。

第五，多拟订几个预备的旅行计划方案供上司参考，由其选择最佳方案。

第六，国际旅行要考虑时差问题。

第七，旅程表除行动计划外，还应尽量详细地将必要的情报写入相应项目：旅馆名、所在地、电话号码；当地的联系人姓名、地址、电话号码；会晤者姓名、企业名称、所在地、电话号码；海外出差时，当地中国大使馆所在地、电话号码等。

三、上司外出旅行时办公室人员的工作

(1) 上司外出旅行时，要确定临时负责人。

(2) 上司旅行时，还未完成的日常工作材料，应整理清楚，日常事务，不能积压，要照常进行。

(3) 电话及来访者的接待，要与代理上司一起处理。

(4) 做好文件的收发、整理、传阅工作。

(5) 与在外地的上司保持畅通的联系，并制作联系备忘录和上司的活动时间表。

(6) 及时处理上司传回的指示。

(7) 上司回来时，准备好接站的车辆，如有时间，要亲往迎接。

在上司旅行期间，办公室人员在工作中要注意以下事项：①做到上司在与不在一个样，注意不能疏忽大意；②把上司的电话及来访者的确切情况记录下来，上司回来后及时传达；③预约的情况，等上司回来落实后，再与对方联系、确定；④上司旅行期间，要服从代理上司的安排指示；⑤在上司旅行期间，若发生紧急事情，应马上与上司联系。

四、上司回公司上班后办公室人员的工作

(1)向上司汇报其旅行期间单位的工作情况。
(2)上司回来后应立即与有关人员联系。
(3)把整理好的重要文件尽快转交给上司。
(4)把上司旅行中的材料按重要、紧急的顺序进行整理。
(5)对旅行中帮助、关照过上司的人,尽快写好感谢信发出。
(6)差旅费应按规定时间尽快报销。

第四节　现金使用与保管

办公室经常会有小数额的开销,如购买办公用品、支付快递费、小型设备维修费等,通常都是从办公室的零星收支基金里提取现金付账,因此,办公室应随时备有小数额的现金用于日常工作所需。这些现金的使用与保管就成了办公室工作人员的一项重要的工作。

一、零用现金的管理要求

(1)办公室人员应该严格遵守办公程序和财务制度,不应自己或协助他人建立办公室的"小金库"。
(2)办公室人员应按照组织要求保持一定金额的零用现金,金额不得随意增减。现金应存放在办公室的保险柜内,或放在一个带锁的金属盒子里,再存放在带锁的办公桌抽屉里。
(3)零用现金借支应符合国家有关财务政策,并按照组织规定的程序进行相关手续的办理。
(4)办公室人员保管备用金应符合组织规定的作业程序,详细记录办公室开支的明细账,以备查验和账目管理。

二、零用现金管理一般程序

(1)建立零用现金账簿。
(2)领取人填写"零用现金凭单"。
(3)核对凭单,有授权人签字方可。
(4)核对领取人提交的发票与凭单是否一致。
(5)支出须在账簿上记录。
(6)支出达到一定数额或发放周期,到财务部门报销并将现金返回零用现金箱周转。

阅读材料

××公司零用金管理细则

1. 零用金的设置划分。

(1) 公司本部由财务部负责各单位之零星支付。

(2) 工地总务组负责设置零用金管理人员,尽可能由原有办理总务人员兼办,必要时再行研讨设置专人办理。

2. 零用金额规定。

零用金额暂定,工地每月经常保持5万元,将来视实际状况或减或增,再行研办。

3. 零用金借支程序。

(1) 各单位零星费用开支,如需预备现金,应填具零用金借(还)款通知单,交零用金管理人员后,管理人员即凭单支给现金。

(2) 零用金之暂支,每笔不得超过1 000元,特殊情况应由公司经理核准。

(3) 零用金之借支,经手人应予一星期内取得正式发票或收据,加盖经手人与主管之费用章后,交零用金管理人冲转借支;如超过一星期尚未办理冲转手续,须将该款转入经手人私人借支户,并于当月发薪时一次扣还。

4. 零用金保管及作业程序。

(1) 零用金之收支应设立零用金账户,并编制收支日报送呈经理核阅。

(2) 零用金每星期应将收到之发票或收据,编制零用支出传票结报一次,送交财务部。

(3) 财务部收到零用金支出传票后,应于当天即行付款,以期保持零用金总额与周转正常。

(4) 财务部收到零用金支付传票,补足零用金后,如发现所附单据有疑问,可直接通知各部经手人办理补正手续。

(5) 零用金账户应逐月清结。

5. 零用金应由保管人出具保管收据,存财务部,如有短少,概由保管人员负责赔偿。

6. 本细则经批准后实施。

三、线上零用金的使用与保管

随着互联网时代的到来,电商平台的出现和发展不但打破传统商业的格局,也彻底打破旧有的支付和交易格局。它使得现金使用的频率大大降低,电子支付成为当下的支付潮流,因此,在办公室零用金的使用和保管上,通过线上管理办公室日常所需资金,例如专门设计专用部门App进行收支的记录,不仅能够详细地记录下办

公室人员的零用金收支情况,减少出错率,并且可减少登记和返回零用现金等多种手续,更为便捷高效,也更为精细。

这种收支记录的 App 是专为办公室进行零星收支而设立的,方便对办公室零用金进行管理和使用,App 分为四个部分。

"小金库":零用金由财务部门负责保管并发放,通过设置独立密码进行管理,每一次使用的支付密码都必须更换。

办公人员入口:每位需要使用办公零用金的人员都需要注册相应的账号并实名认证,使用记录会在公共平台进行公示,剩余金额可自动转入金库并通知到财务部门。

公共平台:用于展示零用金收支情况,确保财务收支的透明度和公开度。

网上支付:可以通过第三方支付或网银支付的方式进行支付。

四、办理商务报销

(一)商务报销的要求

商务报销应该符合国家和组织的报销规定,并履行相关报销手续,一般应具备提前进行费用预算审批、费用支出、获取发票、进行报销等环节。报销应及时规范、手续完备。

(二)商务报销的一般程序

1.提交费用申请报告或费用申请表。
2.授权人审核同意,并签名批准。
3.报告或申请表提交财务部门,领取现金或支票。
4.商务活动中发生的费用,要向对方索取相应的发票。
5.商务活动结束后,将发票附在"出差报销单"后,签名,报销。
6.如商务活动中计划费用不足,应提前向有关上司报告,取得许可后,超出部分凭发票方可报销。

小结

本章主要介绍了值班工作的任务、值班时突发事件的处理程序及技巧、上司临时交办事项的内容和处理原则、旅行前的准备事项、旅行计划的内容、旅行手续的办理、上司旅行前和旅行回来后办公室工作的内容、零用现金管理的一般程序、商务报销的手续等,内容注重应用性、程序性和操作性,通过相关案例,可以加深对本章知识点的理解与掌握。

第七章 办公室事务工作(下)

复习思考题

1. 值班时,办公室人员的主要任务有哪些?
2. 上司临时交办事项的办理原则主要有哪些?
3. 上司在旅行前,办公室人员应为上司做好哪些准备工作?
4. 商务报销的手续主要有哪些?

实训题

1. 广州金桥公司李总经理拟于2016年5月15日至5月18日自广州赴北京会见美商安德森先生,然后经青岛考察市场后返回广州。

请拟制一份要素完整、内容具体的李总经理的旅行日程表。

2. 某县工商局办公室徐秘书星期天值班,下午5时接到一个紧急电话。电话的内容是:局里的一辆面包车与外单位的一辆大卡车相撞,面包车司机及车内3人重伤,车损严重,不能开动,特请求局里急速处理。徐秘书做好电话记录后,思考出4种处理方法:一是等到第二天上班时,向上司汇报,再按照上司指示去办;二是立即向主管上司汇报,请上司亲自到现场处理;三是自己立即到现场去做紧急处理;四是先用电话方式联系有关部门,然后再向上司汇报。

讨论:你认为案例中徐秘书的哪种做法最为妥当,请说明理由。

3. 力天公司新成立的开发部有5名员工要出差,请你帮开发部列出该公司商务出差申请费用以及报销结算的步骤。

4. 根据以下案例做出选择,并说明理由。

财务部李经理从老板那里拿了一份材料。这天,老板急着要那份材料,便让秘书去财务部取回来。在电梯口秘书正好碰到有急事要外出办事的财务部李经理。他听秘书说要取材料之后,立即说回来后马上给送过去。

面对这种情况,秘书应该如何处理?现在秘书有这样几种选择:

A. 严肃地对李经理说:"是老板让我来取的,你可不要不当回事呀!"

B. 问李经理大概什么时候能回来,回来后能不能马上把文件送回来。李经理说一个小时之内回来,回来后一定将材料送过来。于是秘书回办公室向老板报告。

C. 听完财务部经理解释后,秘书叮咛他说:"你可千万别说话不算数呀!"

D. 秘书带着恳求的口气说:"李经理,我求你回办公室给取一下吧,不然我没办法向老板交代!"

E. 秘书爽快地说:"行,您回来后马上给我打个电话!"

对于秘书以上几种选择,你认为哪种选择比较合适,请说明理由,并对其他几种选择进行评析。

**拓展向导**

1. 办公室实务

(1)《现代秘书实务》：向国敏著，首都经济贸易大学出版社，2015年第四版。

这是一本专业的秘书实务书，也是一本专业的办公室事务指导书，除介绍办公室工作外，还在接待工作、信访督查工作和危机管理等方面做了详细的解说。

(2) 领导的差旅事务：http://wenku.baidu.com/view/b619fa05e87101f69e31955b.html。

该文给出了领导出差前、出差中、出差后办公室人员要办的事务，可供借鉴。

(3) 日程安排与值班工作：http://www.doc88.com/p-58266272993.html。

该文结合实例详细介绍了领导日程安排的原则、日程表的制作及值班工作的任务和制度等，与本书有不同的表述，可以借鉴查考。

(4) 单位现金、票据、印鉴、有价证券等保管、使用、安全防范管理规定：http://www.docin.com/p-506028438.html。

从上海长城药业有限公司保安部对于现金使用和保管的相关规定可以看到该公司现金保卫措施的实际操作流程，便于理解本章内容。

2. 相关资源

(1) 论做好办公室事务工作的几点思考：http://www.studa.net/shehuiqita/090831/15382025.html。

该论文所提出的做好办公室事务工作的三点总结值得借鉴和思考。

(2) 公司值班管理制度：http://www.doc88.com/p-918993240642.html。

该管理制度很有条理性，列出了纪律管理、事项处理、津贴与奖惩等内容，是较好的模板。

(3) 中央和国家机关差旅费管理办法：http://www.chinanews.com/gn/2014/01-06/5703335.shtml。

办公室人员应该了解国家关于差旅费管理的相关办法和规定，以此为依据做好单位或企业的差旅费管理工作。

(4) 线上支付与线下支付对比分析：https://wenku.baidu.com/view/5f478cd7de80d4d8d15a4fe9.html。

该分析较为细致地比较出当下支付方式的变化以及线上支付的优势和必然趋势。

(5) 网上支付的现状和发展趋势：https://wenku.baidu.com/view/dc7d9df96e1-aff00bed5b9f3f90f76c661374cc3.html。

该文结合了我国实际情况，分析了当下网上支付的现状和发展趋势，对办公零用金电子化管理具有参考价值。

第八章　办公室保密工作

学习目标

- 识记：秘密、保密、保密工作的含义
- 了解：办公室保密工作的意义、特点和原则
- 明确：办公室保密工作的责任和纪律
- 掌握：办公室保密工作的措施和方法

　　保密工作是办公室的一项重要工作。办公室处于一个组织的枢纽位置，办公室工作中有绝大部分工作是参与机要事务、保管机密文件资料、组织并参加重大会议等重要工作，因此，办公室工作人员接触机密事物的概率较大。为了保护组织乃至国家的利益，办公室和办公室工作人员的保密工作显得尤其必要和重要。所以，在挑选办公室工作人员时，有一条重要的标准就是具备很强的保密意识，确保国家和组织的秘密不外漏。

第一节　办公室保密工作基础知识

一、秘密、保密和保密工作的含义

秘密、保密和保密工作，是三个不同的概念。

（一）秘密

通常来说，"秘密"有两层含义：第一层是指"有所隐蔽，不为人知"，即为部分人所知，但却因不准公开或不宜公开而人为地将其隐藏或保护起来，使他人难以获知。第二层是指"隐蔽不为人知的事情或事物"，即指尚未被人们所知的信息。本书中的"秘密"一词是第一层含义。

（二）保密

保密，指人们对不应让外界知悉的秘密加以保守或保护，使其在一定的时间和

范围内不外泄的行为。"保守",是让所保守的秘密不泄不丢;"保护",是让所保护的秘密不受侵害。

(三)保密工作

保密工作,是指从国家和社会集团以及个人的安全和利益出发,将秘密控制在一定的范围和时间内,防止泄露或被非法窃取利用而采取的一切必要的防范措施与手段。

秘密、保密和保密工作既有区别又有联系。秘密指的是事物,保密指的是行为,保密工作则指的是行为方式(措施与手段);秘密是保密的对象,保密是秘密成立的条件和保证,保密工作则是实现保密目标的手段和措施。

二、秘密

(一)秘密的类型

分类的标准多样化,造成秘密的分类也多样化。

1.按层次划分,秘密可分为国家秘密、组织秘密、个人秘密。

(1)国家秘密指关系国家的安全和利益,依照法定程序被确定,在一定时间内只限一定范围的人员知悉的信息。

(2)组织秘密指为了维护该组织(如团体、企事业单位等)的利益,在一定时间和范围内不宜公开的信息。

(3)个人秘密指涉及个人利益(现代法律称为隐私权)并受到法律保护的一些不宜公开的信息。

2.按内容划分,秘密可分为政治秘密、军事秘密、涉外秘密、经济秘密、科技秘密和其他秘密。

(1)政治秘密指涉及重大政治决策、决定和部署的秘密信息。

(2)军事秘密指涉及国防建设和武装力量活动的秘密信息。

(3)涉外秘密指外交和外事活动中的秘密事项以及对外承担保密义务的信息。

(4)经济秘密指涉及国民经济和社会发展的秘密信息。

(5)科技秘密指涉及科学技术的秘密信息。

(6)其他秘密包括的方面很多,如司法秘密、商业秘密等。

3.按表现形式划分,秘密可分为有形秘密、无形秘密。

(1)有形秘密是指具有一定的形态规模,客观存在于一定的时间和空间中的能够由人的感官感觉到的物质实体。例如:属于文字、图形记录的文件、图表、书籍、刊物及其他图文资料;属于磁性记录的录音带、录像带、计算机磁盘;属于感光记录的照片、影片;属于实物的科研成果、工程设施、仪器设备、产品、装备;其他物质实体。

(2)无形秘密是指不具有一定的实体形态的、储存于人脑的、具有秘密特征的意识、思维、技能等,主要有口头类秘密和技术类秘密。口头类秘密看不见、摸不着,但却普遍存在,如会议上口头传达的需要保密的精神、领导班子内部不同的意见等。技术类秘密如产品设计和制造过程中的关键性技术、技术诀窍、传统工艺等。

(二)国家秘密的密级划分、保密期限和秘密标志

《中华人民共和国保密法》(以下简称《保密法》)对国家秘密的密级、秘密标志和保密期限都做了具体规定。社会集团秘密可以参考国家秘密的有关规定来确定相关内容。

1.国家秘密的等级,简称密级。密级的划分,是依据国家秘密事物一旦泄露后,对国家的安全和利益损害的程度来确定的。划分密级,有利于对不同等级的国家秘密采取相应的保密措施,也有利于执行保密纪律。

我国的《保密法》把国家秘密分为"绝密""机密""秘密"三个等级。

"绝密"是最重要的国家秘密,若泄露出去会使国家安全和利益遭受到特别严重的损害。

"机密"是重要的国家秘密,若泄露出去会使国家安全和利益遭受到严重的损害。

"秘密"是一般的国家秘密,若泄露出去会使国家安全和利益遭受到一定程度的损害。

2.国家秘密的保密期限。《国家秘密保密期限的规定》中明确规定,我国国家秘密的保密期限为:"国家秘密的保密期限,除有特殊规定外,绝密级事项不超过30年,机密级事项不超过20年,秘密级事项不超过十年。"(第三条第一款)"国家秘密的保密期限,自标明的制发日起算;不能标明制发日的国家秘密,自通知密级和保密期限之日起算。"(第三条第三款)所谓"特殊规定",是指根据主管业务工作的实际需要,有关中央国家机关可以对保密范围中的某类事项规定保密的最短期限,或者规定某类事项的保密期限为"长期"(根据第六条)。

3.国家秘密的标志。国家秘密一经产生,就应在有关文件、资料上标明密级和保密期限。书面形式的密件,我国国家秘密的标志为"★","★"前标密级,"★"后标保密期限,如"绝密★10年"。非书面形式的密件,应当以能够明显辨别的方式在密件上标明密级和保密期限;凡有包装(套、盒、袋等)的密件,应当以恰当的方式在密件的包装上标明。

4.国家秘密的密级和保密期限的变更。国家秘密事项的密级和保密期限,可以根据情况变化进行及时变更。密级的变更包括降低密级和提高密级,通常分别称为"降密"和"升密"。一般说来,升密在实际工作中是个别的,而降密是大量的。保密期限的变更也包括两种情况,即缩短保密期限和延长保密期限。

密级和保密期限的变更,由原定密级和保密期限的机关、组织决定,也可以由其

上级机关决定,但应及时通知有关的机关、组织。

《保密法实施办法》第十四条又进一步规定:"国家秘密事项的密级在出现下列情形之一时,应当变更:(一)该事项泄露后对国家的安全和利益的损害程度已发生明显变化的;(二)因为工作需要,原接触范围需做很大改变的。"可以看出,两个条件中,第一个是属于国家秘密属性发生了变化,第二个是事物自身之外的某种因素,主要是接触和知悉范围的变化引起密级的变化。但国家秘密事项不论具备两种情况中的哪一种,都表明该事项满足了变更密级的条件,应当及时变更其密级。

保密期限的变更一般是同密级的变更相联系的。国家秘密事项的密级一旦发生变更,其保密期限当然也要做相应的变更。但是,保密期限的变更必须注意一个问题,也就是国家保密局颁发的《国家秘密保密期限的规定》第五条所指的情况,即中央国家机关已经明确规定了某一事项的最短保密期限的,有关机关、单位在变更该类事项的保密期限时,不得短于规定的最短保密期限。

三、保密

与保密完全相反的行为是泄密,我国《保密法实施办法》对什么是泄露国家秘密做了明确解释:"泄露国家秘密,是指违反保密法律、法规和规章的下列行为:(一)使国家秘密被不应知悉者知悉的;(二)使国家秘密超出了限定的接触范围,而不能证明未被不应知悉者知悉的。"

(一)保密范围

办公室工作人员既要对组织秘密进行保密,更要对国家秘密进行保密,有时也要对个人秘密进行保密。

1.国家秘密范围。《保密法》对国家秘密的知悉范围作了具体规定:
(1)国家事务的重大决策中的秘密事项;
(2)国防建设和武装力量活动中的秘密事项;
(3)外交和外事活动中的秘密事项以及对外承担保密义务的事项;
(4)国民经济和社会发展中的秘密事项;
(5)科学技术中的秘密事项;
(6)维护国家安全活动和追查刑事犯罪中的秘密事项;
(7)经国家保密工作部门确定的其他国家秘密事项。

用国家法律形式确定国家秘密的基本范围具有重要意义,它使我国公民对国家秘密有了一个基本了解,有助于其履行《宪法》和《保密法》规定的每个公民的应尽义务;它向国内外表明,任何人以非法手段窃取、刺探、收买、提供或者泄露属于国家秘密范围内的事项,都是违反我国法律的行为,必须负法律责任;它也给国家机关各业务部门及社会集团指出了应从哪些方面规定本系统业务工作中的秘密的具体范围。

2.组织秘密范围。

(1)商业秘密,指组织进行的重大商业活动等的秘密事项。

(2)科技秘密,指组织自己研究开发的科研项目等的秘密事项。

(3)公文秘密,指组织具有秘密内容的文件、电报、信件、简报等。

(4)会议秘密,指组织内部会议的日期、议题、议程、讲话、发言、记录、录音、录像等的秘密事项。

(5)信访秘密,指信访者的检举、控告、揭发,领导者的批示,信访案件查处的材料等。

(6)通信秘密,指组织的密码、网址、密码机、涉及密码和密码业务的文件等。

(7)领导秘密,指组织领导人的重大活动、办公场所和私人生活等。

(二)保密的特点

1.封闭性。保密的封闭性是由秘密的本质属性决定的。秘密是在一定的时间内只能让极少数人知晓的信息,如果不加以保守或保护,一旦被外人(不该知道的外部势力)知晓,就不再是秘密。保密就是对秘密加以封锁,防止泄密。实践告诉人们,在保密的期限和范围内,封闭得越严密,产生泄密的概率就越小。

2.利益性。从根本上说,保密就是保护某种利益,使之不受或少受损害。国家实行保密是保护国家利益,企业实行保密是保护企业利益。因此,保密具有很强的利益性——保护自身的各种利益。如果保密无利益可保,泄密也无利益可损害,那么保密也就失去了意义。因此,维护某种利益就是保密工作的根本目的。

3.相对性。保密的相对性,指保密有一定的范围和时间。任何秘密总是局限在一定的范围与时间之内的。即使是绝密,仍有一定的涉密范围。时过境迁,情况变化,原来的秘密事项就可能降密或解密。

四、保密工作

在现实生活中,有相当一部分人没有意识到保密工作的重要性。其原因是多方面的:第一,许多人的保密观念淡薄、保密法制意识差。第二,泄密给党和国家造成的危害往往是潜在的、无形的,是人们不能马上看到的或不能完全看到的,这使得许多人不自觉地忽视了保密工作的重要性;泄密所造成的危害,也不像一般刑事犯罪所造成的危害那样与个人利益直接相关,也使得许多人认为保守国家秘密离自己太遥远、与己无关。第三,一些集团保密制度不健全。第四,保密知识不普及,使得一般人对现代间谍技术缺乏客观的认识,对国家秘密的范围和内容缺乏了解,即使失密泄密,自己也难以察觉。所以,不少人形成了"无密可保"或"有密难保"的观念,并潜移默化地支配着他们的言行,使保密工作出现许多漏洞。

办公室工作人员处在保密工作的第一线,比其他人员负有更大的保密责任,因此,要对他们进行保密的强化教育,增强他们的保密意识。

(一)保密工作的意义

1.保密工作关系到国家命运。以军事秘密为例,国防力量关系着国家的存亡兴衰,有关国防计划与建设,武装部队的编制、装备、驻防、部署等军事秘密,是各国窃密者和间谍活动的主要目标。军事秘密一旦泄露出去,轻则国家会被动挨打,重则会导致国家覆灭。

2.保密工作关系到国家声誉。国家声誉关系着这个国家在国际交往中的地位。许多秘密的泄露会直接影响到国家的声誉。

3.保密工作关系到社会的安定。安定团结是改革和建设成功的重要保证。实践证明,一项重要秘密的泄露,往往会造成一个部门、一个企业、一个地区,乃至一个国家的混乱或动荡。

4.保密工作关系到经济发展。经济发展、科技进步是一个国家、一个地区、一个企业兴盛的重要保障。情报机构和间谍机构,都把窃取经济情报和科技情报作为主要目标。

5.保密工作关系到领导者的安全。我国高级领导人以及外国来访要人、社会集团高层人员以及集团外来访要员的人身安全,也是保密工作的重要内容。对于他们出访、视察、参观等社会活动的日期、地点、路线等的具体安排,他们的住处、联系方式、车辆甚至家庭生活等,都应该保密。

(二)保密工作的原则

《保密法》规定:"保守国家秘密的工作,实行积极防范、突出重点,既确保国家秘密,又便于各项工作的方针。"针对这一方针,我们可以确定保密工作的如下几个原则。

1.预防为主。保密工作的立足点一定要放在预防上,以预防为主,防患于未然。一定要在失、泄密事件发生之前,保持高度警惕,采取积极的预防措施。

2.突出重点。保密工作范围宽、任务多,因此要抓住重点,并确保重点,这样才能以重点突出带动整体工作水平的提升。

一般说来,保密工作的重点是:①国家秘密;②组织绝密;③秘密集中的地区、部门和人员。

3.内外有别。正确区分、对待涉密者与非涉密者,做到内外有别。这包括三层意思:①国内国外有别,在涉外活动中,做到友好交往,保守秘密,要处理好交往与保密的关系;②党内党外有别,只需要党内知悉的事项绝不要扩大到党外,要处理好保密工作与民主政治的关系;③上级下级有别,即决策者与执行者有别,领导者与被领导者有别,干部与群众有别,要处理好保密工作与联系群众的关系。

五、保密的责任和纪律

保守秘密,特别是保守国家的秘密,是每一个公民的基本义务。办公室工作人员,必须增强保密意识,提高保密工作的自觉性。

(一)保密的责任

1.纪律责任。国家行政人员违反保密纪律,要追究违纪责任,给予行政处分。

2.法律责任。《保密法》中规定:"故意或者过失泄露国家秘密,情节严重的,依照刑法第186条的规定追究刑事责任。"

(二)保密的纪律

《党和国家工作人员保密守则》中规定:
1.不该说的机密,绝对不说。
2.不该问的机密,绝对不问。
3.不该看的机密,绝对不看。
4.不该记录的机密,绝对不记录。
5.不在非保密本上记录秘密。
6.不在私人通信中涉及秘密。
7.不在公共场所和家属、子女、亲友面前谈论秘密。
8.不在不利于保密的地方存放机密文件和资料。
9.不在普通电话、明码电报、普通邮局传递机密事项。
10.不携带秘密材料游览、参观、探亲、访友和出入公共场所。

阅读材料

××县人民政府办公室保密工作手册

目 录

一、党和国家工作人员保密守则

二、机关工作人员保密工作应知应会事项的基本要求

三、对兼职保密干部应知应会事项的基本要求

四、文书、档案管理人员保密工作应知应会事项的基本要求

五、机关打字复印、通信、驾驶人员保密工作应知应会事项的基本要求

六、××省人民政府办公厅关于加强政府系统办公业务计算机网络安全保密管理的紧急通知

七、保密工作有关规定

八、微机管理有关规定

党和国家工作人员保密守则

(略)

机关工作人员保密工作
应知应会事项的基本要求

一、应熟悉《保密法》及其配套法规,依法履行保密义务,争做学法守法的模范。

二、应严格遵守《党和国家工作人员保密守则》。

三、要懂得复印国家秘密文件、资料必须办理审批手续,复印件要同原件一样妥为保管。

四、严禁携带或邮寄涉及国家秘密的文件、资料和其他物品出境,如确因工作需要,应按有关规定到所在地保密局办理手续。

五、在对外交往和涉外活动中,既要热情友好,又要注意内外有别,未经批准不得向外方人员提供党和国家的秘密。

六、不将秘密文件堆放在桌面上,人离开办公室时,应将秘密文件收藏在抽屉或橱柜中,并随手关门。

七、个人不得保存秘密文件,阅办完毕后应及时清退。

八、起草文件过程中产生的废弃稿纸,不要随便乱扔,应投入废纸篓,集中销毁,重要的要当即销毁。

对兼职保密干部应知应会事项的基本要求

一、要自觉遵守各项保密法规和各种保密规章制度,并热情宣传党和国家保密工作的方针、政策,以提高本系统、本单位广大干部职工的保密意识。

二、要熟悉本系统的保密范围,以及定密工作的程序和要求,以便准确地对本单位所产生的文件进行密与非密的划分,使保密工作更好地为改革开放服务。

三、对本系统、本单位的保密要害部门要切实加强督促、检查,防患于未然。

四、积极参加保密工作部门召开的有关会议,并做好本单位保密工作信息的收集与反馈工作。

五、要做到年初有计划、半年有小结、年终有总结。发现先进的集体或个人要及时建议领导给予表扬奖励,借以推动相关工作。

文书、档案管理人员保密工作
应知会事项的基本要求

一、文书人员

1.秘密文件应交定点印刷厂或本单位机要文印人员印制。印制完毕应督促厂方或经办人员把蜡纸、衬纸、清样、废页等及时销毁。

2.秘密文件的收、发、分送、传递、借阅、移交、销毁等各个环节,都应履行登记签字手续,做到事事有手续、件件有着落。

3.秘密文件的管理要坚持月核对、季检查、年终清退归档的制度。如发现丢失,应及时报告并积极查找。

4.拟定销毁的秘密文件必须登记造册,并经领导批准签字后,派专人(两人以上)护送到指定造纸厂化浆或就地销毁。不准以任何形式向外出售。

二、档案管理人员

1.未经批准,不得擅自同意他人将秘密档案带出档案馆(室)。确需外借的,须经本单位分管领导批准,办妥登记手续后,方可借出。借阅时限到期后,必须归还,未归还则需立即追回。

2.借阅档案资料,如需摘录、复制属于国家秘密内容的,应报请领导审批。同时,档案人员应对所摘录、复制的内容进行核对,并要求他们按原密级管理,用后及时销毁。

3.调阅使用后的档案经查验无误后,应立即放回原档案柜内。

4.档案人员不得对外泄露档案库内的档案存置、方位、内容及设备等情况。

机关打字复印、通信、驾驶人员保密工作应知应会事项的基本要求

一、复印人员

1.印制秘密文件应检查是否有领导签字,并严格按照核定份数和规定的标密格式印制。印好的文件要及时交给有关人员,并履行交接签收手续。

2.复印文件时,绝密级的,需经原制发机关批准后才能复印;机密、秘密级的,要有县团级以上单位的主管领导批准方能复印。复印秘密文件,要控制复印份数。复印件要盖上本单位的"复印专用章"(如××局××年×月×日复印)并按原件一样管理。

3.打印密件过程中产生的废页、蜡纸,应及时处理,不得让无关人员阅看。

二、通信人员

1.要自觉遵守公文交换站的有关规定。

2.交换文件时,应使用专用公文包;严禁将公文包挂在自行车把头或夹在自行车后架上;严禁中途拐往他处办理与传递公文无关的事。

3.对经手的各种秘密信函均应履行登记、签收手续。不得私自拆阅信件。不得图省事由普通邮局寄送各类密件。

4.发现通信设备不安全,要及时向单位领导报告,并协助采取必要的补救措施,防止泄密事件的发生。

三、驾驶人员

1.在接受运送国家秘密文件、资料和其他物品的任务时,应直去直回,并谢绝无关人员搭乘。

2.对高级领导干部来我县参观、视(考)察活动的线路及下榻的地点不得外泄,并主动做好安全保卫工作。

3.未经批准,不得随意接送境外人员到非开放地区。

4. 驾驶员对乘车领导议论的事项,不传、不议论。

××省人民政府办公厅关于加强政府系统办公业务计算机网络安全保密管理的紧急通知

×政办发明电[1999]8号

××地区行政公署,各市、县、区人民政府,有关联网单位:

经过近两年的建设,全省政府系统办公业务计算机远程通信网络已覆盖全省并于2000年10月开始在网上传输《今日要讯》、明传电报,最近又开通了信息专报件的上传业务,2004年还将安排部分政府正式文件的下传业务。同时,随着应用面的延伸,以政府公文和办公业务为主的网络共享资源逐步扩大。全省政府系统目前已使用计算机处理日常办公业务的单位已达99%以上,不少单位还建立了本地、本部门的计算机网络,并开发运行业务性应用软件。计算机及网络已成为支撑我省政府系统日常办公的重要手段和渠道。

此外,一些单位为丰富信息资源,还与因特网联网联机下载信息。但许多情况表明,因特网的上网用户良莠不齐,一些敌对势力和"黑客"千方百计寻找薄弱点,攻击破坏、窃取机密的案件时有发生,这不得不引起我们的高度重视。为确保我省政府系统办公业务计算机网络的安全,根据有关文件精神,特紧急通知如下:

一、省政府办公厅牵头建设的全省政府系统办公业务计算机网络覆盖的节点系统,以及各单位以解决办公业务为目标自行建立的微机单位和网络系统,严禁同时与因特网、169、163以及其他非政府的公众信息服务网等相连(含微机拨号上网)。如确需与因特网等联机联网,务必使用与办公业务网络没有任何形式物理联机的单机或单独设立的网络。

二、规划建设政府办公业务计算机系统必须同步考虑安全保密问题。各单位规划网络建设方案应报省政府办公厅技术处备案。

三、加强网络地址、注册口令、联网软件(介质)、信息复制的管理,未经省政府办公厅技术处的许可,不得向无关人员和单位透露、借用或拷贝。

四、办公业务计算机必须安装运行反病毒软件并及时更新版本(可向当地公安局计算机安全监察部门联系索取)。

五、与办公业务有关的计算机外送修理时,应注意将有关办公业务的内容清空、删除,或将硬盘摘除。

六、严禁在办公业务计算机上运行与办公业务无关的软件(如各种不明来历的软件及游戏等)。

七、与省政府联网的微机必须由专人管理,等同于机要设备的管理,机房应同时注意物理防范和技术防范措施,切实杜绝安全隐患。

保密工作有关规定

为加强保密工作,更好地贯彻《保密法》和《保密实施办法》,特作如下规定:

一、全体工作人员要认真学习《保密法》和《保密实施办法》,严格遵守保密法规和保密制度。

二、密级文件的收发、分送、传递、借阅、销毁等各个环节,都应履行登记签字手续,严格按规定范围阅读,并定期清退、归档。个人不得保存秘密文件。文件传阅要快速,传阅完毕及时清退。

三、不该说的机密,绝对不说;不该问的机密,绝对不问;不该看的机密,绝对不看;不该记录的机密,绝对不记录;不在非保密本上记录秘密事项;不在私人通信中涉及机密;不在公共场所和家属、亲友面前谈论机密;不在不利保密的地方存放机密文件、资料;不在普通电话、明传电报、普通邮局传达机密事项;不携带机密材料游览、参观、探亲、访友和出入公共场所。

四、不准擅自向外借出文件、档案、资料、外报;若对方确需借出,须经领导批准,并按照规定办理借出手续。

五、工作中形成的带有字迹的废纸、打印蜡纸等,应及时监视销毁,不得任意堆放或丢弃。重要的要当即销毁。办公室一般不接待来访客人,外人不得随意进入打字室。

六、复印机、微机应由专人管理,复印秘密文件必须履行审批、登记手续,并将复印件按原件要求管理。

七、交换、递送文件时,应使用专用公文包,严禁中途拐往他处办与传递公文无关的事;司机在接受运送国家秘密文件、资料时应直去直回,并谢绝无关人员搭乘。

八、节假日期间,凡在传阅的密级件要收回统一保管。

九、销毁秘密文件必须经领导批准,事先应登记造册。机密、秘密级文件等由机要科派专人(两人以上)监督销毁。

十、做好涉外保密工作。在与外宾、外商交谈中,不能涉及机要内容。

十一、禁止携带属于绝密的文件、资料出境,出国人员因特殊情况需要带秘密文件、资料出境的,应报请保密部门审批,持保密机构发给的《中华人民共和国国家秘密出境许可证》后,才能出境。

十二、如发生失泄密案件,应立即报告,并积极采取补救措施。

十三、保密工作由机要科负责检查、监督,信息科协助。

微机管理有关规定

一、各科室的微机应加强管理(包括微机资料、磁盘、软件的保管),要督促、指导上机人员严格操作程序,正确使用微机。

二、加强保密观念,各科室凡存有文件的磁盘,用毕应妥善保管,放在安全的地方。

三、不使用与办公室工作无关的软件,严禁上机玩游戏。

四、搞好防病毒工作,凡外单位的磁盘需上机使用,应先杀毒,以防止病毒传播。

五、每天下班前应检查微机的电源开关,关闭所有电源,加强安全防火工作。

六、爱护机器设备,搞好微机的防尘、清洁工作。

七、微机的消耗用品统一向秘书科领取。

八、微机发生故障由秘书科统一联系维修。

第二节　文件保密

文件由于数量大、内容重要、涉及范围广、表现直观,因而成为窃密者的主要目标。所以,文件保密是办公室工作人员一项十分重要的保密工作。

办公室工作人员在文件的办理和保管过程中都要采取一些相应的文件保密措施和方法。

一、收文保密

签收"密件"要严格履行签收手续,做到事事有手续,件件有着落。按"密件"的不同密级和缓急程度在"密件"上标明"发授范围"和"阅读级限"。

二、阅文保密

阅文保密工作要做到如下方面:

第一,秘密文件应由机要人员或指定的人员统一掌握。他们要随时掌握"密件"的流向,并规定阅文时间,以防止"密件"的丢失和泄密。

第二,确定秘密文件的阅知范围。要根据文件情况确定"密级"文件的阅知范围。未经领导同意,不得自行扩大阅读范围,不得向规定范围以外的人员扩散,不准私自摘录,不得公开引用。

第三,规定秘密文件的借阅地点。阅读秘密文件要在办公室或阅文室进行,不得擅自带回家中阅读。特别对标有"密级"文件的外借,应请示领导,借出前要当面向借阅者交代注意事项。

三、制文保密

制文保密工作要做到如下方面:

第一,一切文件在印制前应准确定性,标明密级和保密期限,规定发放范围,注明是否可以翻印和复制。

第二,涉密文件在制文中形成的草稿、修改稿、签发稿、校对清样等,凡需要保存的,应按正式文件的密级和保密期限管理,不需要保存的,应及时销毁。

第三,打印、印刷过程中形成的蜡纸、衬纸、废页、废件应及时销毁,不能乱堆乱放。

第四,印制时,要严格按照领导批准的份数执行,不得擅自多印多留。

第五,复印文件必须经过请示,履行审批、登记手续,对复印件要等同原件一样管理。

四、传递保密

传递保密工作要做到如下方面:

第一,文件的传递应履行登记手续。

第二,递送秘密文件,应由秘书科机要部门人员递送。若通过邮局递送,不得通过普通邮政邮寄。机要人员传递绝密件应实行两人护送制,必须发至相关部门指定文件接收人签收。

第三,机要通信人员外出递送秘密文件时,要密不离人;不得办理与递送文件无关的事,坚持专程递送。

第四,要自觉服从机要交换站的管理,严格公文交换制度。

第五,以电子邮件形式上网传递的文件,要有严格的审批手续。凡涉及国家秘密的文件,一般不得上网传递,以防泄密。

五、携带保密

不准携带秘密文件和秘密资料参加社交活动或出入公共场所。确因工作需要必须携带秘密文件的,应采取必要的保密措施,要经领导审批,采取安全措施,并遵照有关部门的规定执行。

六、保管保密

秘密文件必须放在保密有保障的库房或文件柜内,绝密文件应单独存放,并经常检查保密情况。对平时工作使用的秘密文件,应在用后随手入柜加锁。个人不得保存秘密文件。

七、交接保密

文书工作人员在工作调动或离退休时,必须严格履行交接手续。在移交文件时,要造册、核对,并办理签字手续,决不能搞"信任交接"。

八、归档保密

办理完毕的秘密文件,有查考、保存价值的要及时立卷归档;无查考、保存价值的要立即销毁。

九、清查保密

定期清查秘密文件。分发和借出去的应按时清退;若发现有丢失的,要及时追查处理。

十、销毁保密

销毁秘密文件时,必须先经领导审批,然后登记造册。秘密、机密级文件应派专人护送到指定的造纸厂监督销毁;绝密文件和密码电报应指定专人在组织内焚烧干净。

十一、查阅保密

查阅秘密文件时必须要经过严格的程序,相关领导审批通过方可查阅秘密文件。

案例

收文不履行签收手续

1996年1月25日,某省某医学院干部郑某值班时,收到机要件一封,内有秘密级文件一份。当时正值学院放假,郑某收文后没按规定进行登记,便顺手将文件交给另一名值班干部,该干部也未履行签收手续。直至1996年4月上级有关部门清退文件时,发现缺少该份文件,通知学院进行查找,学院才知道曾收过此文。但经反复查找均无下落,郑某也记不清将该文件交与何人了。学院对郑某的错误行为进行了批评教育,并给予其行政警告处分。

本案例中,郑某没有遵照保密要求行事,收文没有履行登记、签收手续,造成密件丢失。

没有及时送出绝密件

某局工作人员单某报案:半小时前,在越美快餐店丢失公文包一只,内装绝密件一份,要求协助查找。派出所接到报案后,立即派出干警查找。某市国家安全局和某地区国家安全处也派员协助公安部门查找。虽经多方努力,仍然没有找到该密件。经了解,单某担任着将本局绝密级文件送往某地区国家安全处的任务。到地区所在市后,他没有及时将绝密件送出,而是装在公文包里随身携带,先去看望在该市工作的爱人,然后又和爱人一起到快餐店就餐,造成绝密文件丢失。单某因此受到了相应的处分。

本案例中,身为机要通信员的单某外出递送秘密文件时,没有实施专程取送文件的传递保密措施。到达目的地后,没有及时将密件送出,而且携带着密件先去看

爱人,并同去公共场所(快餐店)吃饭。单位也违反了传递绝密件要两人护送的规定。密件的丢失有单位的疏忽,更有单某个人的失职。

第三节 会议保密、新闻报道保密与计算机保密

一、会议保密

会议是开展工作、决定事项的重要手段之一。许多会议具有秘密性,会议保密是办公室工作人员的又一项十分重要的保密工作。

会议是动态的,因此,会议的保密工作可分为会前、会中、会后三个阶段。

(一)会前保密

会前主要采取以下保密的措施和方法:

1.严格审定到会人员。根据会议内容和需要,严格筛选出席、列席人员。涉密会议,对为会议服务的人员也需严格审查,并对其进行保密教育,宣布保密纪律。

2.联系保卫部门。召开比较大型的或秘密性较强的会议,主办部门要与保卫部门取得联系,共同采取保密措施。必要时可请公安部门负责做好驻地和会场的警卫工作。

3.选择会址,确保设施。会议地点要有安全保障。尽量不在内、外宾混住的宾馆、饭店召开秘密会议。遇有特殊情况必须在此等环境召开的,应特别注意采取保密措施。会场各项设施也要有安全保障。会前要对会场的扩音、录音设备进行保密检查,防止有线扩音设备寄生振荡泄密。严禁使用无线话筒录音或用无线话筒代替有线扩音设备。召开电话会议的电话应事先加保密设备,以保证会议内容不泄露。

4.通知保密。不得在开会前的通知中传述秘密内容。

5.文件保密。根据实际需要,确定会议印发的文件及其数量;翻印上级文件和领导讲话,要事先请示征得同意。会议涉密文件要标明密级,统一编号,按照规定的范围印发。

(二)会中保密

会中主要采取以下保密措施和方法:

1.严格管理会场出入。重要会议要严格监管进入会场住地的验证工作,凭会议证入场。要严格执行门卫值班制度,对外来非与会人员要严格登记,建立会客制度。

2.重视保密教育。会议开始后,首先要对与会人员进行保密教育,宣布保密纪律,对与会人员明确提出防泄密要求。与会人员不得以任何形式对外泄露会议秘密内容。

3.搞好安全保卫工作。一是要搞好住地的安全保卫工作。二是要搞好外出活动的安全保卫工作。大型活动应首先探路,确保路线畅通,必要时还应安排公安交通部门予以配合。三是对一些有重要领导人员出席的会议,还应采取相应的警卫措施。

4.文件保密。大型会议、涉密程度较高的会议,应在会场专设保密室,各编组单位应配发保密箱、柜和文件袋,指定专人统一管理会议文件的发放和回收工作。在指定的地点阅读文件,休会时将秘密文件集中妥善保管。

会议期间的文件一律标明密级,统一编号,登记发放。严格领取文件的手续,禁止乱发会议秘密文件。对会议产生的秘密文件,也应尽量少印少发。特别是印发绝密文件,更要严格控制。

重要涉密会议一般不准录音、录像。经批准录音、录像的,录音录像带应按会议文件的保密要求进行保密管理。新闻报道部门不得公开报道会议秘密事项,对要发布的新闻稿件、录音、录像等要进行认真审查把关。

会议期间如发现文件丢失或被窃,应立即采取措施:报告有关部门,及时追查,设法补救。

(三) 会后保密

会后主要采取以下保密措施和方法:

1.及时做好会议文件的清退工作。会议文件有些属草稿性质,有些属机密性质,不宜长久存放在个人手里,因此,会议文件在会后多数是要收回的。然而,由于种种原因,常常不能顺利地收回所有文件。所以,会议工作人员要想办法收回文件。

大型会议可以在大会结束前向与会人员发出会议文件清单(应退文件的目录清单),请其会后按清单把文件退回。一旦会议结束,会议工作人员应马上催退,利用一切办法,如打电话等,必要时可以登门"要账",不断地催退,直到退完为止。对于人数少的小型会议,可以在散会时要求留下文件,一遍"清洗"干净。

2.及时做好会场住地的清查工作。工作人员要对会议会场、住地进行保密检查,看有无遗失的文件、笔记本等。

3.做好秘密文件的保密投递工作。对会上发给的秘密文件,如与会人员在外地,不要让其个人携带,应一律交由机要交通或机要通信部门递送。

4.确定会议传达范围。各单位要按会议规定的范围传达会议精神,如需扩大范围,应报请上级机关批准。

5.文件保密。与会人员应将带回的文件主动交本单位秘书部门登记保管,需用时再借,不得长期保留在个人手中,以免遗失或泄密。

第八章 办公室保密工作

 **案例**

携带会议文件被盗

××××年2月,某省某煤矿党委书记郑某在北京参加某个全国煤炭工业工作会议后,回矿途中住进某市税务局招待所,将装有会议文件的小提包放在床头柜内,然后外出两个多小时,返回住处时,发现提包被盗,共丢失秘密文件8份(绝密2份,机密1份,未标密级但应视为秘密的文件5份)和保密笔记本两个。

根据现场情况分析,公安人员把侦破的重点,放在当时与郑某同住一个房间的,自称是"河南省某县工业供销公司罗采购员"的身上。该人自郑某丢失文件后,再也没有回到招待所来,经过函电查询,河南省某县工业供销公司罗采购员的出差证明,已在郑州宾馆被同房间的两个分别自称是杭州、绍兴的推销员偷走了。

原来,那两个分别自称是杭州、绍兴推销员的人叫蒋某和申某,他们是因走私、盗窃犯罪正在被劳教的在逃人员。后二人被某县公安局拘留。通过审讯,他俩交代了在某市作案的经过。他们承认在盗来的提包中发现了文件,便用报纸包好,丢在铁路边的一个小山上。根据犯罪嫌疑人交代的丢弃文件的地点,侦破组先后进行了7次搜索,并发动群众提供线索,但均未找到文件。

为了查到文件的下落,侦破组一面派人前去某县,将犯罪嫌疑人押回到现场寻找文件;一面向全市发出通报,发动群众查找。通报发出后,某医学院一教师反映,二月初他沿铁路散步,听到四五个植树的农民议论拣到一个包,还有一个大本子。根据这条线索,侦破组很快查访到了当时植树的农民。该农民承认捡到过一包用报纸包着的文件和两个笔记本,其中一个笔记本写着郑某的名字,但文件已用做卷烟纸和手纸,只剩下两份内部资料(已取回)。事发后,郑某被政纪处分;蒋某、申某二人被加重处罚。

清退非与会人员

某汽车制造公司选择在一个旅游胜地举行研发新产品的会议。会议期间,公司办公室的秘书何某发现竞争对手某汽车制造公司的职员悄悄进了会场,她立即向总经理汇报了情况,建议停会休息,并及时要求该人员离场。因处理及时,保证了公司利益未受损失。

本次会议的会址选择不当,不应选择在人多而杂的旅游胜地;会议开始后,保卫工作(门卫对会场出入管理)出现了漏洞,让对手有机可乘。幸亏秘书何某细心,才及时得到了补救。可见,会议的保密工作必须做细做好。

二、新闻报道保密

新闻报道就是要让大众知晓某一事项,它是与保密相反的行为。办公室中负责与媒体打交道的工作人员要正确地处理好新闻报道与保密的关系。

各种大众传媒都是公开化的信息载体,它们信息量大、内容涉及面广、传递迅速、发行公开,从中收集情报既合法又简便,还能以最少的支出得到很大的收获。因此,几乎所有的情报、间谍机构都把从各种大众传媒上收集有用信息、窥探相关秘密视为一条途径。事实上,大众传媒也是我国办公室人员最易泄密的渠道之一。随着我国国际交往的扩大和国内各项事业的发展,新闻报道的内容也日渐广泛,大众传媒机构也越来越多,这就使新闻报道的保密工作显得更加重要了。所以,新闻报道保密也是办公室工作人员的一项十分重要的保密工作。

《保密法》明文规定,电视、广播、报刊等信息载体必须遵守有关保密规定,不得泄露国家秘密。因此,办公室工作人员在向外界发布各种信息时,一定要遵循有关新闻保密的规定,凡是在大众传媒报道中可能涉及本组织的某些机密甚至国家秘密时,应当对报道内容进行适当处理,严防从媒体中泄密。

为了避免宣传报道中的泄密,主要应采取以下保密措施和方法:

第一,划清保密范围和保密项目。准确划定密与非密的界限,弄清自己的保密范围和保密项目,并让有关的领导和工作人员周知。

第二,建立审查制度。新闻报道稿件必须由组织领导审查,并指定专人负责。

第三,严格区分内外。凡只供内部掌握的秘密事件,一律不准对外公开(如公开见报、公开宣传、编入公开发行的书刊)。

第四,加强对秘密刊物和内部刊物的管理。凡带有密级的报纸、刊物转载秘密文件和资料,必须事先征得制文单位同意。没有密级的报刊、书籍,不得转载秘密文件、秘密资料和标有密级的报刊、书籍中的文章;如确需转载,应征得制文单位同意,并对含有秘密的部分采取删节、改编等保密措施。

案例

新闻图片泄密

第二次世界大战前,美国《纽约时报》在柏林设立了世界新闻图片机构。葛兹先生数年来每天都来此选购图片,此人为德国情报机关服务。一天,他从一张新照片上认出了英国皇家海军的"林法"号军舰,他仔细研究了其炮径、炮塔、舰形,并将所获情况报告给上级。德国军方因此获得了相当重要的军事情报。

报纸泄密

第二次世界大战中,一个叫雅各布的英国人编写了一本小册子,详尽地公布了德军的编制结构、160多名部队指挥官的简历,甚至对德军新成立的装甲师的步兵小分队也做了介绍。希特勒为此勃然大怒,下令追查。原来雅各布是个有心人,他长期搜集德国报纸上发表的涉及军事情况的报道,积累了大量资料和卡片,经过研究,整理出了大量的军事秘密。

三、电子计算机信息保密

办公室的办公现代化是以计算机的应用为主要条件的。计算机系统高度集中,使各行各业的大量秘密信息汇集一处,是窃密者的又一个重要目标;计算机系统庞大,结构复杂,缺乏直观性,让窃密者易于做手脚,且不易被发觉。因此,堵塞计算机系统中的泄密漏洞,搞好计算机数据保密工作,同样是办公室工作人员的一项十分重要的保密工作。

《国家行政机关公文处理办法》规定:"利用计算机、传真机等传输秘密公文,必须采用加密装置。绝密级公文不得使用计算机、传真机等传输。"

凡存贮、处理涉及秘密信息的计算机,主要应采取以下保密措施和方法。

(一)确保计算机工作人员的纯洁可靠

计算机工作人员是计算机信息保密的关键人员。所以,计算机工作人员的纯洁可靠,是保守计算机信息秘密的首要前提。对涉及秘密的计算机工作人员,必须按照机要干部的条件,严格进行挑选审查。

(二)确保电子计算机房的安全保密

电子计算机房要建立在安全地带,并采取切实有效的保卫保密措施。要根据电磁波辐射情况和客观环境,对机房或主机或机内核心加以屏蔽。检测合格后,才能开机工作。

(三)计算机启用前要进行安全保密检查

计算机特别是进口的计算机,在启用前必须请有关部门进行安全保密检查,以便对秘密信息的处理、传输和存贮采取相应的保密措施。

(四)加强教育,建立健全制度

要经常对计算机涉密人员进行安全保密教育。同时,要严格管理制度。对秘密数据、资料载体,如磁盘、磁带、光盘等视同"三密"文件,建立健全使用、借阅、复制、携带、移交、保存、销毁等登记制度,严格执行制度,实行"谁上网谁负责"的原则。

(五)维护计算机网络的保密安全

1.未经批准,不得擅自在网络上增挂、更换计算机设备。

2.对送入网络的公文、资料、信息应严格划分密级,确定网络终端的调阅权限。对向办公室以外的计算机网络提供信息资料,应符合有关保密规定,不得擅自向外提供各种软件技术资料、操作手册、进网口令。

3.严防黑客窃密。黑客窃密是当前计算机网络保密的最大威胁。为了确保国家秘密或公司重大机密的安全,涉密计算机信息系统必须与互联网实行物理隔离,并严禁用处理国家秘密信息或公司重大秘密的计算机上互联网,以防黑客窃密。

 案例

英国特工名单网上大泄密

1999年5月,许多已经将因特网当作每日生活一部分的人在网上浏览时,无意间拜访了美国加利福尼亚州一家杂志《行政情报评论》所办的网站,从中发现了一份奇特的名单。这份名单由一个个排列整齐的人名组成,每个人名的后面还标出了派驻海外的地点和详细时间,有心人数了数,总共116个人。名单末尾的注释更让人吃惊,原来,这是一份英国情报机构军情六处(MI6)海外秘密情报人员的名单。这份可称是绝密的名单如今竟然在国际互联网上被人堂而皇之地公布出来,如果不是亲眼看到,真会让人怀疑这是天方夜谭。

5月13日,英国军情六处知道了这个迟到的消息,立刻慌了手脚。一方面,它通过英国政府紧急给美国政府发照会,要求立刻关闭公布该名单的站点。另一方面,它又积极"辟谣",召开新闻发布会声称此名单不真实,暗地里却通知所有名单中涉及的海外特工注意防范,以免发生危险。此外,英国军情六处的保安部门也对此事展开了秘密调查。

不久,公布该名单的美国杂志《行政情报评论》关闭了自己的站点。与此同时,美国新闻媒体也被劝阻不要透露名单及该网站中的其他有关内容。但是,该名单和有关内容很快又在别的网站上出现。接着,又有一些网站出现了同样的内容。很显然,这份绝密名单已经通过因特网这个最便捷的信息传播工具泄露出去了。

(资料来源:龙华保密在线网,2006年11月23日)

小结

办公室保密工作重要而又艰巨。本章主要介绍了办公室保密工作的基础知识、文件保密的措施和方法,以及会议保密、新闻报道保密和计算机保密的相关知识。在新的形势下,办公室保密工作还会面临许多新的情况、新的问题。因此,我们要不断学习,才能及时了解最新的保密工作动态和掌握最新的保密技术、技能。只有这样,我们的思想素质才能适应保密工作中新的情况,我们的能力才能解决保密工作中新的问题,我们的技能才能适应现代化保密工作的需要。

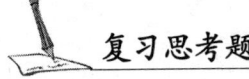

复习思考题

1. 名词解释

   秘密　保密　保密工作
2. 简述秘密、保密和保密工作三者之间的关系。
3. 简述国家秘密的密级划分情况。
4. 国家秘密有哪些具体内容？
5. 保密有哪些特性？
6. 办公室和办公室工作人员的保密范围有哪些？
7. 保密工作有何重要性？
8. 《党和国家工作人员保密守则》关于保密有哪些具体规定？
9. 保密工作的基本原则是什么？

实训题

1. 在得到有关部门领导的同意后，了解本校校办公室保密工作的基本情况，阅读学校办公室保密工作手册。
2. 以小组为单位，通过各种渠道收集2～4篇关于计算机保密或失密的文章，并组织小组成员进行计算机保密的操作练习。

拓展向导

相关资源

（1）《中华人民共和国保守国家秘密法》：http://www.gov.cn/flfg/2010-04/30/content_1596420.htm

（2）《中华人民共和国保守国家秘密法实施条例》：http://www.gov.cn/zhengce/2020-12/27/content_5573752.htm

（3）《中华人民共和国数据安全法》：http://www.gov.cn/xinwen/2021-06/11/content_5616919.htm

以上这些基本的保密法律法规不仅是国家保密工作的依据，也是组织和个人保密工作实施的基础，了解和掌握这些基本的法律法规，才能在具体的工作岗位上遵守保密规则，切实做好保密工作。

第九章 办公室工作自动化

学习目标

- 识记:办公自动化的相关概念
- 了解:办公自动化的功能、发展趋势和注意事项
- 明确:IE常用设置和局域网的建立、设置
- 掌握:办公事务处理和办公资源管理自动化的操作方法

随着计算机技术与通信技术的快速发展,办公室工作正迅速实现资源共享、远距离通信和实时交流,无纸化、信息化办公正成为现实。

本章在概述网络化办公的基础上,着重介绍了办公室局域网的组建、组织局域网的设置、办公事务处理和办公资源基本管理自动化知识与操作方法。

第一节 办公自动化概述

在信息技术迅速普及的今天,办公自动化发展迅速。利用现代化的设施设备展开办公室工作,对于增强办公效能,提高领导决策的科学化、民主化水平,具有十分重要的意义。

一、办公自动化的含义

办公自动化是一种综合运用电子、通信等多种技术,通过网络,采用多种媒体形式,管理和传输信息,实现无纸网络化的现代办公方式。办公自动化在行政机关中叫电子政务,在企事业单位中叫OA。通过实现办公自动化,或者说实现数字化办公可以优化现有的管理组织结构,调整管理体制,在提高效率的基础上增加协同办公能力,强化决策一致性,进而提高决策效能。

一个典型的办公自动化系统大致包括人员、办公信息、组织机构、办公制度、技术工具和办公环境等要素。在办公自动化系统中,人是一个至关重要的因素。办公自动化系统中的人员主要分为信息使用、系统使用和系统服务三类人员;办公信息是各类办公活动的处理对象和工作成果。办公自动化是辅助各种形态的办公信息

的收集、输入、处理、存储、交换、输出乃至利用的全部过程。

办公自动化系统是利用先进的科学技术,不断使人们的一部分办公业务活动物化于人以外的各种现代化办公设备中,并由这些设备、办公人员构成服务于某种目的的人机信息处理系统。它采用 Internet/Intranet 技术,基于工作流的概念,使企业内部人员方便快捷地共享信息,高效地协同工作;改变过去复杂、低效的手工办公方式,实现迅速、全方位的信息采集、信息处理,为企业的管理和决策提供依据,受到众多企业的青睐。

二、办公自动化系统的功能

一个完善的办公自动化系统具有三个有明显区别的功能。

(一) 事务处理

办公室人员的主要任务是处理办公室中日常程序性的事务,如文字处理、表格处理、文件信函的收发、行文办理、文档资料管理、办公日程管理、财务统计、报表处理等一些行政管理事务。办公自动化系统的基础功能就是办公事务处理自动化。办公室常见的 10 类事务是:

1. 文字处理,即完成各种公文的起草、修改、审核、打印、输出等,为用户提供输入、编辑、储存等功能。
2. 个人日程安排,即为各级办公人员或某一部门安排活动计划,具有自动提醒、提示、警告等功能。
3. 个人文件库处理,即处理个人文件,有输入、目录查询、检索等功能。
4. 行文办理,即对文件进行收发登录,处理上司批示,签阅登记,并有行文追踪检查和自动提示的功能。
5. 邮件处理,即用各种先进的邮件处理设备,如拆信机、信件综合处理机等,完成信件、文件、函件和信封的处理,如装、封、盖章等工作。还可用电子邮件方式传输、处理邮件。
6. 文档资料处理,即以配有计算机缩微存档设备或小型光盘存储系统为主要设备,建立目录索引、查询等功能,进行文档资料处理。
7. 快速印刷,即能完成文件、函件等的快速翻印、制版、印刷等工作。快速印刷主要以轻印刷设备为支持,如一体化机、小型胶印机、复印机等。
8. 编辑排版,即以计算机文字处理软件为支持,主要进行文件、文稿的排版处理、页面格式调整、字体字号选择,以及其他的特殊排版处理。
9. 电子报表,即对各种数据进行报表格式处理,进行各种报表格式数据的输入、加工、计算及输出。
10. 其他数据处理,即完成除以上各种任务外的其他必要的数据计算、加工处理任务,如为管理信息系统进行数据采集。

（二）资源管理

在事务处理的基础上，办公自动化系统的第二个功能就是资源管理，即办公信息管理。各个组织尤其是一些大、中型组织，在处理日常的办公事务中，经常需要查询有关的数据信息。因此，需要建立一个全局性的综合数据库系统，以供有关部门共享数据信息。办公自动化系统是一个人机结合，由大容量数据库支撑，对信息进行收集、传递、存储、加工、使用和维护的系统。

（三）决策支持

决策支持是功能较为全面的办公自动化系统的最高功能。它建立在信息管理的基础上，使用大型数据库提供的有关信息，针对相应决策需要，利用理论或经验构成的决策模型，结合有关内部和外部的信息，由计算机执行决策程序，做出决策。

三、办公自动化的发展趋势——网络化办公

在计算机、通信技术飞速发展的今天，办公室工作正迅速实现无纸化、网络化。组建计算机办公网络是提高办公室工作效率的必需。

（一）网络化办公的特点

网络化办公的主要特点集中在以下几点：

1.资源共享。这是指其可以提供方便的数据、软件、硬件资源，进而达到资源共享。尤其是在硬件资源方面更为突出，如共享打印机、扫描仪等办公自动化设备。

2.便于合作。这是指办公室内进行某个项目通常需要群体合作，建立局域网，便于工作人员进行交流沟通、分享资源。如果没有局域网，办公效率就会大大降低。

3.便于管理。网络化办公便于组织内部的管理与协调，比如用 WindowsNT 做服务器进行分级管理、开网络会议等，从而可以大大提高工作效率。

（二）网络化办公的应用范围

网络化办公的应用非常广泛，涉及日常办公的方方面面，常用的有：

1.共享数据资源。共享数据文件，是日常办公中必不可少的。在信息社会中，通过网络传递和共享数据资源，是提高办公效率的一种重要方法。

2.共享硬件资源。在办公室局域网中，将打印机、复印机、一体机等办公常用设备设为共享，可以使联网的每一台计算机都能够使用这些设备，而不必去购买多套办公设备，可大大降低办公费用。

3.实现即时通信。办公室在处理某些工作的时候，需要进行即时通信和交流。网络中诸如 QQ、MSN、微信等许多聊天、通信软件都能够提供即时通信功能，使得办公沟通更加方便和快捷，从而大大提高了办公室工作效率。

四、办公自动化的注意事项

(一)做好设备的购置

采购办公自动化设备,一般应遵循如下原则。

1.适用性原则。根据实际需要选购设备,既要能满足实际应用的需要,又要充分发挥设备的功能,不能盲目追求高指标、高性能,造成浪费。购置办公自动化系统的主要设备电子计算机时,要考虑如下方面:处理能力、存储空间、通信能力、有实用的软件包、能和多种外部设备连接、能以直观形式向办公人员提供所需要的信息等。

2.择优选用原则。各种设备均应保证其性能好、装备质量优良,并考虑到厂家技术服务的好坏,应选用国家、行业重点发展的机型,便于维护、维修和技术培训。

3.扩充继承原则。考虑到未来办公的需要,选用设备时应尽可能使其便于扩充。除设备的总体功能便于扩充外,其结构也应便于扩充。如此,当有新的需要时,可以将其发展成高档型,既可以利用原有设备资源,也可以减少编制软件的费用。

4.价格合理原则。要从整个办公系统统筹考虑办公自动化设备的价格。既要考虑设备的购置费用,也要考虑开发、安装、技术服务费用,以及整个系统建成投入使用的总费用和整个系统的使用寿命。

(二)注重应用软件的开发

硬件是办公自动化建设的基础,而软件则是系统建设成功的必要条件。办公自动化的成败,主要取决于有没有符合办公实际需要的应用软件。办公部门一个重要的任务就是为各级领导决策提供信息,因此,办公自动化不能停留在文字处理的水平上,应该逐步向更深层次发展。要注重应用软件的研究和开发,逐步建立本组织、本部门的基础数据库、专业数据库、综合数据库和大型知识库,充分发挥计算机的作用,及时为上司提供各种决策方案,提高上司决策的科学化水平。

(三)抓好办公人员的培训

在进行办公自动化系统建设的同时,要认真抓好不同层次办公人员的培训。既要向办公人员普及计算机基础知识,又要使技术人员提高办公业务知识水平,还要培养出更高管理层次的系统分析员和系统程序员。只有建立起一支既懂计算机知识,又懂办公部门业务管理的复合型人才队伍,才能使办公自动化向高层次发展。

第二节 办公室局域网

在家里、宿舍、学校或者办公室,如果多台电脑需要组网共享,或者联机游戏和办公,并且这几台电脑上安装的都是 Windows7 系统,那么实现起来就非常简单和快捷。因为Windows7中提供了一项名称为"家庭组"的家庭网络辅助功能,通过该功能我们可以轻松地实现Windows7电脑互联,在电脑之间直接共享文档、照片、音乐等各种资源,还能直接进行局域网联机,也可以对打印机进行更方便的共享。本节介绍用Windows7家庭组局域网共享资源的方法。

一、Windows7电脑中创建家庭组

在Windows7系统中打开"控制面板"→"网络和Internet",点击其中的"家庭组",显示家庭组的设置区域。如果当前使用的网络中没有其他人已经建立的家庭组存在的话,则会看到Windows7提示你创建家庭组进行文件共享。此时点击"创建家庭组",就可以开始创建一个全新的家庭组网络,即局域网,见图9-1。

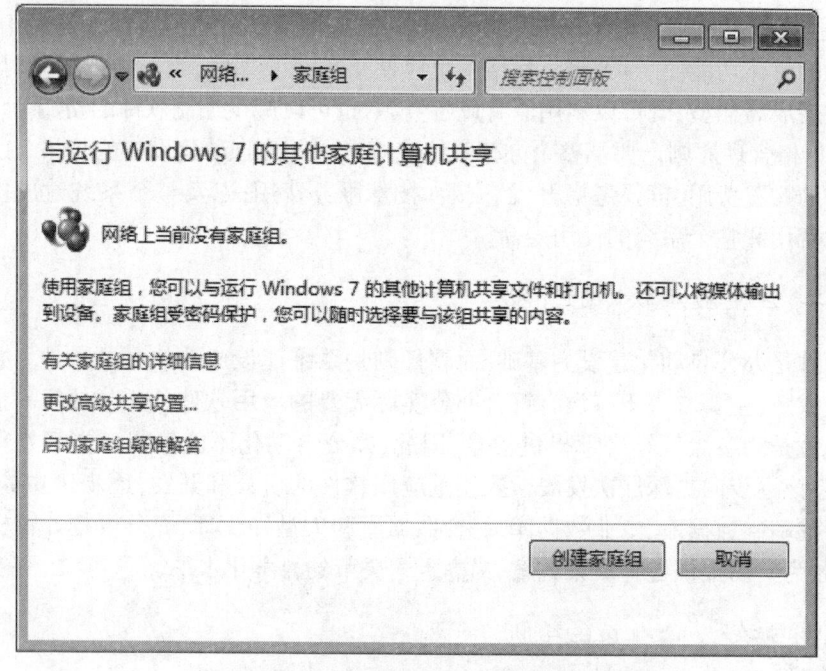

图9-1　Windows7系统创建家庭组共享

提示:创建家庭组的电脑需要安装Windows7家庭高级版、Windows7专业版或Windows7旗舰版才可以,Windows7家庭普通版虽可以加入家庭网,但不能作为创建网络的主机。所以即使只有一台是Windows7旗舰版,而其他的电脑是Windows7家庭普通版也不会影响使用。

打开创建家庭网的向导,首先选择要与家庭网络共享的文件类型,默认共享的内容是图片、音乐、视频、文档和打印机5个选项,除了打印机以外,其他4个选项分别对应系统中默认存在的几个共享文件,见图9-2。

第九章 办公室工作自动化

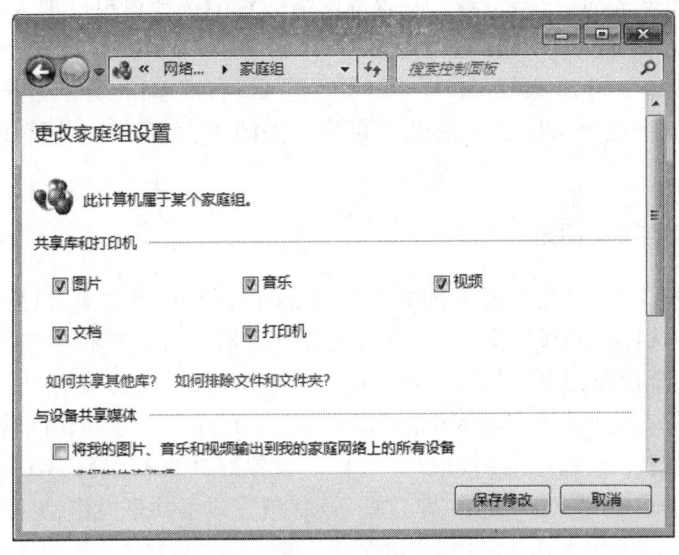

图 9-2　与 Windows7 电脑共享

点击下一步后，Windows7 家庭组网络创建向导会自动生成一连串的密码，需要复制该密码粘贴发给其他电脑用户，当其他计算机通过 Windows7 家庭网连接进来时必须输入此密码串，虽然密码是自动生成的，但也可以在后面的设置中修改密码。点击"完成"，这样一个家庭网络就创建成功了，返回家庭网络中，就可以进行一系列相关设置，见图 9-3。

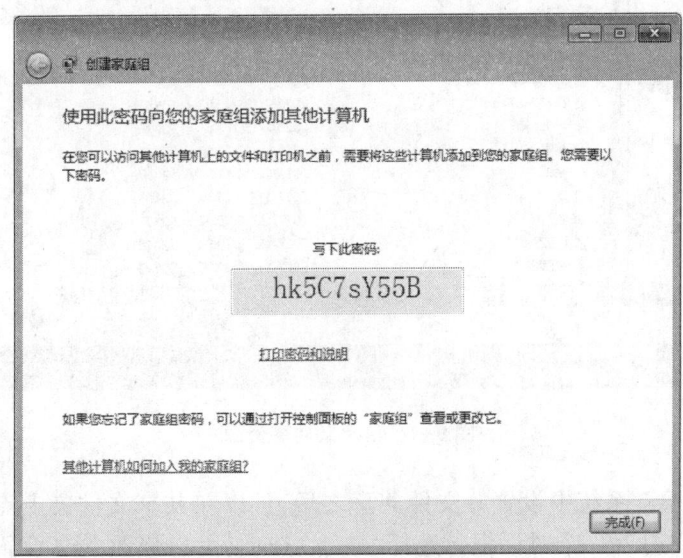

图 9-3　Windows7 组网密码

关闭这个 Windows7 家庭网时,在家庭网络设置中选择退出已加入的家庭组,然后打开"控制面板"→"管理工具"→"服务"项目,在这个列表中找到 HomeGroupListener 和 HomeGroupProvider 这个项目,右键单击,分别禁止和停用这两个项目,这样就把这个 Windows7 家庭组网完全关闭了,大家的电脑就找不到这个家庭网了。

二、自定义共享资源

在 Windows7 系统中,文件夹的共享比 WindowsXP 方便很多,只需在 Windows7 资源管理器中选择要共享的文件夹,点击资源管理器上方菜单栏中的"共享",并在菜单中设置共享权限即可。如果只允许自己的 Windows7 家庭网络中其他电脑访问此共享资源,那么就选择"家庭网络(读取)";如果允许其他电脑访问并修改此共享资源,那么就选择"家庭组网(读取/写入)"。设置好共享权限后,Windows7 会弹出一个确认对话框,此时点击"是,共享这些选项"就完成了共享操作,见图 9-4。

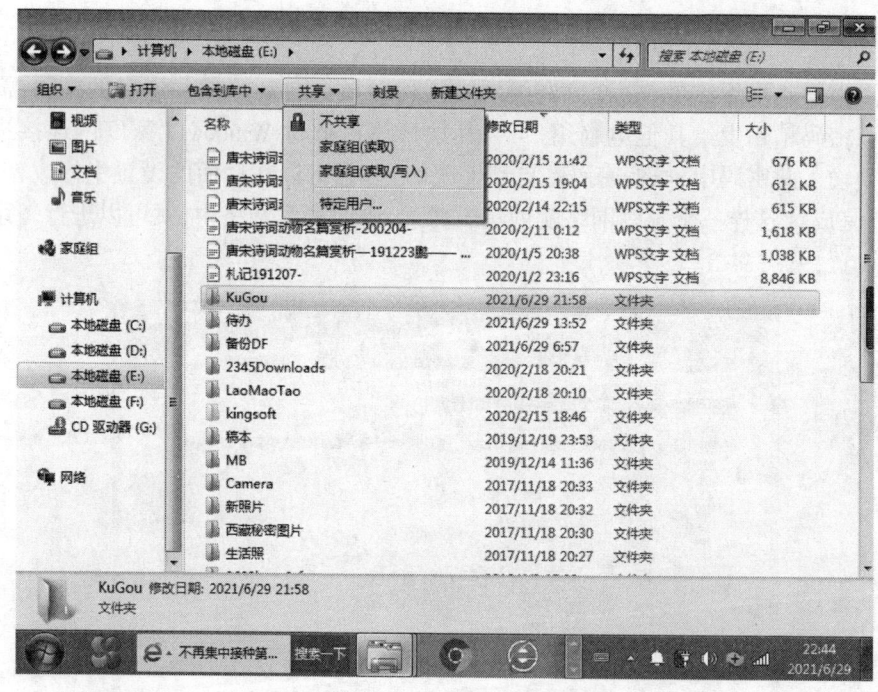

图 9-4　自定义共享资源

在 Windows7 系统中设置好文件共享之后,可以在共享文件夹上点击右键,选择"属性"菜单打开一个对话框。选择"共享"选项,可以修改共享设置,包括选择和设置文件夹的共享对象和权限,也可以对某一个文件夹的访问进行密码保护设置(见图9-5)。Windows7 系统对于用户安全性的保护能力有了很大提高,而且不论你使用的是 Windows7 旗舰版或是 Windows7 普通版,其安全性都比以前要高出很多。

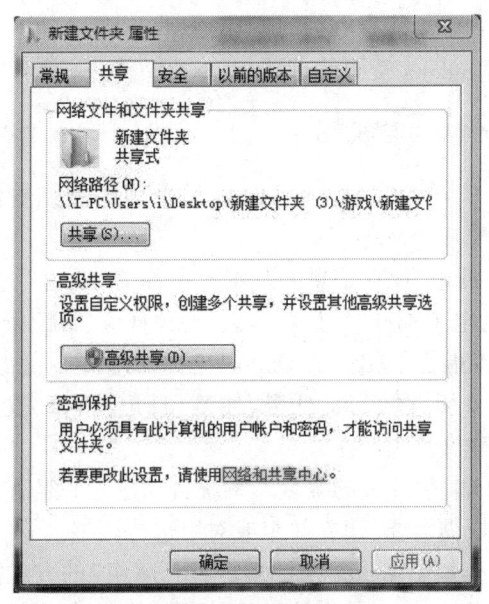

图9-5　修改共享设置

对于局域网建立和家庭资源贡献方面,Windows7 系统有极大的提升,其改进是显而易见的,能够方便更多的 Windows7 电脑用户便捷享受资源共享的乐趣。

第三节　资源管理自动化

办公室是管理办公资源的主要部门,办公时间、联系人是办公的主要资源,传统的效率手册、通信录是办公室用以管理这两大资源的主要工具。随着办公自动化技术的不断发展,开发出的桌面信息管理软件已能很好地辅助实施办公资源管理。本节主要介绍 Outlook 的基本知识和用于办公时间、联系人等办公资源管理的自动化操作方法。

一、Outlook 基础知识

在办公室中,勤快的秘书会及时地将预定或已办的事情输入计算机,这种模拟手工操作的方式很麻烦,且不能避免遗漏。时间一长,大量的信息因疏于维护而最终成为难以使用的垃圾。另外,这也解决不了组织多人会议时,确定共有空闲时间等问题。

其实,只要我们运用Outlook,稍做一些设置和准备,就完全可以自动记录我们的工作,提醒即将开始的活动,甚至辅助我们确定会议时间。

Outlook是微软的办公组件Microsoft Office的一个组成部分,是一个桌面信息管理程序,被称为"邮件传输和个人信息管理程序",用于组织和共享桌面上的信息并与他人进行通信。其主要功能是办公时间管理,具体管理日历、邮件、约会、联系人、任务等,还可以代替Windows资源管理器,对本机文件进行管理。

(一) **Outlook** 的结构与视图

Outlook的组织方式与Windows一致,也是采用树型结构组织,主要包括以下几项。

1.项目。在Outlook中,保存信息的基本元素称为"项目",类似于其他程序中的文件。每个约会、每封电子邮件、每位联系人、每项任务、日记条目等,都是一个项目。

2.文件夹。这里特指若干相关的Outlook项目的集合。系统自动建立的Outlook文件夹包括:收件箱、日历、联系人、任务、便笺、日记、草稿、发件箱、已发送的邮件等。使用者也可以自建文件夹。

3.组,即若干Outlook文件夹的集合。系统自动建立的组有3个:Outlook、自定义和其他。使用者可以根据需要,建立新组或对组进行调整。

4.Outlook面板。类似于Windows的桌面,用分"组"的方式排放,单击某个组名,可显示该组下的所有文件,单击某个按钮,可切换到该文件夹视图。

5.视图。视图是对文件夹内项目的不同显示方式。在一个视图界面中,往往有多个窗口,拖曳窗口的边框可调整其大小。不同的文件夹有不同的视图,图9-6为Outlook的"日历"的视图之一。

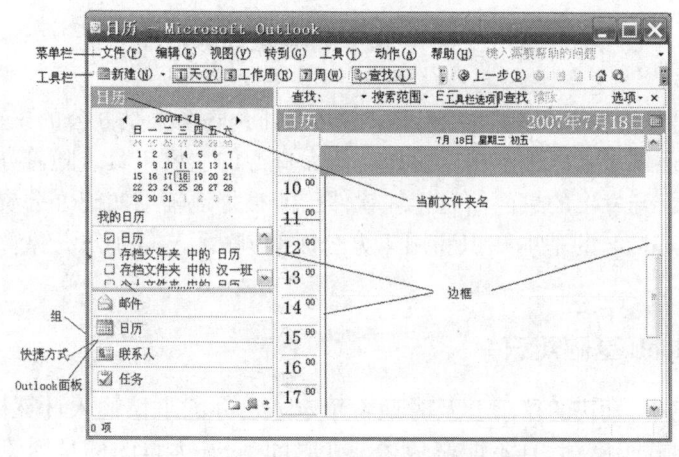

图9-6 Outlook的"日历"视图(1)

(二) Outlook 的基本概念

1.约会。约会是一种有确定起止时间的活动,可以与其他人或资源无关。例如,可以将"在 7 月 15 日上午 10 点打电话预订飞机票"设置为一个约会。

2.会议。会议是涉及其他人员或资源的特殊约会。例如,可以将"本单位参加大学城建设招标工作的全体人员,下午 3 点在第二会议室开会,不得缺席"安排为一个会议。

3.事件。事件是一项发生在一天或延续几天内的活动,可以不设定起止时间段。例如,办公室同事结婚、参加为期 6 天的高教秘书学术研讨会等。

4.定期项目。定期项目指按某种周期重复出现的约会、事件或会议。如每周召开一次的工作例会、每年一次的生日或其他纪念日等,都可以作为定期项目。可以指定重复模式(如每周一次、隔周一次、每月一次等)及重复次数(如重复 10 次)等。

二、办公时间管理操作方法

记录待做工作的时间是为了不遗忘,并不需要与其他人协调时间,因此应属于"约会"。为了让计算机可以提醒我们该做的工作,应该先设置约会,必要时可以修改约会(编辑、复制、删除等),设置完毕后,计算机就会按设置记录约会,提醒该做的事了。

说明:因本节内容主要涉及时间管理,在按下述内容操作时,为避免异常反应,最好采用下述两种方法中的一种。

其一,根据阅读本单元的时间,自行设置案例中所用的时间。即阅读时间若为 2008 年 5 月 3 日,可将案例所用时间修改为 2008 年 5 月 10 日、5 月 20 日和 5 月 29 日。

其二,双击任务栏右的"时间"图标,将系统时间调整为与案例相同的时间,测试案例中的操作。测试完毕后,应将系统时间 ☑ 自动与 Internet 时间服务器同步(S),恢复正常。

(一) 创建约会

创建约会的步骤是:

1.找到并双击 Outlook 图标 ,启动 Outlook。

2.在 Outlook 面板中,单击【日历】按钮 (如果看不到,可单击面板中箭头状的滚动按钮查找),切换到"日历"文件夹视图,如图 9-7 所示。

提示:在日历视图中,主要窗口有 4 个:

(1) Outlook 面板。

(2) 时间表窗口。时间表窗口的默认视图是"天、工作周、周、月"。其中,最上端是所选中的日期(默认当天日期),下边是标题和每天的时间表,系统默认的时间表间隔为 1 小时。

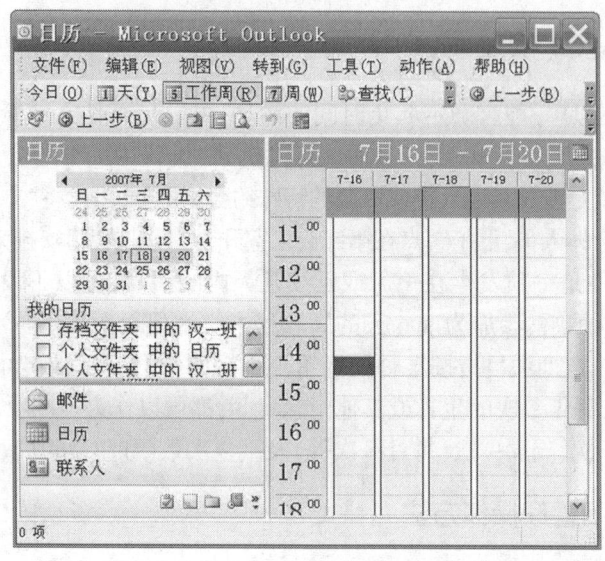

图 9-7　Outlook 的"日历"视图(2)

(3)日期选择区。默认为当年当月的月历,可快速定位或选择日期。单击选中某个日期后,时间表窗口自动转为该日期的时间表。

(4)任务板。列出所安排的任务名称及完成情况。

单击"日历"顶部年月标志 ◀ 2007年 7月 ▶ 的左、右箭头,可以转到其他月份。

在"日历"顶部年月标志 ◀ 2007年 7月 ▶ 上,按住鼠标左键,在所显示的菜单中上、下拖曳,也可以选择其他年、月。

3.单击"日历"中的"18"日,选中该日,时间表窗口自动显示为 2007 年 7 月 18 日的时间表。

4.在时间表中的"10:00"上单击,选中该时间段,选中时间段呈蓝色(如有必要,也可以在时间表中拖曳,选中如 8:00—10:00 的一段区域)。

5.在该时间段上双击,打开"约会"对话框,如图 9-8 所示。

6.在"主题"及"地点"文本框中输入约会内容。

7.必要时,可以重新选择本约会开始和结束的日期、时间。

8.为使计算机在所设定的时间提醒,单击 ☑ 提醒(R): 提前 4 小时 ▼ ,选中并单击下拉箭头,选择合适的提前量。

9.如果希望计算机在提醒时播放声音或音乐,可单击"提醒"框后的喇叭按钮 🔊 ,在"提醒声音"对话框(见图 9-9)中,选中【播放该声音】复选框,在选择一个声音文件后,单击【确定】按钮。

10.单击【保存并关闭】按钮,保存约会设置并关闭"约会"对话框,返回 Outlook

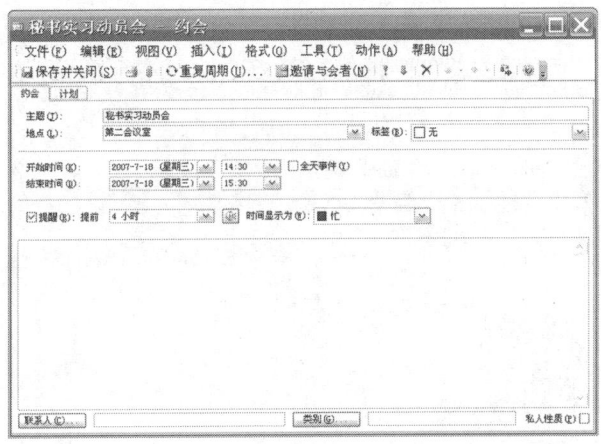

图 9-8 "约会"对话框

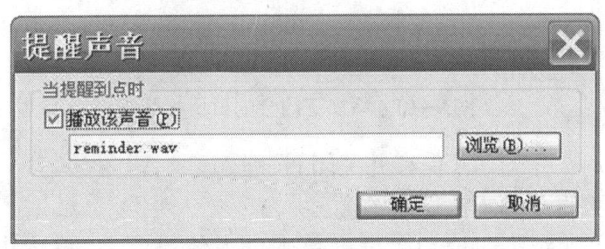

图 9-9 "提醒声音"对话框

的"日历"视图。

现在,我们已经在 2007 年的 7 月 18 日添加了一个约会,如图 9-10 所示。其中,在"约会"对话框主题(及地点)中所输入的内容显示为本约会的说明;说明文字前有一个铃铛,表示已为该约会设置了提醒功能;该时间段左边的蓝色边框表示本约会设置为"忙"。

提示:在 Outlook 中,约会被设置为"忙",表示在此段时间不希望安排其他活动。

(二) 修改约会

如果在创建约会时输入错误或者情况发生了变化,可以随时进行修改。基本的修改方法是:

1.找到要修改的约会。

2.选中该约会后双击。要确保选中约会,最好将鼠标指针放在该约会的左端,待指针变为四向箭头后单击。

3.在图 9-8 的"约会"对话框中,从"开始时间"框中选择 14:30,从"结束时间"框中选择 15:30。

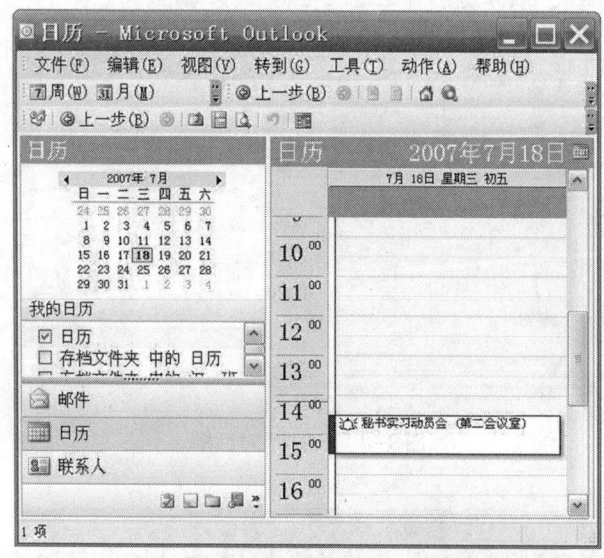

图 9-10　添加了约会的日历视图

4.全部修改完毕后,单击【保存并关闭】按钮。

也可以采用更直观的方法修改约会:

(1)修改约会主题。在该约会框内单击进入编辑状态(框内出现闪烁的插入点),此时可以修改主题文字。修改完毕后,单击该约会框外任意位置取消编辑状态。

(2)修改约会时间。选中该约会后,拖曳该约会到其他时间段(如 8:00)上后松开鼠标左键,约会即被修改为新的时间。

(3)修改约会日期。选中该约会后,拖曳该约会到日期选择区的其他日期(如 21日)上后松开鼠标左键,约会修改为新日期的同一时间。

上述两个方法中,如果按住 Ctrl 键再拖曳,则为复制该约会到新的时间或日期。

(4)修改约会的时间显示。选中该约会后单击右键,在弹出的环境菜单中选中【时间显示为】下的子项,如【闲】。修改完毕后,约会框左边的蓝色边框消失。如果右单击后出现的环境菜单中不包括【时间显示为】项,可能是因为右单击位置不在约会框内,或者是该约会框处于编辑状态,可重新选择一次。

(5)修改约会的延续时间。将鼠标指针放在该约会边框的下(上)端,待指针变为双向箭头后,向下(上)拖曳该约会边框,至要求的结束时间段止松开鼠标左键,约会延续时间被变长或变短。

(三)删除约会

若要取消某个约会,可先选中该约会,然后按 Delete 键,或者右单击该约会后,在弹出的快捷菜单中选择【删除】项。

（四）周期性约会

如果需要计算机在每年的 7 月 28 日提醒开会,可以将其设置为一个周期性约会。具体步骤是:

1.选中该约会并双击。

2.在打开的对话框中,单击工具栏中的 ↻ 重复周期(U)... 按钮。

3.系统默认的约会周期为"按周","约会周期"对话框如图 9-11a 所示,可参照图 9-11b 设置约会周期。

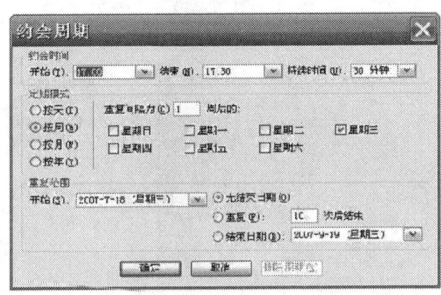 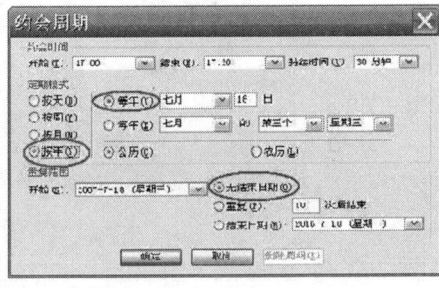

　　　　　　a　　　　　　　　　　　　　　b

图 9-11 "约会周期"对话框

4.单击【确定】按钮关闭"约会周期"对话框。

5.单击【保存并关闭】按钮,保存该修改。

与图 9-10 相比,该约会前有 ↻ 状符号,表示这是一个周期性活动。

修改周期性约会的方法与前述相似,只是在双击该约会时,系统会打开一个对话框,提示这是"定期约会。是只打开此次约会还是打开该序列?",若只调整这一次的信息,选中 ⊙打开本次事件 单选框,否则选中 ○打开序列(S) 单选框,然后单击【确定】按钮。

若要删除周期性约会,可以先选中该约会,按一下 Delete 键,在系统提问"删除序列还是删除此项"时,根据需要选择即可。

将工作设置为"约会"之后,只要 Outlook 在运行,它就会随时将保存的约会与系统时钟进行比较,所设置的时间一到,系统就会弹出一个对话框,并伴有某种声音,提醒即将到时的工作。

三、"联系人"管理操作方法

Outlook 中的联系人与常用的通信录相似,但项目更多,特别是还有一些与时间管理、办公活动相关的特殊项目。

(一)建立"联系人"

1.点击 ,启动 Outlook 后,出现如图 9-12 所示的 Outlook 视图(Outlook2003 默认的是邮件收件箱视图)。

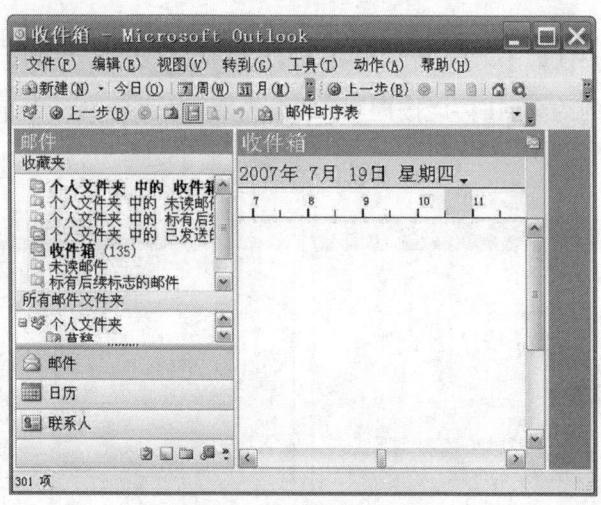

图 9-12　Outlook 视图

2.图 9-12 中,单击面板中 联系人 →单击工具栏 新建(N) ,新建如图 9-13 所示的联系人"王五"。

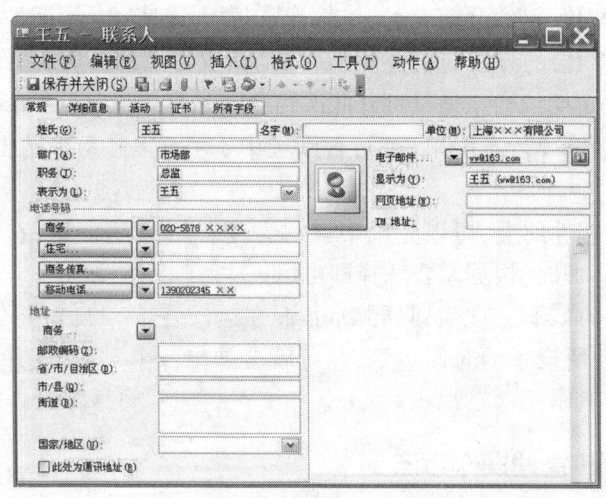

图 9-13　新建"联系人"视图

3.保存并关闭,联系人中建成或新增"王五",如图9-14所示。

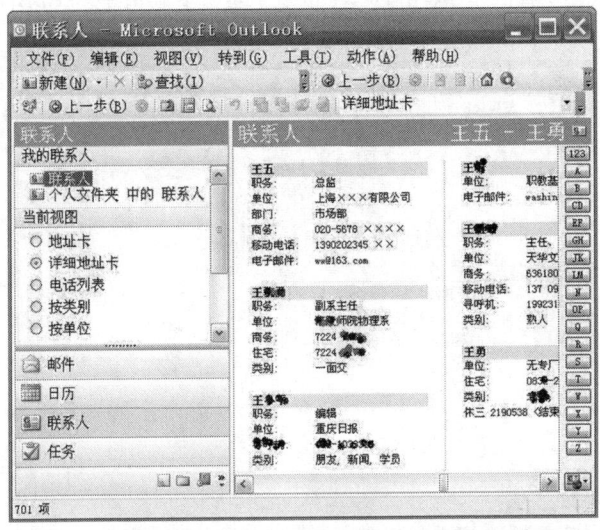

图9-14 建成"联系人"视图

(二)设置"联系人"

设置联系人的步骤是:

1.启动 Outlook。

2.在 Outlook 面板中,单击【联系人】按钮,切换到"联系人"文件夹视图,如图 9-15所示。

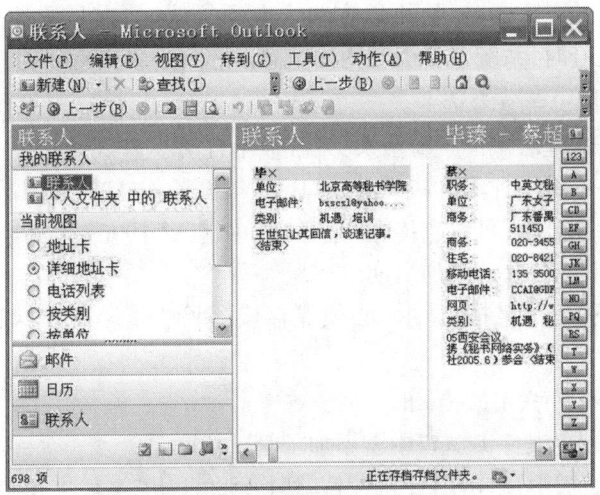

图9-15 "联系人"文件夹视图

3. 按照"联系人"文件夹窗口中的提示,双击该窗口。
4. 在"联系人"对话框中,单击选中【常规】选项卡,如图9-16所示。

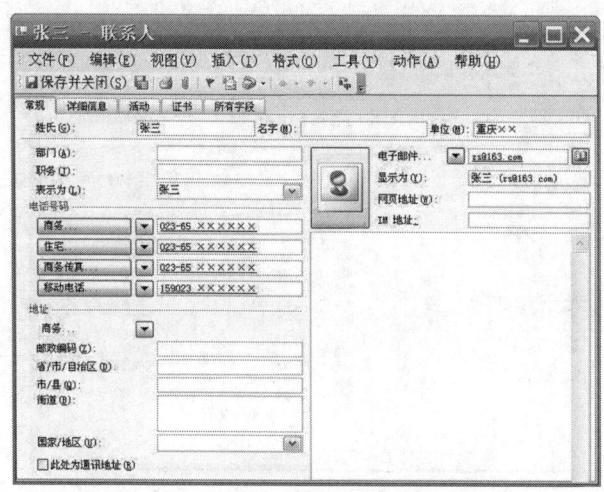

图9-16 "联系人"对话框【常规】选项卡

5. 如图9-16所示,在相关字段中输入内容(如果输入电话号码后,系统弹出对话框,要求检查号码,检查无误后,单击【确定】按钮即可)。

输入电话号码时,最好使用"+国家或地区代码(区号)本地号码"格式,以方便拨打国际电话号码或者实现自动拨号。

如果省略了国家或地区代码,直接输入本市电话号码,自动拨号时,系统使用安装调制解调器时在"拨号属性"中的设置。

如果被拨打的电话是分机,可以在输入电话号码时,在号码的后边用引号输入分机号。自动拨号时,系统忽略引号内的信息。

6. 单击选中 详细信息 选卡。
7. 单击"生日"框右侧的下拉箭头,系统显示日历小窗口,如图9-17所示。
8. 单击选择一个日期,图9-17选择"1990年5月4日"后,小窗口自动关闭。

为更快地找到日期,可以直接在"生日"框中输入"1990-5-4",然后单击任意文本框结束输入,系统会自动添加星期。

9. 如果系统弹出信息框,显示"必须保存该项目。是否现在保存该项目?"单击【确定】按钮。
10. 单击 保存并关闭(S) 按钮。

此时,"联系人"文件夹窗口中就添加了第一位联系人。

在Outlook面板中,单击【日历】按钮,切换到"日历"文件夹窗口。在"日期选择窗口"中找到并单击选中"5月4日",在该日的时间表标题部分,系统已经自动添加

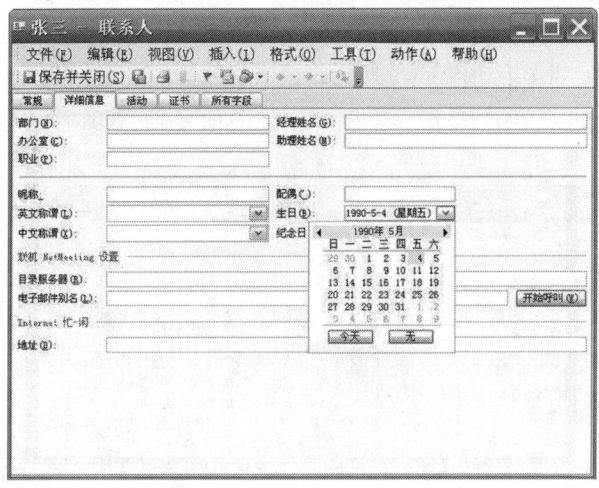

图 9-17 一位联系人的详细信息

了一个"事件"(见图 9-18)。其循环形状表示生日是一种周期性事件。

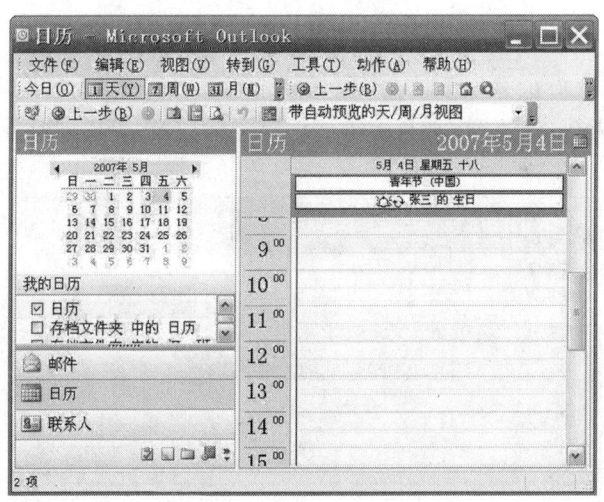

图 9-18 生日提醒与周期

11.重复上述第 3~10 步,可添加多位联系人。

(三)与联系人通电话

现在,我们已经建立了联系人列表,并设置好约会"在 7 月 25 日—28 日给被邀请人打电话"。当系统到时弹出提醒对话框后,只要计算机与电话相连,就可以利用计算机中的联系人信息直接拨打电话。给联系人打电话的步骤是:

1.单击 Outlook 面板中的【联系人】按钮。
2.在"联系人"文件夹窗口中,单击要呼叫的联系人,如"张三"。
3.在菜单栏中,选择【动作】→【呼叫联系人】命令。
4.在图 9-19 的菜单中,单击一个要呼叫的电话号码,如其移动电话。

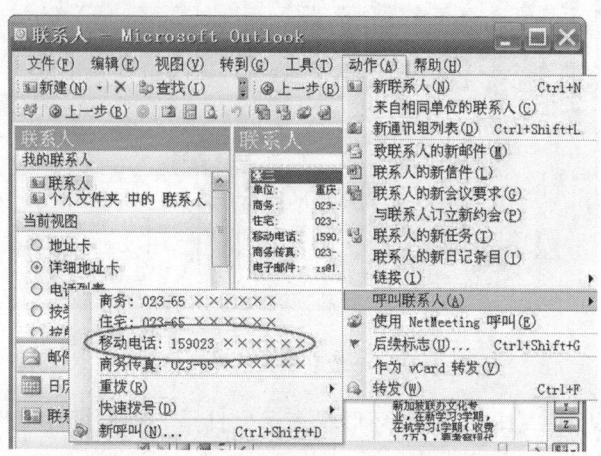

图 9-19　呼叫联系人的电话

5.为了保存呼叫记录,可以在"新呼叫"对话框(见图 9-20)中,单击选中 ☑开始新呼叫时创建新的日记条目(T)(如果不需要保存通话记录,可以忽略此步骤)。

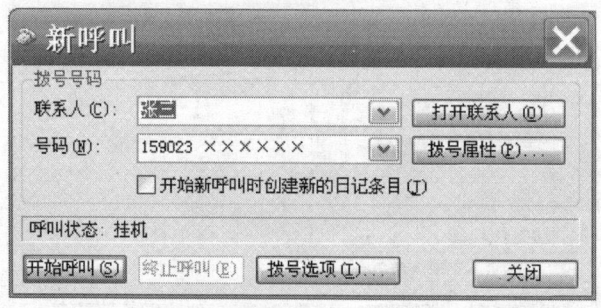

图 9-20　"新呼叫"对话框

6.单击【开始呼叫】按钮,系统开始拨打指定的电话。

电话拨通后,就可以拿起听筒与对方通电话了。通话结束时,单击"新呼叫"对话框上的【终止呼叫】按钮并挂断电话。当然,最后应该单击【关闭】按钮,关闭该对话框。

如果在第 5 步中选中了创建日记条目复选框,系统会打开"日记条目"对话框(见图 9-21)。在该对话框中,系统自动记录开始拨打电话的日期和时间并启动计时器。在单击【终止呼叫】按钮结束通话时，计时器停止计时。在通话的过程中，以及通话结束后，都可以在"附录"框中输入一些备注文字。处理完毕后，单击【保存并关闭】按钮保存该日记条目。

图 9-21　记录打电话信息的对话框

（四）查找联系人及其电话

如果联系人列表中人数很多，Outlook 还可以完成查找联系人、选择电话和拨打电话的工作。具体步骤如下：

1.单击 Outlook 面板中的【联系人】按钮。

2.在菜单栏中选择【动作】→【呼叫联系人】→【新呼叫】命令。

3.在图 9-20 的对话框中，点击 拨号选项(I)...，在 名称(N) 中输入联系人姓名（如"李四"）。

4.系统在联系人列表中找到此人后，自动在"号码"文本框中显示该人的电话号码。

5.如果曾为此人输入了多个电话，还可以单击"号码"文本框右的下拉箭头，在其中选择其他的电话号码→【确定】。

6.单击【开始呼叫】按钮，系统开始拨打指定的电话。

其他操作与前述方法一致。

要给不在联系人列表中的人打电话，可以在上述第 2 步中选择【动作】→【呼叫联系人】→【新呼叫】命令，然后直接在"新呼叫"对话框中的"号码"文本框中输入电话号码，再单击【开始呼叫】按钮即可。

第四节　事务处理自动化

办公室事务工作量大，任务繁重，但会议安排、工作记录等事务的程序性强，用计算机处理，能在一定程度上实现自动化，并大大提高效率。本节主要介绍 Outlook 用于会议安排、工作记录等办公事务处理的自动化操作方法。

一、会议安排自动化

恰当安排会议时间是办公室工作人员必需的工作能力，开会要选在与会者都能到会的时间进行，最好将会议设置在一个大家共有的空闲时间召开。

（一）设置会议时间

要在多人的空闲时间设置会议。具体设置步骤如下：

1. 启动 Outlook，并切换到"联系人"视图。
2. 如联系人中的"张三""李四""王五"为参会者，单击选中"张三"后，按住 Ctrl 键，再单击"李四""王五"，选中参会的全部人员。
3. 选择 动作(A) → 联系人的新会议要求(G) 命令。
4. 在"会议"对话框中，如图 9-22 所示，设置会议的名称、地点、开始时间、结束时间、提醒的提前量等。

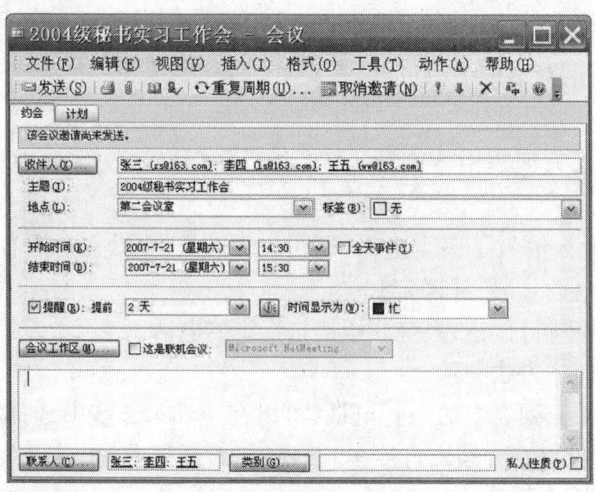

图 9-22　会议项目设置

5. 单击选中 计划 选项卡，出现图 9-23 的选项卡。
6. 在"会议开始时间"和"会议结束时间"框中确定一个时间。

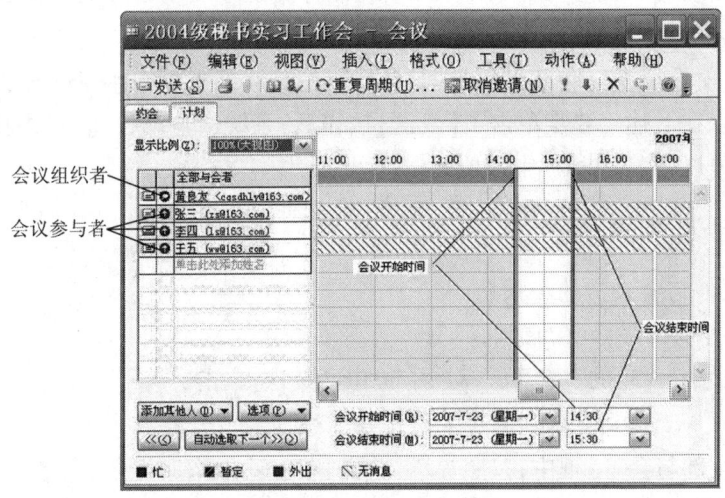

图 9-23 "会议"对话框之"计划"选项卡

7. 如果与会者忙,要选择一个全体与会者都有空闲的时间段,可以单击 [自动选取下一个>>(Q)],往以后时间选取;单击 [<<(G)],往前选择当前选定时间之前的第一个共同的空闲时间。

8. 单击 [发送(S)] 按钮。

此后,当切换到"日历"文件夹视图并选中"7月23日"后,就可以看到图 9-24 中新设置的会议。

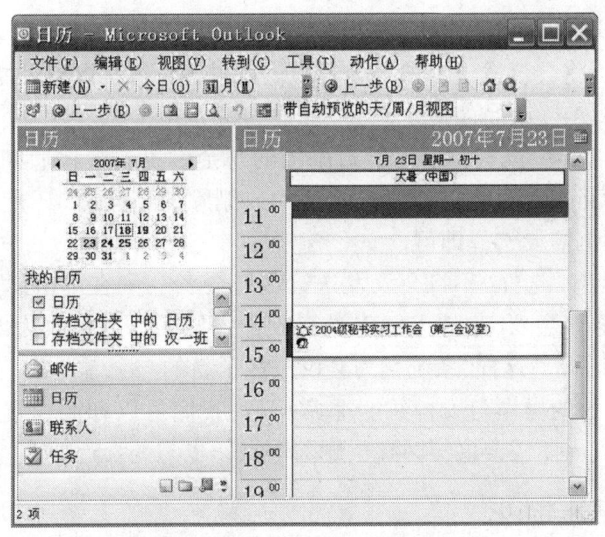

图 9-24 新设置的会议

注意：会议的设置与约会的设置非常相似，设置好的项目外观也很相似。不同的是，在"会议"项目中多了一个 ▦ 状的会议标志。

由于此次会议是以联系人为基础创建的，而且联系人项目中已经输入了电子邮件地址，所以在上述第 8 步单击了【发送】按钮后，系统会自动投递会议通知，如果没有联网，还可以在"发件箱"中暂留此信。

（二）添加新的与会者

添加其他与会人员的步骤是：

1.找到并双击要修改的会议。

2.在图 9-23 的"会议"对话框中，依次单击 约会 → 联系人(C)... → 选择联系人 ，从 项目(I): 内的联系人中选择需添加的与会者。

3.在"全部与会者"框中，按照提示，单击"单击此处添加与会者"单元格。

4.当该单元格出现闪烁的插入点后，在该单元格中输入其他人员，如"赵六"。

如果新添加的与会者是"联系人"中已经输入了电子邮件地址的一位联系人，则该人名后有用括弧括起来的 E-mail 字样；如果"联系人"中没有该与会者的姓名，或者该联系人没有电子邮件地址，则人名后为空。

5.单击其他位置结束输入，"全部与会者"框中即添加了一位新与会者。如果添加了不需要的人员，点击要删除的人员，单击 ✗ 清除(A)，或按 Delete 键，即可删除该人员。

6.重复第 3~5 步，可添加多个与会者。

7.系统默认给选中的与会者发送会议通知。如果不需要发送电子邮件，或者没有某一个与会者的电子邮件地址，应该单击该与会者左边的邮件图标 ▤ ，在弹出的子菜单中选择【不将会议发送给该与会者】项，邮件图标改为 ✗ 状。

8.单击 发送(S) 按钮保存修改。

9.如果在第 7 步中没有要求不给新添加的与会者发送会议通知，此时系统会弹出一个对话框，询问是"只将更新发送给添加或删除的与会者"还是"将更新发送给所有与会者"，根据需要选择即可。

如果各与会者都选择"不将会议发送给该与会者"，则在单击【发送】按钮后，系统提示"无法发送该会议，收件人框中没有收件人姓名。是否改为保存并关闭该会议？"，单击【是】即可。这样，系统就为会议添加了新的与会者。

有关安排会议的操作与安排约会非常相似，我们可以如同设置约会一样，为会议设置提醒、设置周期性会议，其修改、删除等操作也与约会近似。

二、工作记录自动化

办公室事务繁多，重要的事项必须记录。Outlook 中的"日记"功能可以帮助我们做好工作记录。

(一) 设置日记

为了让计算机记录下我们所做的工作,首先要设置 Outlook 以确定记录哪些工作。设置日记的步骤是:

1.在 Outlook 的菜单栏中,选择【工具】→【选项】命令。

2.在如图 9-25 所示的"选项"对话框中,单击【日记选项】按钮。

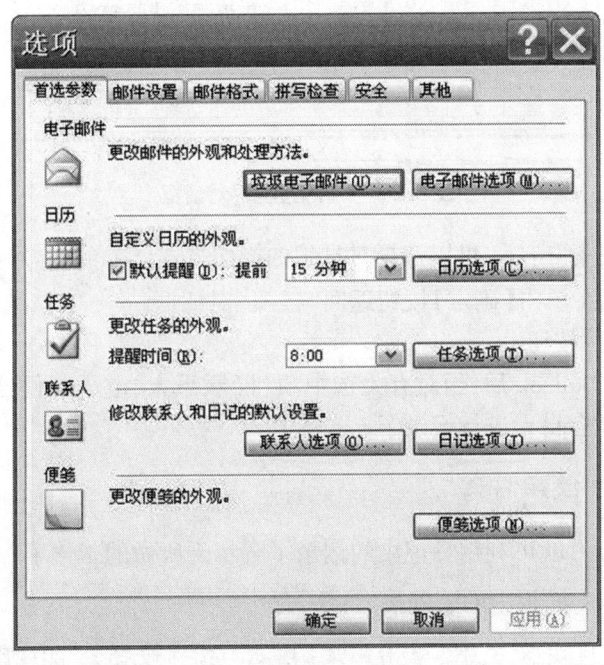

图 9-25　Outlook"选项"对话框

3.在图 9-26"日记选项"对话框中,在需要记录项目前边的选择框 □ 内单击,选中需要的项目。

提示:

联系人(C):框中显示了 Outlook 中记录的全部联系人。可以选择只记录与需要联系人之间的联络。

自动记录(I):框中显示了系统可以自动记录的 Outlook 事件或项目。当选中了若干联系人,并选中了若干要求自动记录的项目后,系统自动将该联系人的选定项目记录到"日记"中。

记录文件(L):框中包括了可以在日记中记录的应用程序。对于选中的程序,系统会自动记录该程序文件创建、打开、关闭和保存的日期和时间。

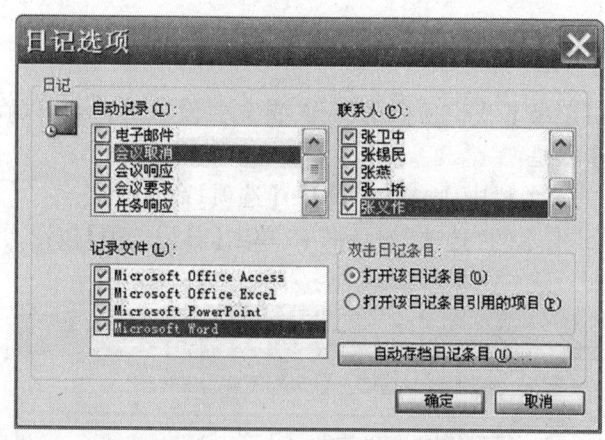

图 9-26 "日记选项"对话框

在 双击日记条目: 下,可以选择对日记的操作方式。

4.设置完毕后,单击【确定】按钮返回"选项"对话框。

5.单击【确定】按钮。

如上设置了 Outlook 后,当对有关选中项目(联系人、电子邮件、应用程序等)进行操作时,系统就会自动进行记录了。

(二)查看和使用日记

设置好日记后,就可利用日记中的记录了解每天所做的工作了。

1.单击 Outlook 面板中的配置按钮 。

2.在展开的自定义组中,单击 添加或删除按钮(A) 按钮,选中 日记(I) 文件夹。

3.单击要查看的条目类型前边的加号,使之呈减号,展开该条目类型。

4.双击一个项目,则打开"日记条目"对话框,可以查看创建时间等信息。

5.双击"附录"框中的条目,打开该 Word 文档。

通过以上操作,我们就可以随时查看系统自动记录的日记,了解已经完成了哪些工作,还可以按日期找到未完成的日记,恢复被中断的工作。

小结

本章讲述了办公自动化的含义、系统功能和网络化发展趋势,介绍了办公室局域网的建立和设置,具体讲述了办公资源管理自动化和办公事务处理的操作方法等。办公自动化是科技发展潮流推动的必然趋势,现代科技日新月异,办公人员应与时俱进,多多学习现代自动化办公的相关知识,掌握现代自动化办公设备的使用方法,将科技成果运用到实际工作中,提高办公效率。

复习思考题

1. 网络化办公的特点有哪些?
2. 如何建立办公室局域网?
3. 如何进行 IE 的常用设置?
4. 如何设置局域网?
5. 什么是 Outlook?
6. 怎样提高会议安排的质量和效率?
7. 怎样才能实现工作记录的自动化?
8. 怎样才能高效率地管理办公时间?
9. 怎样管理单位和个人的通讯录?

实训题

将寝室、家庭等假设为办公室,把你自己的学习、社会活动、通信录等模拟为办公室事务,运用本章学习的知识和方法,完成以下训练,以掌握局域网的建立和设置,熟练运用 Outlook 管理本人事务和资源。

1. 组建、设置寝室或家庭局域网。
2. 训练 IE 浏览器的常规设置。
3. 将你的通信录设置为 Outlook 的联系人。
4. 将你的课程、活动等用 Outlook 做成日历安排。
5. 将你和 5 个以上联系人的课程、活动等设为 Outlook 日记。

拓展向导

1. 办公自动化设备管理

(1)《办公自动化设备的使用与维护》:刘士杰编,人民邮电出版社 2011 年版。

该书主要介绍目前常用的办公自动化设备,包括多媒体计算机、笔记本电脑、计算机外部设备、数码录音笔、碎纸机等多种办公自动化设备的使用与维护方法,同时介绍如何用多媒体计算机制作、演示文稿等相关的计算机网络知识。

(2)《办公自动化设备常见故障速修手册》:郑彦著,人民邮电出版社 2002 年版。

该书介绍了传真机、复印机、打印机、微电脑及 UPS 电源等办公自动化设备选购、日常维护注意事项及常见故障的发生部位、判断依据、故障原因、检修方法等,具有针对性强、信息量大、查阅快速简便、易学易懂等特点,可供广大办公自动化设备维修人员、维护人员和使用人员阅读。

2.相关资源

《办公自动化设备的泄密隐患及防范措施》:https://www.jinchutou.com/p-40592639.html。

办公自动化给我们带来了便利,但是其中也隐藏着一些泄密的隐患,如果不小心防范并加以处理,可能会造成严重后果。该文详细介绍了办公自动化设备泄密的隐患及相应的防范措施。

参考文献

[1] 中国劳动和社会保障部.秘书国家职业标准[S].北京:中国劳动社会保障出版社,2006.

[2] 中国就业培训技术指导中心.秘书国家职业资格培训教程[M].北京:中央广播电视大学出版社,2006.

[3] 范立荣.秘书国家职业资格培训教程[M].北京:海潮出版社,2005.

[4] 中国高等教育学会秘书学专业委员会.中国秘书岗位资格证书考核大纲[M].北京:中国人民大学出版社,2006.

[5] 范立荣.中国秘书岗位资格证书教程[M].北京:中国人民大学出版社,2006.

[6] 教育部考试中心.剑桥秘书证书考试大纲及样卷[M].北京:中国人民大学出版社,2002.

[7] 胡鸿杰.办公室管理[M].北京:中国人民大学出版社,2001.

[8] 黄良友.国家秘书考试高分突破[M].北京:知识出版社,2004.

[9] 张丽琍.商务秘书实务[M].北京:中国人民大学出版社,2004.

[10] 张浩.新编办公室工作分析与标准化管理手册[M].北京:蓝天出版社,2006.

[11] 孙荣.办公室管理[M].上海:复旦大学出版社,1999.

[12] 德鲁克.卓有成效的管理者[M].北京:机械工业出版社,2005.

[13] 石向彤.8种成功能力[M].北京:中国经济出版社,2003.

[14] 赵锁龙.管理秘书实务[M].北京:中国人民大学出版社,2004.

[15] 岳凯华.秘书学概论[M].长沙:湖南大学出版社,2005.

[16] 刘森.商务秘书实务与训练教程[M].成都:西南财经大学出版社,2006.

[17] 宇正香.秘书理论与实务[M].杭州:浙江大学出版社,2004.

[18] 刘萌.商务秘书信息与档案工作[M].北京:中国劳动社会保障出版社,2005.

[19] 韩冬梅.秘书实务[M].郑州:郑州大学出版社,2003.

[20] 陆瑜芳.办公室实务[M].上海:复旦大学出版社,2004.

[21] 方园.办公室秘书事务处理技巧[M].北京:石油工业出版社,2001.

[22] 高海生.秘书基础[M].北京:高等教育出版社,2005.

[23] 胡占有.办公室管理行动指南[M].北京:机械工业出版社,2005.

[24] 张锐昕.办公自动化概论[M].北京:清华大学出版社,2004.

[25]赵文.办公自动化案例精选[M].北京:机械工业出版社,2002.

[26]汪明霓.电脑办公高手100招终极解析[M].北京:电子工业出版社,2004.

[27]陈万金,孟庆荣.办公自动化实用教程[M].北京:清华大学出版社,2008.

[28]李岚.办公自动化技术与应用[M].北京:人民邮电出版社,2010.

[29]陈瑞琳,刘宝成.Office2010现代商务办公手册[M].北京:中国青年出版社,2010.